KB210293

문제 해결 능력

PROBLEM SOLVING COMPETENCY

현재 인류는 지금까지 아무도 예상하지 못할 정도의 빠른 기술혁신에 따른 '제4차 산업혁명'시대를 맞고 있다.

산업혁명이라고 하면 18세기 이후 영국을 중심으로 일어난 산업상의 큰 변혁을 뜻하는데, 큰 흐름을 나열하면 1784년 영국에서 시작된 증기기관 발명(1차 산업), 1870년 전기를 이용한 대량 생산과 자동화(2차 산업), 1969년 인터넷이 이끈 컴퓨터 정보기술(IT)과 산업의 결합(3차 산업)을 말한다.

요즘에 회자되는 '4차 산업혁명'은 기존의 일하는 방식이나 소비 행태뿐 아니라 생활방식 전반에 걸친 혁명적 변화의 가속화를 뜻한다. 인공지능과 로봇, 빅 데이터와 클라우딩, 3D 프린팅과 퀀텀 컴퓨팅, 나노, 바이오기술 등 거의 모든 지식정보 분야의 발전이 제4차 산업혁명을 이끌고 있다.

'4차 산업혁명'의 가장 큰 특징은 과거 우리가 경험했던 그 어느 산업혁명보다도 빠른 속도로 진전될 것이라는 점이다. 가까운 미래에 현재 일자리의 70%가 전혀 새로운 일자리로 바뀐다는 전문가의 의견이 있다. 그리고 앞으로 10년 이내에 길거리에 나와 있는 자동차 10대중 1대는 무인자동차일 것이고 인공지능 로봇이 수 많은 인간의 일자리를 대체할 것이며, 3D 프린팅에 의한 장기이식이 이루어질 것이라고 예상하고 있다.

이처럼 나날이 새로운 것이 넘쳐나는 세상이다. 하지만 앞으로는 매일을 넘어서 매시간 매분 새로운 것이 넘쳐나는 것을 느껴야 할 지도 모른다.

자! 그렇다면 이제 무엇을 할 것인가! 당장 3D프린팅 기술을 배우러 나갈 것인가? 인공 지능, 빅 데이터와 관련된 컴퓨터 기술을 배우기 위해 학원에 등록할 것인가? 하지만 배워야 할 것이 너무나 많고 배우고 나면 세상은 또 바뀌어 있을 것이다.

우리가 정말 배워야 하는 것은 어쩌면 새로운 기술이 아닐지도 모른다. 새로운 기술, 새로운 문제, 새로운 변화가 아무리 생겨나도 그것을 일관되게 해결하고 대응해 나갈 수 있는 지혜를 배우는 것이 그 무엇보다 중요할 것이다.

새로운 직업이 생겨나고 사라지는 환경 속에서 살아남기 위해서는 어떤 상황에서도 홀로 설 수 있는 직업적 역량이 필요하다.

우리는 그것이 단연코 문제해결 능력이라고 자신한다.

직장생활을 하면서 만나게 되는 문제는 학교에서 마주했던 문제와는 질적으로 다르다. 지금까지 정답이 있는 문제를 주로 만났다면 앞으로 마주해야 할 문제는 정답이 없는 문제도 있을 것이다. 즉, 정답이 아닌 최적의 답, 최선의 답을 찾아야 하는 상황도 만나게 될 것이다.

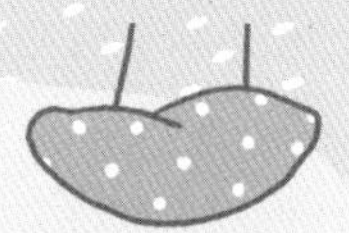

PREFACE

직장생활의 유능과 무능은 어쩌면 이런 문제해결 능력의 여부에 있다고 해도 과언이 아니다.

NCS 기초직무역량에서 문제해결 능력은 하위영역으로 사고력과 문제처리능력 두 가지만을 이야기하지만 실은 이보다 더 많은 내용을 내포하고 있다. 사고력은 말 그대로 생각할 수 있는 능력인데 그 안에 세부내용으로 창의, 논리, 비판적 사고의 개념을 이해하고 실제로 그런 역량을 갖추고 있느냐를 보여주는 것이다. 사고력을 획기적으로 단시간에 높일 수 있는 방법은 없다. 다만, 창의, 논리, 비판이라는 단어에서 알 수 있듯이 언어적인 능력이 필요하다는 것을 알 수 있다. 장기적인 계획으로 언어적 능력을 높이기 위해 독서 계획을 세우고 실천하는 것도 좋은 방법일 것이다. 문제해결 능력의 두 번째 하위영역으로 문제처리능력이 있다. 문제해결을 하기 위해 가장 먼저 해야 할 일은 문제가 발생되기 전에 문제를 먼저 발견하는 능력을 기르는 것이다. 또한 개선 할 수 있는 부분을 미리 확인하고 개선 전후의 차이를 인지해서 구체적인 계획을 세워 해결하는 것을 들 수 있다. 문제 해결을 잘 하면 순발력을 보여 줄 수 있지만 문제 해결 능력 자체가 즉흥적인 것만을 의미하지는 않는다. 보다 중장기적인 안목으로 개선할 수 있는 사항을 발견하는 것이 중요할 것이다. 그리고 그것은 물론 성과와 연계된 것이어야 한다.

우리는 집필과정에서 NCS학습모듈의 학습목표를 달성할 수 있도록 NCS 학습모듈의 주요내용을 모두 반영하였다. 이와 함께 추가적으로 학습목표와 연계된 내용들을 보완하여 실제 현장에서 도움이 될 수 있도록 도왔다.

요즘 인문학 열풍이 불고 있다. 그것은 아마도 변화무쌍한 시대에 맞설 수 있는 불변의 진리가 담겨 있기 때문일 것이다. 이 책에 담겨진 내용 역시 그러하다. 어떤 상황에도 홀로 설 수 있는 문제해결을 위한 직업적 역량. 그 첫 걸음이 되길 희망한다.

2018. 1. 저자 일동

활용안내

활용

직업기초능력으로서의 문제해결 능력이란 업무 수행중에 문제 상황이 발생했을 때 창의적이고 논리적인 사고를 통해 문제에 올바르게 접근하고 적절히 해결하는 능력을 의미한다.

이에 따라 직업기초능력으로서의 문제해결 능력은 사고력과 문제처리능력으로 구분된다. 직 장 생활에서 발생할 문제를 해결하기 위해서는 창의적, 논리적, 비판적인 사고력이 필요하다. 직장 생활을 하면서 발생한 다양한 문제의 특성을 파악하고 대안을 제시하며 적절한 대안을 선택하고 적용하며, 그 결과를 평가 및 피드백하는 것이 바람직한 문제해결 능력이라고 볼 수 있다.

본 교재는 모든 직업인들에게 공통적으로 요구되는 문제해결 능력을 학습자 스스로 배양할 수 있도록 자기주도적이고 체험중심적인 학습을 진행하는 것을 목표로 구성되었다.

구성

본 문제해결 능력 교재는 크게 활용 안내, 사전평가, 학습모듈, 사후평가, 참고자료, 학습평가 정답과 해설로 구성되어 있다.

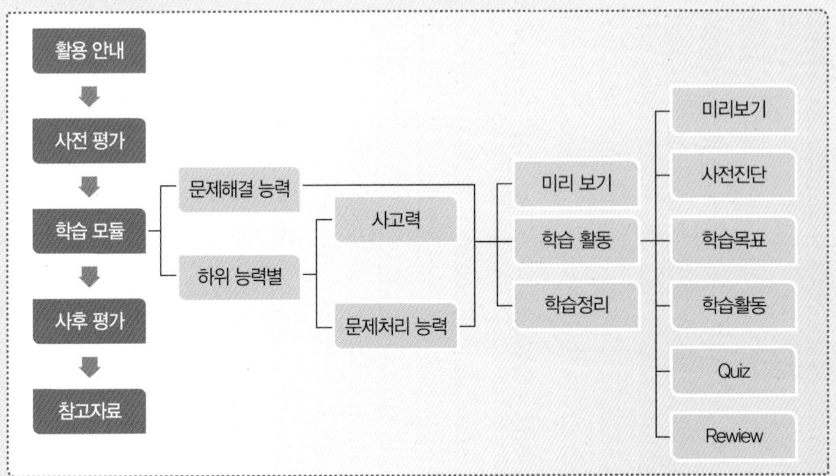

활용 안내는 교재의 전체적인 흐름과 구성을 설명하고, 학습자가 스스로 교재를 효과적으로 활용할 수 있도록 가이드 하는 역할을 한다.

사전평가는 학습 모듈의 학습 전에 문제해결 능력에 대한 학습자의 현재 수준을 진단하고, 학습자에게 필요한 학습활동을 안내하는 의미가 있다.

학습모듈은 직업기초능력으로서의 문제해결 능력에 대한 학습모듈과 문제해결 능력을 구성하는 각 하위능력에 대한 학습모듈로 구성되어 있다. 학습목표에는 직업기초능력으로서 문제해결 능력을 향상시키기 위한 학습내용이 제시되어 있으며 미리보기를 통해 학습내용의 중요성과 필요성을 인식할 수 있는 사례가 제시되어 있어서 앞으로 전개된 본문의 내용을 예상해 볼 수 있다.

각 학습활동은 사례탐구, Level up Mission, 내용, Quiz, 학습내용 Review 등으로 구성되어 있으며 해당 학습활동과 관련된 다양한 사례를 통해 이해도를 높였다. 또한 학습자가 스스로 생각해 보고 정리할 수 있는 다양한 미션들이 제시되어 있다.

내용에는 해당 학습활동과 관련이 있는 다양한 이론과 정보가 정리되어 있으며, Quiz를 통해 해당 학습활동의 성취 수준을 파악할 수 있는 문항이 제시되어 있다. 그리고 Review를 통해서는 각 학습모듈의 주요 내용을 한눈에 파악할 수 있도록 도왔다.

사후평가를 통해서는 모든 학습모듈에 대한 학습을 마친 뒤 학습자들이 스스로 자신의 성취수준을 평가하고 부족한 부분을 피드백 받을 수 있도록 하기 위한 체크리스트가 제시되어 있다. 참고자료에는 이 책을 집필하기 위해 정보를 얻은 다양한 관련서적과 인터넷 사이트가 제시되어 있으며 마지막 각 모듈의 Quiz에 대한 정답과 해설이 정리되어 있다. 이 책의 구성을 따라서 한 단원씩 공부해 가다 보면 어느새 문제해결 능력을 폭넓게 이해한 자신을 발견 할 수 있을 것이다.

사전평가

☑ 체크리스트

다음은 모든 직업인에게 일반적으로 요구되는 문제해결 능력 수준을 스스로 알아볼 수 있는 체크리스트이다. 본인의 평소 행동을 잘 생각해보고, 행동과 일치하는 것에 체크해보시오.

문항	그렇지 않은 편이다.	보통인 편이다.	그런 편이다.
1. 나는 업무를 수행하는 동안 발생한 문제의 핵심을 파악한다	1	2	3
2. 나는 업무를 수행하는 동안 발생한 문제의 해결방법을 알고 있다.	1	2	3
3. 나는 향후에 발생할지도 모르는 문제를 미리 예견하여 대비책을 세운다.	1	2	3
4. 나는 현재 당면한 문제를 세부적으로 분석하여 해결방법을 찾는다.	1	2	3
5. 나는 문제가 발생했을 때, 새로운 관점에서 해결책을 찾는다.	1	2	3
6. 나는 문제를 해결하는 데 장애가 되는 요소를 사전에 제거한다.	1	2	3
7. 나는 문제를 해결하기 위한 다양한 아이디어를 많이 생각해낸다.	1	2	3
8. 나눈 문제를 해결하기 위한 독창적인 아이디어를 많이 제시한다.	1	2	3
9. 나는 문제를 해결하기 위해 다듬어지지 않은 아이디어를 종합하고 분석한다.	1	2	3
10. 나는 상대의 논리를 구조화하여 개선점을 찾는다.	1	2	3
11. 나는 상사의 지시를 무조건적으로 수용하지 않고 비판적으로 생각한다.	1	2	3
12. 나는 제시된 아이디어를 평가하는 데 자신의 의견을 적극적으로 표현한다.	1	2	3
13. 나는 문제가 발생했을 때 주변 환경을 잘 분석한다.	1	2	3
14. 나는 문제가 발생했을 때 주변 환경을 잘 분석한다.	1	2	3
15. 나는 발생한 문제 중에서 우선순위를 잘 고려해서 먼저 해결해야 하는 문제를 잘 찾아낸다.	1	2	3
16. 나는 문제해결을 위해 제시된 대안을 논리적으로 검토한다.	1	2	3
17. 나는 문제를 해결하기 위한 대안이 실제로 실행 가능한지를 고려한다.	1	2	3
18. 나는 문제해결을 위한 방법을 실천하고, 그 결과를 평가한다.	1	2	3

평가방법

체크리스트의 문항별로 자신이 체크한 결과를 아래 표에 적어보자.

문항	수준	개수	학습모듈	교재 (Chapter)
1-6번	그렇지 않은 편이다	(　　) 개	문제해결 능력	1~2장
	보통인 편이다	(　　) 개		
	그런 편이다	(　　) 개		
7-12번	그렇지 않은 편이다	(　　) 개	사고력	3~8장
	보통인 편이다	(　　) 개		
	그런 편이다	(　　) 개		
13-18번	그렇지 않은 편이다	(　　) 개	문제처리 능력	9~13장
	보통인 편이다	(　　) 개		
	그런 편이다	(　　) 개		

평가결과

진단 방법에 따라 자신의 수준을 진단한 후, 한 문항이라도 '그렇지 않은 편이다'가 나오면 그 부분이 부족한 것이기 때문에, 제시된 학습내용과 교재의 Chapter 를 참조해 해당하는 내용을 학습하도록 한다.

Part 01 문제해결 능력

Chapter 01. 문제의 정의와 기본 요소

Chapter 02. 문제해결의 정의와 프레임

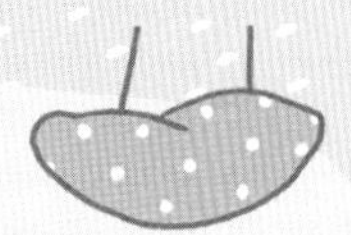

CONTENTS

Chapter 04. 창의적 사고를 개발하는 방법

Chapter 05. 논리적 사고란?

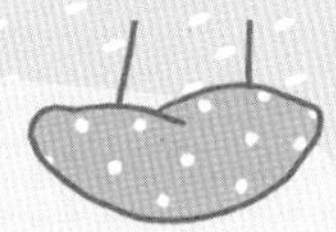

CONTENTS

CONTENTS

Chapter 10. 원인 분석

Chapter 11. 문제 해결안 개발방법

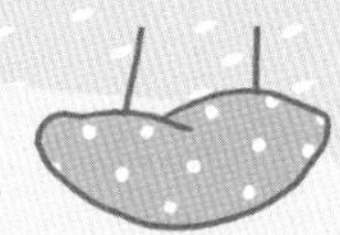

CONTENTS

Chapter 12. 대안의 선택과 합리적인 의사결정

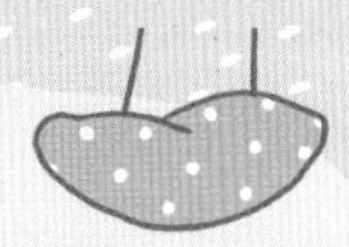

CONTENTS

사후평가

☑ 체크리스트

직업기초능력으로서 문제해결 능력을 학습한 것을 토대로 다음 표를 이용해 자신의 수준에 해당되는 칸에 ○표 해보세요.

구분	문항	매우 미흡	미흡	보통	우수	매우 우수
문제해결능력	1. 나는 문제처리능력의 중요성을 설명할 수 있다.	1	2	3	4	5
	2. 나는 문제해결 절차를 설명할 수 있다.	1	2	3	4	5
	3. 나는 문제 인식의 의미와 절차를 설명 할 수 있다.	1	2	3	4	5
	4. 나는 문제 도출의 의미와 절차를 설명할 수 있다.	1	2	3	4	5
	5. 나는 원인분석의 의미와 절차를 설명할 수 있다.	1	2	3	4	5
	6. 나는 해결안 개발의 의미와 절차를 설명할 수 있다.	1	2	3	4	5
	7. 나는 실행 및 평가의 의미와 절차를 설명할 수 있다.	1	2	3	4	5
	8. 나는 문제해결 절차에 따라 실제 발생하는 문제를 해결할 수 있다.	1	2	3	4	5
사고력	1.나는 창의적 사고의 의미를 설명할 수 있다.	1	2	3	4	5
	2. 나는 창의적 사고의 개발 방법을 설명할 수 있다.	1	2	3	4	5
	3. 나는 논리적 사고의 의미를 설명할 수 있다.	1	2	3	4	5
	4. 나는 논리적 사고의 개발 방법을 설명할 수 있다.	1	2	3	4	5
	5. 나는 비판적 사고의 의미를 설명할 수 있다.	1	2	3	4	5
	6. 나는 비판적 사고의 개발 방법을 설명할 수 있다.	1	2	3	4	5
	7. 나는 사고력을 발휘해 실제 발생하는 문제에 대한 다양한 의견을 제시할 수 있다.	1	2	3	4	5
	8. 나는 사고력을 발휘해 실제 발생하는 문제를 해결할 수 있다.	1	2	3	4	5
문제처리능력	1. 나는 문제처리능력의 중요성을 설명할 수 있다.	1	2	3	4	5
	2. 나는 문제해결 절차를 설명할 수 있다.	1	2	3	4	5
	3. 나는 문제인식의 의미와 절차를 설명할 수 있다.	1	2	3	4	5
	4. 나는 문제 도출의 의미와 절차를 설명할 수 있다.	1	2	3	4	5
	5. 나는 원인분석의 의미와 절차를 설명할 수 있다.	1	2	3	4	5
	6. 나는 해결안 개발의 의미와 절차를 설명할 수 있다.	1	2	3	4	5
	7. 나는 실행 및 평가의 의미와 절차를 설명할 수 있다.	1	2	3	4	5
	8. 나는 문제해결 절차에 따라 실제 발생하는 문제를 해결할 수 있다.	1	2	3	4	5

평가방법

체크리스트의 문항별로 자신이 체크한 결과를 아래 표를 이용해 해당하는 개수를 적어봅니다.

학습모듈	점수	총점	학습모듈	총점/ 문항수
문제해결 능력	1점 × ( )개		문제해결 능력	1~2장
	2점 × ( )개			
	3점 × ( )개			
	4점 × ( )개			
	5점 × ( )개			
사고력	1점 × ( )개		사고력	3~8장
	2점 × ( )개			
	3점 × ( )개			
	4점 × ( )개			
	5점 × ( )개			
문제처리 능력	1점 × ( )개		문제처리 능력	9~13장
	2점 × ( )개			
	3점 × ( )개			
	4점 × ( )개			
	5점 × ( )개			

평가결과

평가 수준이 '부족'인 학습자는 해당 학습모듈의 교재 파트를 참조해서 다시 학습하도록 합니다.

모듈별 평균 점수
3점 이상 : 우 수
3점 미만 : 부 족

문제해결 능력

Contents

1
PART

문제의 정의와 기본 요소

Contents

1. 문제 이해하기
2. 문제의 유형
3. 문제의 우선순위 도출

Learning Objectives

1. 문제의 정의를 설명할 수 있다.
2. 문제의 유형에 따른 특징을 말할 수 있다.
3. 문제의 우선순위를 도출하는 방법을 적용할 수 있다.

1
Chapter

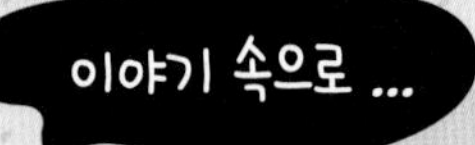

최근 출산율이 저하되면서 꿈빛 어린이집의 원생수가 급격히 줄어들었다. 주변의 다른 어린이집도 비슷한 상황으로 운영이 어려운건 마찬가지이다. 절대적인 어린이들의 수가 적다보니 입학하는 원생들의 수가 적고, 이 상태로는 운영비를 절감하기 위해 기존에 있던 선생님들도 내보내야 할 상황이다.

꿈빛 어린이집은 신규 원생들의 등록을 장려하기 위하여 원비 인하와 새로운 광고홍보 전단을 만드는 등 연이어 대책을 내 놓았다. 하지만 그 결과를 볼 때 약간의 신규 입학이 있기는 했지만 들인 노력에 비해 만족스러운 성과를 내지는 못했다.

이러한 상황에서 현재의 위기를 극복하고 파격적으로 원생들을 모아 인기있는 어린이집이 될 수 있는 방법에는 어떤 것이 있을까?

1장에서는 우리의 일상생활에 깊이 파고든 문제에 대한 개괄적인 내용을 학습한다. 문제의 정의와 3가지로 구분되는 문제의 유형, 문제의 우선순위 도출법에 대해 알아본다.

본 장을 통해 우리를 둘러싼 문제를 정확하게 이해하고 유형에 따른 접근방법을 찾을 수 있도록 흥미를 갖고 학습에 임해보자.

1. 다음은 무엇에 대한 설명인가?

업무를 수행함에 있어서 답을 요구하는 질문이나 의논하여 해결해야 하는 사항을 의미한다. 즉, 해결을 원하지만 실제로 해결해야 하는 방법을 모르는 상태나 얻고자 하는 해답이 있어도 그 해답을 얻는데 필요한 행동을 알지 못하는 상태를 말한다.

① 문제
② 요구
③ 역량
④ 목표

2. 다음은 창의적 문제와 분석적 문제에 대한 진술이다. 이 중 창의적 문제에 대한 진술과 분석적 문제에 대한 진술을 구분하시오.

① 현재의 문제점이나 미래의 문제로 예견되는 문제 탐구로, 문제 자체가 명확함.
② 분석, 논리, 귀납과 같은 방법을 사용해 해결하는 문제
③ 정답의 수가 많으며, 많은 답 가운데 보다 나은 것을 선택
④ 객관적, 직관적, 감각적 특징에 의존하는 문제

3. 다음 중 긴급성과 중요성으로 문제의 우선순위를 정할 수 있게 도와주는 도구는?

① 지인의 조언
② 우선순위 매트릭스
③ 계획표
④ To do 리스트

1. 문제 이해하기

(1) 문제의 정의

"문제란 해결해야 하는 과제이다"

'어떻게 하면 성적을 올릴 수 있을까?'

'유치원 원생의 수가 줄고 있다. 무엇이 잘못된 걸까?'

'병원 환자들의 불만이 늘고 있다. 어떻게 해야 할까?'

'매장의 매출이 하락하고 있다. 매출 증대를 위해서 어떤 노력을 해야 할까?

항상 우리 주변에는 다양한 종류의 '문제'가 존재한다. 국가적인 정책이나 사느냐 죽느냐를 논하는 심각한 문제도 있겠지만 '오늘 점심은 뭐로 할까?'와 같은 사소한 문제도 존재한다. 즉, 문제란 해결을 원하지만 실제로 해결해야 하는 방법을 모르는 상태 혹은, 얻고자 하는 해답이 있어도 그 해답을 얻는데 필요한 행동을 알지 못하는 상태이다. 이러한 문제들에는 공통적으로 해결책의 수립과 실행이라는 의사결정이 요구된다.

예를 들어 점심시간이 되어서 메뉴를 고르는 상황이라고 했을 때, 목적은 식사를 함으로써 배고픈 현재 상태를 벗어나 만족스런 포만감을 느끼는 상태로 가는 것을 말한다. 여기에서의 문제는 바라고 있는 포만감을 느끼는 상태와 현재의 배고픈 상태의 차이를 말하며, 가급적이면 비슷한 가격에 선호하는 맛있는 메뉴를 선택해 최선의 상황이 되는 것을 바람직한 문제해결이라고 볼 수 있다.

다음 장의 [그림 1-1]에서 보듯이 이상과 현실의 '차이(Gap)'가 바로 문제의 핵심이다.

그림에서 화살표가 위로 올라가면 우리가 원하는 안정적이고 이상적인 상태에 다다를 수 있다. 예를 들어 학생이라면 "성적 향상", 영업 사원의 경우에는 "매출 실적" 등이 해당할 것이다. 쉽게 말하자면 목표는 이정도면 만족한다는 바람직한 상태를 의미하는 것이다.

Chapter 1
문제의 정의와 기본 요소

그런데 '기대수준인 목표'가 멀어져 가고, ' 현상인 현실의 상태'와의 사이에 '차이'가 생기게 되면 우리는 그 '차이'를 인식하게 되는데, 바로 이때 사람들은 '문제'를 느끼게 된다. 문제란 바로 인식된 '차이'를 뜻한다.

[그림 1-1] 문제

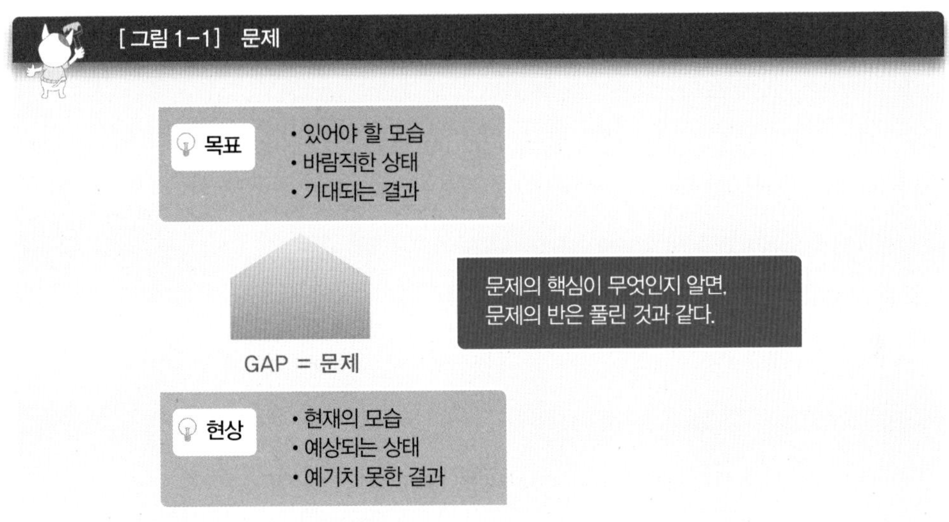
목표
• 있어야 할 모습
• 바람직한 상태
• 기대되는 결과
문제의 핵심이 무엇인지 알면,
문제의 반은 풀린 것과 같다.
GAP = 문제
현상
• 현재의 모습
• 예상되는 상태
• 예기치 못한 결과

그렇다면 현재 내 자신이 가지고 있는 현재의 문제는 최선의 상태와 어떤 차이가 있을까?

지금 이 순간 내가 가지고 있는 가장 큰 문제를 적어보자.

• 바람직한 내 상태

• 현재의 내 상태

적어 놓고 보니 문제가 제대로 보이는가?

(2) 문제를 제대로 알기 위한 3가지 핵심 Key

① 발생한 문제는 '누구'의 문제인가?

병원에서 발생한 진료비 청구서 기록에 오류가 많이 발생하고 있다고 가정해보자.

분명히 문제가 있는데 과연 누구에게 문제가 있는 것일까?

오류를 범하는 업무 담당자에게는 분명히 문제가 있다. 그렇다면 업무 담당자의 문제인가? 만약, 업무 환경이 좋지 않아 불가피한 시스템적 오류가 발생한다면 그런 업무 환경을 그대로 방치한 관리자의 문제가 될 수도 있다. 또한 진료비 청구서를 받은 고객이 조치를 취하지 않았다면 이것을 고객의 문제로 구분할 수도 있다.

병원 외에도 각종 청구서 기록에 오류가 많고 문제가 있는 상황을 종종 볼 수 있다. 하지만 누가 어떻게 문제를 인식하는가에 따라 문제의 본질이 달라지게 된다.

② '요구되는 상태'는 얼마나 구체적인가?

'요구되는 상태'를 구체적으로 제시한다는 것은 의외로 어렵다.

예를 들어 어린이집에서 "아이들에게 잘하자" 이것은 기본적인 방침이다. 이것에 대해 요구되는 상태는 "아이들의 질문이나 요청에는 웃으며 밝게 임할 것"과 같이 구체적일 필요가 있다. 이처럼 '요구되는 상태'를 생각하고, 그것을 정확하게 파악하는 습관을 들이는 것만으로도 우리의 생활은 크게 달라질 것이다.

③ '무엇'에 대해 '어떤' 차이가 발생하고 있는가?

어떤 기업에서 고객들의 불만이 증가하고 있는 것을 문제로 고민하고 있다고 가정해보자. 고객의 불만이 없는 것이 '요구되는 상태'이고, '현실 상황'은 서비스에 대한 고객의 불만이 증가하고 있는 상태라면 '차이'가 존재한다고 할 수 있다. 하지만 이것만으로 문제가 정확하게 파악되었다고 할 수는 없다.

서비스에 대한 고객의 불만이 고객 전체에게서 발생하고 있는가? 일부 특정한 고객에게서인가?

그렇다면 어떤 고객들인가? 대상을 분명히 하지 않으면 안 된다. 여성인가? 남성인가? 젊은층인가? 노인층인가? 범위를 더 좁힐 수 있는지 없는지를 처음부터 분명히 해 두어야 한다.

그리고 인식되고 있는 '차이'의 불만이란 도대체 무엇인가? 불만에도 여러 가지가 있다. 그렇다면 원인도 여러 가지가 있을 것이고 이에 대한 대책과 해결방안도 각각에 맞게 수립해야 한다. 이렇듯이 '불만'이라는 말로 문제 전체를 파악하기에는 여러 가지 요소가 복합적이기 때문에 문제를 하나하나 나누어 생각하지 않으면 핵심은 분산되어 버린다.

[출처] 문제해결력 트레이닝(나라이 안 지음. 김영철 옮김. 2003) 참고 및 수정

Level up Mission

문제인식을 통해 나와 학교(조직) 내에서 발생하는 문제점을 찾아보자.

현재 나에게 발생한 개인적인(업무상) 문제	우리 학과(조직) 내에서 발생한 문제(조직의 문제)
1.	1.
2.	2.
3.	3.

방금 실습 한 문제에 대한 인식과 탐색 다음으로 중요한 것이 바로 문제의 정의이다.

"문제를 제대로 정의하라."

보통 우리는 문제는 해결이 중요하다고 생각해서 문제를 정의하는 것을 간과할 수 있다. 하지만 우리가 직면한 수많은 '문제 상황'에 대해 정확하게 알아야 기대하는 해결책을 얻을 수 있다.

우리가 많이 하는 실수로 '문제'와 '문제점'을 혼동하는 것을 들 수 있는데, 문제점이란 문제의 원인이 되는 사항으로 문제해결을 위해 수정해야 할 사항을 말하기 때문에 '문제'와 '문제점'은 전혀 다른 속성을 지니고 있다.

예를 들어 머리가 아파서 병원에 간다면 의사는 환자가 머리가 아프다고 했을 때 단순히

두통약을 처방하지는 않는다. 왜냐하면 두통의 원인이 무엇인지 규명하지 않고 증상을 완화하는 약만 주어서는 근본적으로 두통을(병을) 고칠 수 없기 때문이다.
문제해결을 할 때 당장 눈앞의 상황에만 조치를 취할 경우에 실패하는 이유가 바로 여기에 있다. 문제해결을 시도할 때에는 문제가 무엇인지, 우선 그것을 명확히 해야 한다.
이렇게 문제를 제대로 정의했을 때 문제점은 개선해야 할 사항이나 손을 써야 할 사항, 그에 의해서 문제가 해결될 수 있고 문제의 발생을 미리 방지할 수 있는 사항을 말한다.

문제를 찾기 위해 고려해야 할 사항

Outline. 문제를 제대로 정의하라!

같은 상황이라고 해도 문제를 어떻게 정의하느냐에 따라 문제를 해결하기 위한 해결책이 완전히 달라질 수가 있다. 유치원에 가기 싫어하는 아이가 있다. 이 아이의 문제는 단순히 유치원에 가야 하는데 가지 않는 것이 문제가 되는 것일까? 눈에 보이는 문제는 유치원에 가야 하는데 가지 않는 것이라고 생각할 수 있지만, 여기서는 왜(Why)를 한 번 더 생각해 봐야 할 필요가 있다. "왜 이 아이가 유치원에 가기 싫어하는 것일까?". 다시 한 번 강조하지만 '문제'와 '문제의 증상'을 뒤섞어 놓지 않도록 한다.

Concentrate. 상황에 집중할 것!

문제가 발생하게 되면 우리를 둘러싼 상황이 달라진다. 하지만 상황을 어떻게 받아들이느냐에 따라 문제가 될 수도 있고 문제가 되지 않을 수도 있다. 상황의 변화와 그 작은 차이를 감지할 수 있어야 한다. 지금 상황이 어떻게 변화하는지 집중하고 인식하라.

Siginificance. 중요도를 고려할 것!

우리 주변에는 다양한 문제 상황과 불편함이 존재하지만 이런 것들이 모두 문제가 되는 것은 아니다. 그렇다면 무엇이 문제가 되는 것인가? 개인적인 상황에서는 내가 중요하게 생각하는 가치관에 따라 문제가 달라질 수 있고, 기업 상황이라면 기업의 최종적인 목표가 무엇이느냐에 따라 달라질 수 있다. 어려움이 발생했다고 모든 것이 문제는 아니라는 것을 기억한다.

Severl. 다양한 경우의 수를 고려할 것!

문제를 발견하기 위해서는 무엇보다 현재의 상태와 바람직한 상태를 파악해야 한다. 하지만 상황은 생각보다 복잡하고 시시때때로 바뀔 수 있다는 것을 기억하자. 문제를 올바르게 파악하기 위해서는 현재 상태를 명확하게 진단하고 바람직한 상태를 분명하게 파악하는 것이 중요하다. 현재 상태와 바람직한 상태가 명확하게 파악되지 않으면 문제를 해결하는 데 있어서도 어려움을 겪게 된다. 다양한 관점에서 현재 상태를 진단하고 바람직한 상태를 기술 할 수 있도록 하자.

[출처] 창의적 사고와 문제해결(2015. 허소현 외) 수정 참고

2. 문제의 유형

(1) 문제의 분류

일반적으로 문제는 창의적 문제와 분석적 문제로 나뉘며, 이 두 가지 문제는 아래와 같이 구분된다.

구분	창의적 문제	분석적 문제
문제제시 방법	현재 문제가 없더라도 보다 나은 방법을 찾기 위한 문제 탐구로, 문제 자체가 명확하지 않음.	현재의 문제점이나 미래의 문제로 예견 될 것에 대한 문제 탐구로, 문제 자체가 명확함.
해결 방법	창의력에 의한 많은 아이디어의 작성을 통해 해결	분석, 논리 귀납과 같은 논리적 방법을 통해 결정
해답 수	해답의 수가 많으며, 많은 답 가운데 보다 나은 것을 선택	해답의 수가 적으며, 한정되어 있음.
주요 특징	주관적, 직관적, 감각적, 정성적, 개별적, 특수성	객관적, 논리적, 정량적, 이성적, 일반적, 공통성

일상 생활이나 업무를 추진하는 동안에 문제를 인식한다 하더라도 문제를 해결하려는 의지가 없다면 문제 자체는 아무런 의미가 없다. 그때그때 발생하는 문제를 정확하게 인

식하고 문제에 도전하여 해결하려는 노력이 동반될 때 개인과 조직의 발전이 있게 된다. 그러므로 문제를 해결하려고 하는 실천적 의지가 무엇보다 중요하다고 볼 수 있다.

(2) 문제의 유형

문제를 효과적으로 해결하기 위해 문제의 유형을 파악하는 것이 우선시 되어야 한다. 문제의 유형은 그 기준에 따라 다음과 같이 분류된다.

기능에 따른 문제 유형	제조, 판매, 자금, 인사, 경리, 기술상 문제 등
해결방법에 따른 문제 유형	논리적 문제와 창의적 문제
시간에 따른 문제 유형	과거문제, 현재문제, 미래문제
업무수행 과정 중 발생한 문제 유형	발생형 문제(보이는 문제), 탐색형 문제(찾는 문제), 설정형 문제(미래문제)

일반적으로 문제는 원래의 상태를 회복하고자 하는 유형과 현재 상태보다 개선된 이상적 상태를 추구하는 유형으로 구분할 수 있으며, 흔하게 볼 수 있는 업무상 발생한 문제의 경우 기본적으로 아래의 3가지로 크게 구분된다.

[그림 1-2] (업무수행 과정 중 발생한) 문제의 유형

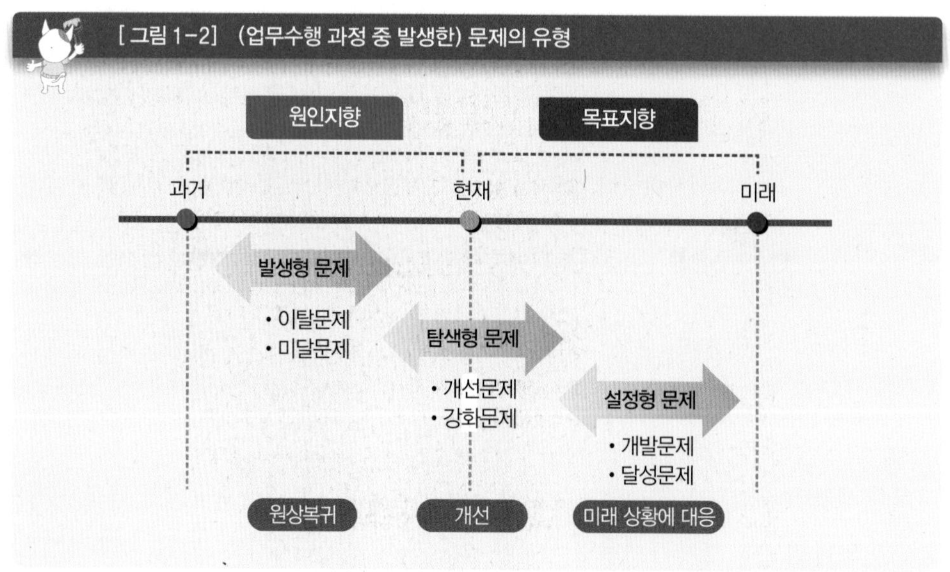

① 발생형 문제(눈에 보이는 문제)

이미 일어난 문제로 우리 눈앞에 발생되어 당장 걱정하고 해결하기 위해 고민하는 문제를 말한다. 발생형 문제는 어떤 기준을 정함으로써 생기는 일탈문제와 기준에 미달하여 생기는 미달문제로 대변되며 원상복귀가 필요하다. 또한 문제의 원인이 내재되어 있기 때문에 원인지향적인 문제라고도 말한다.

사 례

L 레스토랑은 국내 매출 3위안에 드는 거대 외식업체이다. 하지만 최근 고객들의 방문이 눈에 띄게 줄어들고 매출액 또한 점점 떨어지고 있다. 2016년부터 조금씩 감소하기 시작한 L 레스토랑의 매출은 2017년 들어서도 계속 줄어들고 있는 상황이다. 불경기이도 하지만 L 레스토랑 본사에서는 고객들의 방문이 줄어드는 이유가 무엇인지 파악하고, 해결책을 마련하는 임무를 M 과장에게 지시했다. M 과장은 현재 L 레스토랑과 관련된 모든 분야의 자료를 모아서 분석해 보기로 했고, 경쟁 외식업체의 자료들도 같이 수집해 참고해 보기로 했다.

② 탐색형 문제(찾는 문제)

지금보다 더 잘해야 하는 문제로 현재의 상황을 개선하거나 효율을 높이기 위한 문제를 말한다. 탐색형 문제는 눈에 보이지 않는 문제로, 문제를 방치하면서 큰 손실이 따르거나 결국 해결할 수 없는 문제로 나타나게 된다. 이러한 탐색형 문제는 잠재문제, 예측문제, 발견문제의 세 가지 형태로 구분된다. 잠재문제는 문제가 잠재되어 있어 보지 못하고 인식하지 못하다가 결국은 문제가 확대되어 해결이 어려운 문제를 의미한다. 이와 같은 문제는 존재하지만 숨어 있기 때문에 조사와 분석을 통해 찾아야 할 필요가 있다

예측문제는 지금 현재로는 문제가 없으나 현 상태의 진행 상황을 예측이라는 방법을 사용해 찾아내 앞으로 일어날 수 있는 문제를 찾아내는 것을 말한다. 발견문제는 현재로서는 담당업무에 아무런 문제가 없지만 유사한 타 기업의 업무방식이나 선진기업의 업무방법 등의 정보를 얻어, 보다 좋은 제도나 기법, 기술을 발견해 개선과 향상을 도모할 수 있는 문제를 말한다.

사례 : 칼럼, 척추 · 관절 병원의 미래

탐색형 문제 중 예측문제의 예시

최근들어 척추 · 관절 병원의 전문화가 두드러지게 빨리 증가하고 있다.
그 이유를 보면 우선, 수요의 증가에 있다. 노년 인구의 급속한 증가로 인해 관절 · 척추 환자수의 급증은 병원들의 증가로 이어지게 되었다.
소비자들이 관련 질병에 대한 대한 인식이 매우 높아졌으며, 전문 병원의 성장세도 두드러진다. 또한, 브랜드를 총체적으로 강화한 규모가 큰 여러 병원 등의 네트워크화가 진행되어서 가파른 상승세를 이어가고 있다.

앞으로 그럼 어떻게 척추 · 관절 병원들이 움직일 것인가?
먼저 첫번째로, 척추 · 관절 환자가 언제까지 늘어날 것인가?
일단 척추 · 관절 환자의 증가는 65세 이상 인구 증가와 가장 밀접하다. 그리고 공급인 척추 · 관절병원의 증가속도와 비교해 보면 알 수가 있다. 한국은 55년에서 64년까지 태어난 약 900만 명의 베이비붐 세대가 추후 10년 정도 시니어로 나오면서 향후 10년 정도 고객 수요가 매우 증가할 것으로 예상된다. 따라서 10년 동안 상승 곡선을 가다가 10년 후부터 환자수가 줄어드는 형태로 갈 것으로 예상된다. 공급의 증가는 최근 들어 네트워크 전문병원의 급속한 증가로 점점 더 경쟁이 심화되고 있다. 전문병원의 확장 속도가 매우 빠르게 증가하고 있고 척추 · 관절 병원의 증가는 추후 수요가 줄어들 때에 매우 큰 위험요소가 될 것이다. 따라서 추후 척추 · 관절 전문병원의 증가는 과거보다 위험요소가 있다고 볼 수 있다.
둘째, 수술에 대한 인식이 매우 부정적으로 인식되어지고 있다. 최근 방송에서 메디컬, 건강이 이슈가 되면서 많은 의사들이 나와 수술에 대한 부작용을 말하고 있고 일부 운동으로 자연스럽게 치료할 것을 요구하고 있다.
따라서 과거에 비해 소비자들이 병원에 가서 바로 수술하기 보다는 단계적인 치료를 요구하고 있다. 비수술 척추시술이 트랜드가 된 것을 보면 알 수 있다. 추후 수술보다는 비수술 중심의 치료 방식이 늘어날 것이다. 따라서 척추 · 관절 전문 병원들의 다양한 치료 프로그램을 만들어 가야 할 것이다.
셋째, 새로운 치료 방식에 대한 인식 전환이다. 최근 들어 줄기세포를 통한 관절치료가 매우 잘 알려지고 있고 척추시술 또한 매우 연구가 활발하게 진행되고 있다. 따라서 추후 줄기세포나 다양한 신기술을 활용한 새로운 치료 방식으로 접근할 것이다.
넷째, 대형 종합병원들은 암치료 중심으로 움직이고 있고 그 밖의 종합병원들은 특성화를 위해 노력하고 있다. 특히, 수익성 강화를 위해 척추 · 관절 수술을 강화하고 있다. 따라서 추후 지역 대학병원들 또한 척추 · 관절 수술을 적극적으로 확장하거나 증가시킬 것이다.

따라서 지역 내 종합병원과 전문병원의 경쟁과 지역 내 브랜드를 가진 병원들의 경쟁이 매우 강화될 것이며, 추후 매우 심한 경쟁을 해야하는 분야가 될 것으로 예상된다.
따라서 새롭게 브랜드를 만들어 시장에 개원하는 것은 매우 어렵다고 볼 수 있다. 병원의 규모나 시스템, 역량 없이 전문병원을 개원하는 것은 시장에서 버림 받을 수밖에 없을 것이다.
따라서 점점 더 브랜드 중심의 전문병원들이 증가될 것으로 예상되며, 브랜드를 가진 몇 개의 전문병원들이 시장을 점유해 나가는 방향으로 갈 것으로 예상된다.

③ 설정형 문제 (미래문제)

미래 상황에 대응하는 장래의 경영전략의 문제로 앞으로 어떻게 할 것인가 하는 문제를 의미한다. 설정형 문제는 지금까지 해 오던 것과 전혀 관계없이 미래 지향적으로 새로운 과제 또는 목표를 설정함에 따라 일어나는 문제로서 목표지향적 문제라고 할 수 있다. 따라서 이러한 과제나 목표를 달성하는 데 따른 문제해결에는 지금까지 경험한 바가 없기 때문에 많은 창조적인 노력이 요구되는 문제이므로, 설정형 문제를 창조적 문제라고 하기도 한다.

사 례

국내에 위치한 A 호텔과 B 호텔은 20년 전부터 라이벌 기업으로 항상 경쟁해 오고 있다. 그러나 최근 B 호텔은 A 호텔에게 다년간 유지해온 업계 1위 자리를 빼앗기고 있는 상황이며, 인터넷상에서 이루어지는 고객들의 서비스 평가에서도 조금 뒤쳐진다는 평을 받고 있다. B 호텔은 1위 자리를 탈환하기 위해 많은 비용을 들이고 새로운 인력을 투입하고 있지만 A 호텔을 따라잡을 수가 없다.
그러던 중 외국의 저가 체인호텔이 국내 시장에 진출하게 되었고, 저렴한 외국 호텔로 인해 B 호텔은 더욱더 실적 부진을 겪게 되었다. 하지만 A 호텔은 전과 마찬가지로 고객의 이용률과 서비스 만족도가 더욱 올라가고 있는 상황이다.
이런 상황을 이상하게 여긴 B 호텔의 경영자는 A 호텔이 이와 같이 높은 객실이용률을 기록할 수 있는 이유를 조사해 보았고 상대 호텔을 분석한 결과 A 호텔은 외국 저가체인호텔이 들어오기 이전부터 이에 따른 문제를 인식해 국내의 저가 체인호텔과 제휴를 통해 공동 마일리지 적립을 시행했고 정가보다 저렴한 가격에 공동마케팅을 시행했다. 또한 저가호텔을 이용하는 주 고객인 젊은층을 위한 차별화된 서비스를 개발해 이에 대한 대책을 마련해 왔다는 것을 알게 되었다.

Level up Mission Step 1

앞의 사례를 보면 문제의 유형이 현재 겪고 있는 문제만을 인식하는 기업과, 미래에 발생할지도 모르는 문제도 인식하는 기업에 차이가 있음을 알 수 있다. 문제의 유형은 현재 문제가 일어나 원상복귀가 필요한 보이는 문제, 현재 상황은 문제가 아니지만 더 잘할 필요가 있어 현재 상황을 개선하기 위한 찾는 문제, 장래의 미래 환경 변화에 대응해서 앞으로 발생할 수 있는 미래문제의 세 가지로 구분할 수 있다. 다음에 제시된 각 상황들이 보이는 문제, 찾는 문제, 미래문제 중 해당되는 문제에 "O" 표시를 해보고 그 이유를 적어보자.

[상황 A] ○○어린이집의 원장님에게 어린이집 선생님에 대한 학부모들의 클레임이 제기되었다.

[상황 B] ○○호텔의 직원들에게 고객만족도를 5% 올리라는 임무가 떨어졌다.

[상황 C] ○○병원의 마케팅 담당 J에게 중국시장으로 진출하는데 있어서 발생 가능한 문제를 파악하라는 지시가 내려졌다.

[상황 D] ○○호텔은 제주도에 신규 호텔을 지을 때 고려해야 하는 문제들이 무엇인지를 판단해야 하는 상황에 처해 있다.

[상황 E] ○○여행사의 서비스 수준이 자사의 서비스 품질보다 높다는 신문기사가 발표된 후 자사 여행상품의 판매부진이 누적되고 있다.

[상황 F] 유치원 운영에 있어서 자금 흐름이 이대로 두면 문제가 발생할지도 모른다는 판단하에 향후 1년간 어린이집 운영에 있어서 자금 흐름에 대한 예측이 요구되었다.

구분	보이는 문제	찾는 문제	미래문제	이유
상황 A				
상황 B				
상황 C				
상황 D				
상황 E				
상황 F				

Insight

활동을 통해 현재 직면하고 있는 상황만이 문제가 아니며, 현재 임무를 개선하기 위한 찾는 문제와 앞으로 발생할 수도 있는 미래의 문제도 있으므로, 문제의 유형이 보이는 문제, 찾는 문제, 미래 문제의 3가지로 구분됨을 보여준다.

활동에 제시된 각 상황에 해당하는 문제의 유형과 그 이유는 다음과 같다.

[상황 A] 보이는 문제　[상황 B] 찾는 문제　[상황 C] 미래문제

[상황 D] 보이는 문제　[상황 E] 찾는 문제　[상황 F] 미래문제

상황 A, D는 현재 직면하고 있으면서 바로 해결해야 하는 문제이므로 보이는 문제에 해당한다. 상황 B, E는 현재 상황은 문제가 아니지만 상황 개선을 통해서 더욱 효과적인 수행을 할 수 있으므로 찾는 문제에 해당한다. 상황 C, F는 환경변화에 따라 앞으로 발생할 수 있는 문제로 미래문제에 해당한다.

Level up Mission Step 2

현재 나의 문제를 찾아서 정리해 보자.

발생형 문제	
탐색형 문제	
설정형 문제	

이중에 하나를 골라서 작성해 보자.

- 이러한 문제가 발생한 원인은 무엇인가?

- 발생된 원인에 따른 문제해결책들은 무엇이 있는가?

- 해결안을 시행했을 때, 발생할 수 있는 기대효과와 문제점은 무엇이 있을까?

순번	기대효과	문제점
1		
2		

- 여러 가지 요소를 종합해 볼 때 최적의 해결안은 무엇인가?

3. 문제의 우선순위 도출

우리 주변에 여러개의 문제가 있을 때에는 어떤 것부터 시작하면 좋을까? 효율적인 업무처리를 위해서는 우선순위를 정한 후에 문제에 접근하는 것이 좋다.

일반적으로 문제의 우선순위를 판단하기 위해서는 문제 상황의 '긴급성'과 '중요성'이라는 두 가지 기준으로 평가하는 것이 좋다. 즉, 중요하면서 긴급한 문제부터 접근하는 것이 좋다는 것이다. 이와는 반대로 중요하지 않으면서 급하지 않은 문제는 이후에 처리해도 큰 지장이 없다.

[그림 1-3] 우선순위 매트릭스

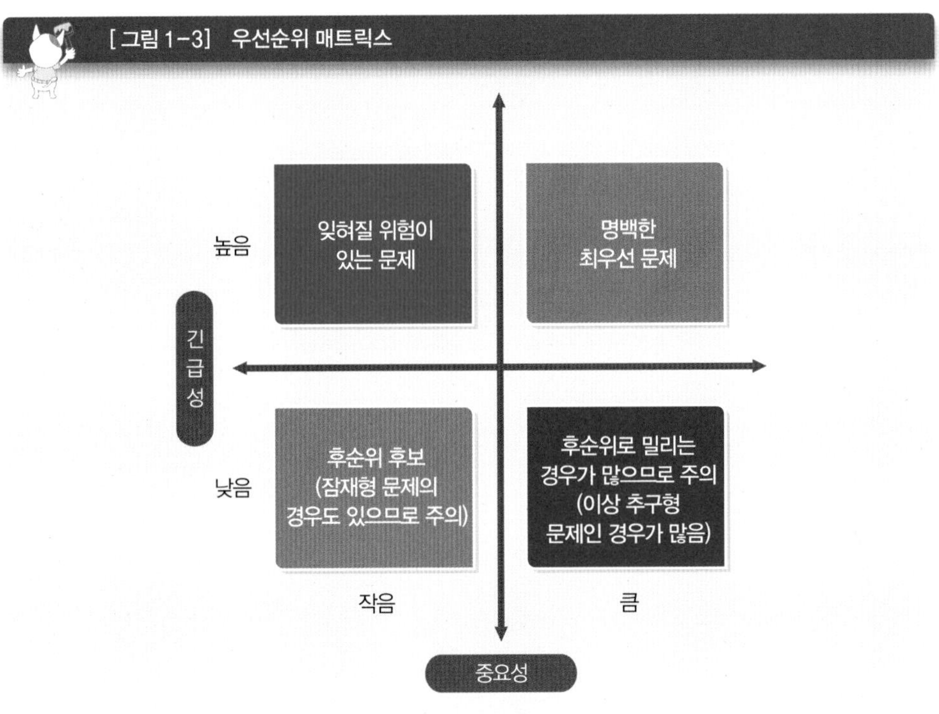

[출처] 맥킨지 문제해결의 이론(다카스기 히사타카 지음. 현창혁 옮김. 2009) 참고

그동안 우리는 알게 모르게 일상생활에서 우선순위를 정하는 방식을 이미 잘 활용하며 살아왔다. 예를 들어 친구들과 운동을 하다가 몸을 다치게 되면 바로 병원으로 간다. 이런 문제는 저녁식사라든가 스마트폰 게임보다 우선적으로 처리해야 하는 문제인 것이다.

하지만 실제 생활속에서의 문제해결은 위에서 본 도표처럼 간단하지 않다.

비상사태라면 누구나 문제의 중요성과 긴급성을 기준으로 해서 문제를 판단하겠지만 우리가 경험하는 대부분의 문제는 이렇게 분명하게 구분되지 않는다.

예를 들어 결혼 배우자를 선택하는 일이라든가 평생을 다녀야 하는 직업의 선택 등은 중요성의 측면에서 볼 때 무엇보다 중요한 일에 들어갈 것이다. 하지만 지금 당장 선택해야 할 긴급한 문제의 범주에 들어간다고 보기는 어렵다. 오히려 지금 점심을 먹으러 들어간 식당에서 메뉴를 고른다거나 고장난 노트북을 고치는 것이 더 우선시 될 수 있다.

이렇듯 우리의 일상생활을 둘러싼 중요하지만 급하지 않은 것들에는 특징이 있는데,

이러한 일에 전혀 신경을 쓰지 않으면 눈앞에 닥친 일들을 처리하는데 급급하다가 자신도 모르게 중요한 일들을 뒤로 미루게 될 가능성이 크다는 것이다.

예를 들어 호텔의 경우 현재 영업이 잘 되고 있으면 시설 확충과 리모델링에 소홀하게 될 가능성이 크기 때문에 경영자나 관리자들은 이러한 문제를 미리 예상해서 혹시 모를 문제 상황이 발생하지 않도록 주의해야 한다.

그리고 문제의 중요성을 평가할 때 주의할 점은 현재 드러난 문제점 뿐만 아니라 앞으로 확대될 가능성을 염두에 두고 생각해야 한다는 것이다. 이미 드러난 문제점이 악화될수록 중요성과 긴급성은 더 커진다.

또한 잠재형 문제에서는 미래에 문제점이 발생할 가능성을 미리 방지하는 예방책과 더불어 실제로 문제 상황이 발생했을 때 손실을 최소로 줄이는 대응책이 중요 과제라 볼 수 있다. 따라서 잠재형 문제의 경우에는 예방책과 더불어 대응책의 긴급성을 꼼꼼하게 판단하고 실행에 옮기도록 한다. 평상시에 잠재형 문제에 대한 대처방법을 미리 준비해놓지 않으면 중요도와 긴급도의 기준에서 어떤 것을 먼저 처리할지 결정하지 못하는 경우가 생겨날 수 있다. 따라서 여유있게 초기단계에서 잠재형 문제의 우선순위를 먼저 염두에 두고 일처리를 하는 것이 좋다.

학습평가 Quiz

1. 다음 중 문제의 유형이 올바르게 연결된 것을 고르시오.

앞으로 어떻게 할 것인가 하는 문제

① 설정형 문제　　② 탐색형 문제　　③ 발생형 문제

2. 현재의 상황을 개선하거나 효율을 높이기 위한 문제는 어디에 해당하는가?

① 발생형 문제　　② 설정형 문제　　③ 탐색형 문제

3. 다음 중 빈칸에 들어갈 알맞은 것을 고르시오.

업무수행 과정에서 발생하는 문제의 유형으로는 보이는 문제, 찾는 문제, ( ) 의 3가지가 있다.

① 숨어있는 문제　　② 현재문제
③ 과거문제　　④ 미래문제

4. 업무수행 과정 중 발생할 문제는 발생형, 탐색형, 설정형 3가지로 나뉘는데 이는 문제를 크게 두 가지 관점 ( )지향과 ( )지향으로 구분해 분류한 것이다.

5. 우선순위 매트릭스의 관점에서 볼 때 잠재형 문제에 대한 접근방법을 서술하시오.

학습내용 요약 Review (오늘의 Key Point)

1. 문제란 업무를 수행함에 있어 해결하기를 원하지만 실제로 해결해야 하는 방법을 모르거나, 해답을 얻는데 필요한 일련의 행동을 알지 못하는 상태를 말한다.

2. 문제의 정의는 "있어야 할 모습과 바람직한 상태, 기대되는 결과인 목표와 현재의 모습과 예상되는 상태인 현상과의 차이(GAP)"이다. 이러한 문제의 핵심이 무엇인지 아는 것이 문제해결의 열쇠이다.

3. 문제는 발생형 문제, 탐색형 문제, 설정형 문제의 세 가지 유형으로 분류할 수 있다.

   ① 발생형 문제 : 우리가 직면해 걱정하고 해결하기 위해 고민하는 이미 일어난 문제
   ② 탐색형 문제 : 현재의 상황을 개선하거나 효율을 높이기 위해 더 잘해야 할 문제
   ③ 설정형 문제 : "어떻게 할 것인가"가 핵심으로 장래의 경영전략을 생각하며 미래 상황에 대응하는 문제

4. 문제의 우선순위를 판단하기 위해서는 문제 상황의 '긴급성'과 '중요성'이라는 두 가지 기준으로 평가하는 것이 좋다. 또한 문제의 중요성을 평가할 때 주의할 점은 현재 드러난 문제점 뿐만 아니라 앞으로 확대될 가능성을 염두에 두고 생각해야 한다는 것이다. 이미 드러난 문제점이 악화될수록 중요성과 긴급성은 더 커진다.

문제해결의 정의와 프레임

Contents

1. 문제해결 능력
2. 문제해결을 위해 필요한 사고
3. 문제해결의 장애요인

Learning Objectives

1. 문제해결 능력의 개념을 설명할 수 있다.
2. 문제의 유형별 특징을 구분하고 말할 수 있다.
3. 문제해결을 위해 필요한 사고의 종류를 설명할 수 있다.
4. 문제해결의 장애요소를 알고 이에 대한 해결방법을 제시할 수 있다.

2 Chapter

이야기 속으로 ...

2016년 3월 열린 인공지능(AI)과 인간의 바둑 대결에서 '인류 최강'으로 불리는 이세돌 9단이 '알파고'에게 완패하자 국내 여론은 인공지능의 발전에 대한 놀라움으로 들끓었다. 이 세기의 대결이 말해주듯 앞으로 미래사회에서 인간이 해 왔던 지식의 축적과 전달은 인공지능의 발달로 인해 그 의미는 점차 축소될 것이고, 앞으로 인간의 가치는 컴퓨터가 할 수 없는 분야, 즉 인간과 인간, 인간과 사회에서 발생하는 문제를 얼마나 잘 조율하고 해결할 수 있는가에 의해 결정 될 것이다.

이와 같은 상황으로 비추어 볼 때 지금까지의 교육이 지식의 전달과 축적 중심이었다면, 미래의 교육은 문제해결 능력 함양으로 변화해야 할 것이다.

우리는 살아가는 동안 헤아릴 수 없는 많은 문제에 직면하게 된다.

생활 속에서 다양한 업무를 효과적으로 수행하기 위해서는 창의적이고 논리적인 사고력과 문제처리 능력이 필요하다. 따라서 문제해결 능력은 특정 사람에게만 필요한 것이 아닌 우리 모두에게 필요한 능력인 것이다.

"나는 과연 그동안 나에게 일어난 여러 가지 문제들을 효과적으로 풀어왔던가?"

"문제가 잘 풀리지 않았다면 무엇이 문제였을까?"

"앞으로 합리적인 문제해결을 위해 내가 기억해야 할 것은 무엇일까?"

2장에서는 문제해결의 정의와 문제해결에 필요한 사고, 문제해결의 장애요인을 알아봄으로써 그동안 막연하게만 느껴졌던 문제를 객관적으로 분석하는 방법을 제시한다.

1. 다음 중 빈칸에 들어갈 알맞은 것을 고르시오.

> (   )이란 직장생활에서 업무수행 중에 발생되는 여러 가지 문제를 창조적, 논리적, 비판적 사고를 통해 그 문제를 올바르게 인식하고 적절하게 해결하는 능력을 말한다.

① 문제해결 능력　　② 분쟁해결
③ 직관력　　④ 조정능력

2. 문제해결을 잘하기 위해서는 4가지 기본 사고가 필요한데 이에 해당하지 않는 것을 고르시오.

① 전략적 사고　　② 분석적 사고
③ 내외부 자원의 활용　　④ 합리적 사고

3. 다음 중 문제해결을 위한 장애요소가 아닌 것은?

① 고정관념　　② 도전의식
③ 단순한 정보에 의지　　④ 너무 많은 자료의 수집

1. 문제해결 능력

문제해결 능력이란 직장생활에서 업무수행 중에 발생되는 여러 가지 문제를 창조적, 논리적, 비판적 사고를 통해 그 문제를 올바르게 인식하고 적절하게 해결하는 능력을 말한다. 다시말해 목표와 현상을 분석하고, 도출된 분석결과를 토대로 주요과제를 바람직한 상태나 기대되는 결과가 나타나도록 최적의 해결안을 찾아 실행, 평가해 가는 활동을 의미한다. 이러한 문제해결은 조직과 고객, 그리고 나 자신의 세 가지 측면에서 의미가 있다.

- 조직 : 경쟁사와 대비해 탁월한 우위를 확보하고, 이를 통해 자신이 속한 조직이 관련 분야에서 세계 일류 수준을 지향할 수 있도록 하기 위해
- 고객 : 고객이 불편하게 느끼는 점을 찾아 개선하고 이를 통해 고객만족을 높이기 위해
- 자신 : 불필요한 업무를 제거하고 단순화 하여 업무를 효율적으로 처리함으로써 자신을 누구보다 경쟁력 있는 사람으로 만들어가기 위해

이처럼 개인과 조직은 문제해결을 통해 품질과 서비스를 높이고 효율적으로 업무를 추진하여 개인과 조직의 성과를 극대화 해 나갈 수 있다.

곧, 나의 업무 중 …

'좀 더 편안한 방법은 없는가?'
'좀 더 빠른 방법은 없는가?'
'좀 더 올바른 방법은 없는가?'
'좀 더 즐겁게 할 수 있는 방법은 없는가?'

조금 더 구체적으로는

'왜 성적이 떨어지고 있는가?'
'유치원의 원생이 갑자기 줄어든 원인은 무엇인가?'
'호텔의 매출이 급감한 이유는 무엇인가?'
'병원에서 불만고객이 늘어난 이유는 무엇인가?'

등을 고민하는 것 모두가 문제해결에 해당한다.

최근에 우리를 둘러싼 문제들은 더북 복합적이고 다양한 형태로 나타나고 있다. 그러므로 문제해결 능력은 모든 직업인들에게 직면한 문제를 바르게 인식하고 바람직한 문제해결을 위해 요구되는 가장 중요한 요소이다.

문제해결의 기본요소

문제의 해결을 위해서는 아래와 같은 기본요소가 개인에게 요구된다.

(1) 체계적인 교육 훈련

문제해결을 위해서는 고정관념, 편견 등 심리적 타성과 기존의 패러다임을 극복하고 새로운 아이디어를 효과적으로 낼 수 있도록 사내외의 체계적인 교육 훈련을 통해 창조적 문제해결 능력에 필요한 스킬을 습득하는 것이 중요하다.

(2) 문제해결 방법에 대한 지식

일반적인 문제에 적용되는 해결방법과 전문영역에 따른 다양한 문제해결 방법에 관한 지식을 습득하고 이를 적절히 사용할 수 있어야 한다.

(3) 문제에 관련된 해당지식 가용성

지식이 아무리 많아도 해결하고자 하는 문제와 해당 업무에 대한 풍부한 지식과 경험이 없다면 문제해결은 불가능하다.

(4) 문제해결자의 도전의식과 끈기

문제해결과 성과 도출에 대한 문제해결자의 의지와 개선의식, 끈기가 필요하며, 이것이 문제해결의 기초가 된다.

(5) 문제에 대한 체계적 접근

효율적인 문제해결을 위해서는 문제를 Process 관점에서 체계적으로 접근해야 한다. 문제를 조직 전체적인 관점에서 보지 않고 각 기능단위별로 해결안을 도출하면 기능과 기능 사이에 사각지대가 존재해 이상적인 문제해결이 이루어지지 않는 경우가 있다. 따라서 보다 큰 틀인 조직 전체적인 관점에서 문제를 바라보아야 한다.

읽을거리

[ChosunBiz.com 비즈 발언대] 갤럭시 노트7 사태의 본질은 조직과 경영의 문제다

결국 삼성전자의 갤럭시 노트7 생산이 중단되었다. 삼성전자는 전량 리콜이라는 사상 초유의 승부수까지 던지며 노트7을 지키려고 필사의 노력을 기울였지만 눈물을 머금고 노트7을 버릴 수밖에 없었다.

이번 노트7 사태를 보면 삼성답지 못한 미숙한 행동이 여러 측면에서 관찰된다. 가장 먼저 지적할 수 있는 것은 스마트폰 폭발에 대한 미숙한 대응이다. 삼성전자가 전격적으로 리콜을 단행한 것은 옳았다. 문제는 리콜 선언 다음의 행동이다. 삼성은 폭발 원인이 배터리인가를 철저히 확인한 후, 문제의 원인을 제거한 후에 생산을 했어야 했다. 그러나 삼성은 교체용 제품 생산과 교환에 사활을 걸었다.

삼성전자는 문제해결 능력이 뛰어난 조직이다. 예전의 삼성은 조직력이 강하고, 일사불란하게 움직이는 기업이었다. 이는 '패스트 팔로워(빠른 추격자)'의 특징이기도 하다. 삼성은 이런 자신의 역량을 무기로 애플을 따라 잡았다. 애플보다 훨씬 짧은 리드타임(제품개발 기간)으로 애플보다 더 빠르게 신제품을 시장에 출시했다.

그러나 '과유불급'이었다. 리드타임이 짧아지면 제품 개발 조직에 엄청난 스트레스와 부하가 걸린다는 것은 초보자도 알 수 있다. 이런 시간 단축은 안정성 점검 등 핵심 체크포인트를 놓치게 했고 결국 스마트폰 발화라는 참사를 불렀다.

왜 이런 제품의 결함이 지금 시점에 집중적으로 발생하고 있는 것인가. 지난 10여년간 삼성 이

건희 회장이 역량을 집중한 것은 품질경영이었다. 이런 노력은 삼성전자가 글로벌 1등 기업으로 성장한 원동력이 되었다. 그러나 지금 이런 '당연'의 전제가 무너지면서 '승자의 저주'라 부를 수 있는 누수 현상이 나타나고 있는 것이다.

하지만 더 중요한 것은 조직의 재정비와 경영의 혁신이다. 개발 프로세스 혁신, 개발조직과 마케팅조직의 통합성 회복, 외부 커뮤니케이션 능력의 재구축 등은 보다 본질적인 문제이고 결국 이는 경영의 혁신이 요구되는 사안이다.

위대한 기업은 항상 참담하게 실패한다. 도요타가 그랬고, 소니와 노키아도 그랬다. 삼성도 이런 운명을 벗어날 수는 없었다. 하지만 학습을 통해 실패를 딛고 다시 일어설 수는 있다. 도요타가 그랬다. 이제 삼성을 지켜볼 때다.

[출처] 위정현 중앙대 경영학부 교수 2016.10.14.(요약 및 발췌)

2. 문제해결을 위해 필요한 사고

문제해결을 위해서는 전략적 사고, 분석적 사고, 발상의 전환, 내외부자원의 활용이 필요하다.

(1) 전략적 사고

현재 당면하고 있는 문제와 그 해결방법에만 집착하지 말고, 그 문제와 해결방안이 상위 시스템 또는 다른 문제와 어떻게 연결되어 있는지를 생각하는 것이 필요하다.

(2) 분석적 사고

전체를 각각의 요소로 나누어 요소의 의미를 도출한 다음 우선순위를 부여하고 구체적인 문제해결 방법을 실행하는 것이 요구된다. 또한 분석적 사고는 문제가 성과 지향, 가설 지향, 사실 지향적 세 가지의 경우에 따라 다음과 같은 사고가 요구된다.

① 성과 지향의 문제 : 기대하는 결과를 명확히 제시하고 효과적으로 달성하는 방법을 사전에 구상하고 실행에 옮긴다.

② 가설 지향의 문제 : 현상 및 원인분석 전에 지식과 경험을 바탕으로 일의 과정이나 결과, 결론을 가정한 다음 검증 후 사실일 경우 다음 단계의 일을 수행한다.

③ 사실 지향의 문제 : 일상 업무에서 일어나는 상식, 편견을 타파하여 객관적 사실로부터 사고와 행동을 출발한다.

(3) 발상의 전환

기존에 가지고 있는 사물과 세상을 바라보는 인식의 틀을 전환해 새로운 관점에서 바로 보는 사고를 지향한다.

(4) 내외부자원의 효과적 활용

문제해결 시 기술, 재료, 방법, 사람 등 필요한 자원의 확보 계획을 수립하고 내 · 외부 자원을 효과적으로 활용하도록 한다.

다음 각 사례를 읽고 문제해결을 위해 기본적으로 갖추어야 할 사고에 대해 생각해보자.

사 례

전국 여러 곳에 체인으로 운영되고 있는 A 어린이집은 원아수 부족으로 인해 운영에 있어 위기상황에 처해있다. 이런 상황을 타개하고자 A 어린이집은 수서지점을 철수해 비용을 절감하려 하였다. 하지만 A 어린이집이 수서지점을 철수한지 얼마 지나지 않아 수서 지역에 SRT 고속전철이 들어온다는 발표가 났고, 이후 교통편리성을 높이 평가한 젊은층의 유입이 대거 진행되어 근처의 어린이집은 원아 대기상태에 걸릴정도로 유아인원이 늘어나게 되었다. 결국 A 어린이집은 수서지점을 철수한 것이 비용을 절감한 게 아니라 수익을 버린 결과를 초래하게 되었다.

C는 호텔 업체의 신입사원이다. C가 입사한 호텔은 호텔업에서 경쟁업체인 H사보다 고객이용률과 인지도가 떨어지는 호텔이었고, 그 호텔에서 근무하는 사람들은 모두 그러한 현실을 받아들이고 있는 상황이었다. C는 이러한 업계상황을 바꾸기 위해 H 호텔과 자신의 호텔 간의 차이를 분석하게 되었다. 그 결과 자신이 근무하는 호텔의 서비스 만족도가 H 호텔보다 떨어진다는 것을 알게 되었고, 상대적으로 H 호텔에 비해 자체적인 서비스 교육과 체계적인 시스템이 부족하다는 것을 알게 되었다. C는 요즘은 소비자들이 서비스에 민감하다는 것을 알고 있어서 이러한 결과를 보고서로 제출하였으나 결국 회사 내의 개혁 안건으로 채택되지 못하였다.

뇌수술 전문병원인 N 병원은 업계 1위였으나 현재 경쟁업체인 S사에게 그 자리를 빼앗길 위기에 처해있다. N 병원에 근무하는 M 과장은 업계에 불고 있는 로봇수술 열풍을 감지하고 새로운 신기계를 도입해 새로운 시술을 진행해보자는 아이디어를 제시했다. 하지만 병원 측에서는 "로봇 수술을 위한 기계 도입은 돈이 너무 많이 든다", "아직은 기계보다는 사람이 수술하는 것이 낫다"라는 이유로 투자에 미온적인 반응이었다.

외식업을 하고있는 S 회사는 마케팅, 서비스, 조리부 등 각 부문의 핵심인력들이 모여 최근에 경험하고 있는 J사의 전투적인 성장세를 따돌리기 위한 회의를 열었다. 마케팅 부서에서는 조리팀의 요리가 진부하다는 지적을 했고, 서비스팀은 높은 가격이 문제라고 말했으며, 조리부는 전체적으로 직원들의 표정이 밝지 않고 서비스의 품질이 떨어진다는 주장을 했다. 결국 이 회의에서는 회사 내의 내외부적인 자원을 활용하지 못한 채 서로의 문제점만을 지적하고 특별한 해결책을 제시하지 못한 채 끝나고 말았다.

Level up Mission Step 1

제시된 사례는 전략적 사고, 분석적 사고, 발상의 전환, 내외부자원의 활용 중 어떤 점이 부족해서 벌어진 경우인지를 구분하고 그 이유를 적어보자.

구분	보이는 문제	찾는 문제
사례 1		
사례 2		
사례 3		
사례 4		

3. 문제해결의 장애요인

문제를 해결하는 과정에서 다양한 장애요소들을 만나게 된다. 이러한 장애요소는 조직이 직면한 상황과 주변환경, 맡고 있는 업무의 특성, 개인의 특성에 따라 다양하다. 아래에 제시된 사례를 통해 효과적인 문제해결을 저해하는 장애요소가 무엇인지 알아보자.

사례 : 문제해결이 안되는 이유

국내에서 인기있는 레스토랑 체인업체인 B사는 20대 사이에서 선풍적인 인기를 끌고 있는 고품격 디저트 사업에 뛰어들기 위해 최근 디저트 관련 부서를 신설하고 신메뉴 개발에 착수했다. 담당자인 K팀장은 청춘남녀들의 마음을 사로잡기 위한 메뉴 개발까지는 순조로웠지만 이를 효과적으로 홍보하기 위한 단계에서는 계속 문제에 부딪혔다. 어느날 회의에서 다음과 같은 내용이 오갔다.

A : 제 주변 20대에게는 요즘 W양이 인기이던데. W양을 모델로 채용해보면 어떨까요?

B : 아니에요. 더 이상 광고모델로 승부를 내던 시대는 지나갔어요. 제가 20대에게 어필할만한 광고 콘티를 짜 봤어요. 이걸 검토해서 홍보 전략을 짜보면 어떨까요?

C : 아, 생각해보니까 고급 디저트는 웬만한 밥보다 비싸다는 인식이 강하잖아요? 기존 디저트 업계 1위인 P사보다 가격이 저렴하다고 홍보해 보는건 어떨까요?

회의가 끝난 후 K팀장은 오늘 회의에서도 별다른 소득이 없었다는 것을 깨닫게 되었고, 도대체 회의에 어떤 문제가 있는지 깊은 고민에 빠지게 되었다.

Level up Mission Step 2

효과적인 문제해결을 방해하는 장애요인으로는 고정관념에 사로잡힌 경우, 손쉽게 떠오르는 단순한 정보에 의지할 경우, 너무 방대한 양의 정보를 수집하려는 경우 등이 있다.

앞에 제시된 사례에 등장하는 A, B, C에게서 볼 수 있는 장애요인은 어떠한 경우인지 구분하고 그 이유를 살펴보자.

구분	장애요인	이유
A		
B		
C		

문제를 해결하는 데 장애가 되는 요소는 조직이 직면한 상황과 맡고 있는 업무의 특성에 따라서 매우 다양하게 나타날 수 있다. 이러한 장애요소들 중 대표적인 것은 다음과 같다.

(1) 문제를 철저하게 분석하지 않는 경우

문제를 접한 다음 문제가 무엇인지 심도있게 분석하지 않으면 문제해결이 어려워진다. 즉, 어떤 문제가 발생하면 직관에 의해 성급하게 판단해 문제의 본질을 명확하게 분석하지 않고 대책안을 수립하여 실행함으로써 근본적인 문제해결을 하지 못하거나 새로운 문제를 야기하는 결과를 가져올 수 있다.

(2) 고정관념에 얽매이는 경우

상황이 무엇인지를 분석하기 전에 개인적인 편견이나 경험, 습관 등으로 인해 증거와 논리에도 불구하고 정해진 규정과 틀에 얽매여서 새로운 아이디어와 가능성을 무시해 버릴 수 있다.

(3) 쉽게 떠오르는 단순한 정보에 의지하는 경우

문제해결에 있어 종종 우리가 알고 있는 단순한 정보들에 의존하는 경향이 있다. 단순한 정보에 의지하면 문제를 해결하지 못하거나 오류를 범하게 된다.

(4) 너무 많은 자료를 수집하려고 노력하는 경우

자료를 수집하는 데 있어 구체적인 절차를 무시하고 많은 자료를 얻으려는 노력에만 정열을 쏟는 경우가 있다. 무계획적인 자료 수집은 무엇이 좋고 제대로 된 자료인지를 효과적으로 구분해 활용하지 못하게 하는 우를 범할 수 있다.

Tip 문제해결을 위한 다섯 가지 질문

1. "이 문제의 좋은 점은 무엇인가?"

사람들은 누구나 문제 그 자체에 집중한 나머지, 그 문제를 통해 자신이 경험한 유익한 부분을 간과해버리는 경향이 있다. 하지만 조금만 객관적으로 바라보면 자신을 괴롭히는 문제라 할지라도 이를 통해 자신이 얻을 수 있는 유익한 부분이 반드시 있다는 사실을 알게 된다. 문제를 해결하기 이전에, 내 마음이 그 문제로 인해 얻게 된 유익에 대해 감사하는 마음을 가진다면 우리는 문제를 해결하기 위해 보다 편안한 마음상태를 유지할 수 있을 것이다.

2. "아직 완전하지 않은 부분은 어느 곳인가?"

많은 사람들이 문제에 부딪히면, 그 문제를 해결하려고 노력하기 보다는 회피하거나 문제를 방치하는 경향이 있다. 하지만 해결할 수 없는 문제란 이 세상에 존재하지 않는다. 중요한 것은 우리가 그 문제를 해결하려는 의지가 있느냐 없느냐이다.

3. "이 일을 내가 원하는 방향으로 해결하기 위해서 무엇을 할 수 있는가?"

문제를 해결하기 위해 선택할 수 있는 행동과 결정사항을 정리해보는 자세가 필요하다. 때로는 거절하기도 하고, 대화를 통한 조율이 필요할 때도 있다. 또한 자신이 집중해야 할 부분과 타인에게 위임해야 할 부분을 명확히 구분하는 것도 필요하다. 문제해결을 위해 자신이 선택할 수 있는 대안을 모두 생각해보자.

4. "이 일을 내가 원하는 방향으로 해결하기 위해 무엇을 포기할 수 있는가?"

문제를 해결하기 위해 내가 실행에 옮겨야 하는 영역이 있는가 하면, 반드시 포기해야 하는 부분도 있게 마련이다. 감정에 치우치거나 특정 상황에 집착해서는 결코 문제를 이상적인 방향으로 해결할 수 없다.

5. "이 일을 내가 원하는 방향으로 해결하기 위해서 필요한 일을 하는 동안, 어떻게 하면 그 과정을 즐길 수 있을까?"

사람들이 문제에 부딪혔을 때, 그것을 잘 해결하지 못하는 가장 큰 원인은 그 문제가 가져다주는 감정적인 상처와 아픔을 감당하지 못하기 때문이다. 따라서 원만한 문제의 해결을 위해서는 우리의 감정을 잘 다스려야 한다. 이를 위해 문제해결에 관한 여러 가지의 대안들 중에서 가급적이면 자신이 즐기면서 할 수 있는 방법을 선택한다면 문제해결이 보다 쉽고 즐겁게 다가올 것이다.

학습평가 Quiz

1. 다음의 빈칸에 들어갈 알맞은 것을 쓰시오. (   )

( )이란 목표와 현상을 분석하고, 이 분석 결과를 토대로 과제를 도출하여 최적의 해결책을 찾아 실행, 평가하는 활동을 의미한다.

2. 전체를 각각의 요소로 나누어 그 요소의 의미를 도출한 다음 우선순위를 부여하고 구체적인 문제해결 방법을 실행하는 사고는?

① 성과 지향 사고　　② 분석적 사고
③ 사실 지향 사고　　④ 전략적 사고

3. 다음 중 문제해결의 원천적인 밑바탕이 되는 것은?

① 체계적인 교육 훈련
② 문제해결 방법에 대한 지식
③ 문제해결자의 도전의식과 끈기
④ 문제에 대한 체계적인 접근

4. 다음 중 고정관념이라고 볼 수 없는 것은?

① 편견이나 경험　　② 습관
③ 정해진 규정과 틀　　④ 가능성

5. 문제해결을 위해 기본적으로 갖추어야 하는 4가지 사고를 적으시오.

학습내용 요약 Review (오늘의 Key Point)

1. 문제해결 능력이란 직장생활에서 업무수행 중에 발생되는 여러 가지 문제를 창조적, 논리적, 비판적 사고를 통해 그 문제를 올바르게 인식하고 적절하게 해결하는 능력을 말한다.

   다시 말해, 목표와 현상을 분석하고, 도출된 분석결과를 토대로 주요 과제를 바람직한 상태나 기대되는 결과가 나타나도록 최적의 해결안을 찾아 실행, 평가해 가는 활동을 의미한다.

2. 문제해결을 위해 갖추어야 할 기본적인 사고는 총 4가지로 전략적 사고, 분석적 사고, 발상의 전환, 내외부자원의 활용이다

3. 문제를 해결하는데 장애가 되는 요인들은 문제를 철저하게 분석하지 않는 경우, 고정관념에 얽매이는 경우, 쉽게 떠오르는 단순한 정보에 의지하는 경우, 너무 많은 자료를 수집하려고 노력하는 경우 등이 있다.

사고력

Contents

2
PART

창의적 사고란?

Contents

1. 창의적 사고의 의미와 특징
2. 창의적인 사람의 특징
3. 창의적 사고의 장애요인

Learning Objectives

1. 창의적 사고의 의미와 특징을 설명할 수 있다.
2. 창의적인 사람의 특징을 이해하고 말할 수 있다.
3. 창의적 사고의 장애요인을 말할 수 있다.

3
Chapter

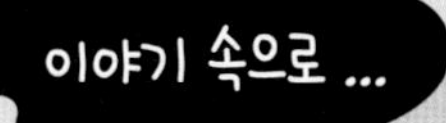

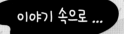

흔히 우리는 창의적인 사고에 대해 특별한 사람들만이 할 수 있는 대단한 능력이라고 생각한다. 하지만 우리는 일상생활 속에서 창의적인 사고를 끊임없이 하고 있다. 예를 들어 일상생활에서 필요한 물건을 구입하고자 할 때 좋은 물건을 싸게 사기 위해서 많은 생각을 해 본 경험은 누구에게나 있을 것이다. 이것이 바로 창의적인 사고이다. 창의적 사고는 무에서 유를 만들어 내는 것이 아니라 끊임없이 참신한 아이디어를 산출하는 힘으로써, 필요한 물건을 싸게 사기 위해서 하는 많은 생각들 역시 창의적 사고이다.

"걸레질하기 정말 싫었죠. 스팀과 청소가 한번에 되는 새로운 청소기는 없을까 생각했습니다." 평범한 주부에서 이제는 연매출 1,000억 원대의 중견기업 대표가 된 한경희 대표의 스팀청소기 개발 이유이다. 또한 우리가 커피숍에서 흔히 사용하는 주름빨대는 일본의 한 주부가 병상에 누워있는 아이에게 쉽게 물을 먹이기 위해 개발한 상품이다.

3장에서 우리는 창의적 사고의 의미와 특징에 대해 학습한다. 이와 함께 창의적 사고의 원천에 대해 알아본 후, 창의적 사고를 저해하는 요인들에 대해 학습한다.

1. 다음 중 빈 칸에 들어갈 알맞은 말은 무엇인가?

> (　　　　　　　)는 발산적(확산적) 사고로서, 아이디어가 많고 다양하며 독특한 것을 의미한다.

2. 다음 중 창의적 사고의 핵심요소가 아닌 것은?

① 유창성　　② 일관성
③ 독창성　　④ 정교성

3. 다음 중 창의적 사고의 심적 장애요인이 아닌 것은?

① 잘못된 가정　　② 감정적 장애
③ 습관 장애　　④ 심리적 불안

1. 창의적 사고의 의미와 특징

"골프공 표면의 구멍은 몇 개일까?"

위 질문에 어떻게 대답하면 좋을까? 다소 엉뚱하고 황당해 보이는 이 질문은 국내외 대기업에서 추구하는 창의적 인재를 채용하기 위해 면접에서 실제 사용했던 질문이다. 이와 같은 질문을 던진 이유는 질문에 따른 정확한 답을 확인하고자 함이 아니다. 문제를 해결해 나가는 과정에서 요구되는 지원자의 창의력과 발상전환 능력을 확인해 보고자 하기 위한 것이다. 예전에는 기업에서 어떤 사람을 원했을까? 학력? 학점? 아니면 높은 어학점수? 다양한 자격증?, 이렇듯 개인이 가지고 있는 화려한 스펙에 초점을 두었다. 그러나 이제는 그러한 스펙보다 실제 일을 하면서 직면하는 여러 장애나 과제들을 현명하게 해결할 수 있는 능력이 필요하게 되었다. 수퍼(S.U.P.E.R.)맨을 아시나요? 2013년 대한상공회의소에서 필요한 인재의 모습으로 전문성(Specialty), 창의성(Unconverntionality), 도전정신(Pioneer), 도덕성(Ethicality), 주인의식(Responsibility)을 갖춘 수퍼(S.U.P.E.R.)맨이 선정되었다. 21세기 지식정보화 사회에서 개인의 경쟁력, 기업의 경쟁력, 나아가 국가의 경쟁력을 갖추기 위해 필요한 창의적 사고의 의미와 특징을 확인해 보자.

(1) 창의적 사고의 의미

문제를 빠르게 해결했다고 해서 그 사람을 창의적이라고 할 수는 없다. 안 풀리는 문제, 해답이 많은 문제, 때로는 정답이 없는 문제를 해결하는 사람이야말로 창의적인 사람이라고 할 수 있다. 이렇듯 창의적인 사고란 당면한 문제를 해결하기 위해 이미 알고 있는 경험과 지식을 해체하여 다시 새로운 정보로 결합함으로써 가치 있고 참신한 아이디어를 산출하는 사고로서, 다음과 같은 의미를 포함하고 있다.

- 창의적인 사고는 발산적(확산적) 사고로서 아이디어가 많고 다양하며 독특한 것을 의미한다.
- 창의적인 사고는 새롭고 유용한 아이디어를 생산해 내는 정신적인 과정이다.

- 창의적인 사고는 통상적인 것이 아니라 기발하거나, 신기하며 독창적인 것이다.
- 창의적인 사고는 유용하고 적절하며, 가치가 있어야 한다.
- 창의적인 사고는 기존의 정보(지식, 상상, 개념 등)들을 특정한 요구조건에 맞거나 유용하도록 새롭게 조합시킨 것이다.

학자마다 다양한 창의적 사고에 대한 정의

① 창의적 사고란 창의적 과정을 거쳐 사회적 맥락에 의해 새롭고 유용하다고 인정받을 수 있는 산출물을 생성해 내는 능력이다.(조연순 외, 2013)

② 창의적 사고란 당면한 문제를 해결하기 위해 이미 알고 있는 경험과 지식을 해체하여 다시 새로운 정보로 결합함으로써 가치 있고 참신한 아이디어를 산출하는 사고이다.(한국산업인력공단, 2015)

③ 새롭고 유용한 것을 생성해 내고 이것을 남들이 수용할 수 있도록 설득력 있게 커뮤니케이션할 줄 아는 사고이다.(김영채, 2009)

이처럼 다양한 정의를 바탕으로 창의적 사고의 공통된 개념을 확인할 수 있다. 창의적 사고는 '새로움(참신함)', '유용함(당면한 문제해결에 적합함)', '수용가능성(남들의 인정)'의 특징을 가진 아이디어를 산출해 내는 사고를 의미한다. 흔히 창의적 사고라고 하면 남들이 쉽게 생각해 내지 못하는 독창적이고 참신한 아이디어만을 떠올리곤 한다. 그러나 창의적 사고를 통해 도출된 아이디어는 새로움뿐만 아니라 주제나 문제해결에 적절하고 유용한 아이디어로, 그 가치가 남들로부터 인정되고 수용될 수 있어야 한다.

대표적인 창의적 사고의 산출물로 스마트폰을 떠올려 볼 수 있다. 스마트폰이 처음 출시될 당시, 스마트폰은 기존의 휴대전화에서는 볼 수 없었던 새롭고 참신한 아이디어로 휴대전화 시장에 새로운 바람을 불러일으켰다. 또한 기존에 휴대전화, 뮤직플레이어, 전자수첩 등을 소지해야 했던 휴대전화 사용자의 불편함을 단숨에 해소하였으며, 그 유용성이 입증되어 오늘날까지 많은 사람들이 스마트폰을 사용하고 있다. 이처럼 '창의적 사고는 새롭고 유용하며 수용가능한 가치 있는 아이디어를 산출해낼 수 있는 사고'를 의미한다.

아래 질문이 맞다고 생각하면 "○"표, 틀리다고 생각하면 "×"표, 둘 다 아니라고 생각하면 "△"표를 하고, 그 이유를 생각해 보자.

1. 창의적 사고력은 선천적으로 타고난 사람들에게만 있다. ( )
2. 지능이 뛰어나거나 현실에 적응을 잘하지 못하는 사람들이 일반인보다 창의적이다. ( )
3. 창의적 사고는 후천적 노력에 의해 개발이 가능하다. ( )
4. 창의적 사고를 하는데 어느 정도의 전문 지식은 필요하지만 너무나 많은 지식은 오히려 창의력을 저해할 수 있다. ( )
5. 창의적으로 문제를 해결하기 위해서는 문제의 원인이 무엇인가를 분석하는 논리력이 매우 뛰어나야 한다. ( )
6. 사람의 나이가 적을수록 창의력이 높다. ( )
7. 어떤 사람이 자신의 일을 하는데 요구되는 지능수준을 가지고 있다면 그는 그 분야에서 어느 누구 못지않게 창의적일 수 있다. ( )
8. 사람이 상대로부터 신뢰를 받게 된다면 더욱 더 창의적이 된다. ( )
9. 창의적 사고란 아이디어를 내는 것으로 그 아이디어의 유용성을 따지는 것은 별개의 문제이다. ( )
10. 창의적 사고를 하기 위해서는 고정관념을 버리고, 문제의식을 가져야 한다. ( )

(2) 창의적 사고의 특징

창의적 사고는 다음과 같은 세 가지 특징을 보인다.

첫째, 창의적 사고란 정보와 정보의 조합이다.

여기에서 말하는 정보에는 주변에서 발견할 수 있는 지식(내적정보)과 책이나 밖에서 본

현상(외부정보)의 두 종류가 있다. 이러한 정보를 조합하고 그 조합을 최종적인 해답으로 통합해야 하는 것이 창의적 사고의 첫 걸음이다.

둘째, 창의적 사고는 사회나 개인에게 새로운 가치를 창출한다.

창의적 사고는 개인이 갖춘 창의적 사고와 사회적으로 새로운 가치를 가지는 창의적 사고의 두 가지로 구분된다. 아이들의 창의적 사고는 어른들이 보기에는 보잘 것 없어 보일 수도 있다. 하지만 아이들에게는 새로운 가치가 될 수 있는 것이다. 그리고 개인이 갖춘 창의력은 계발을 통해서 그 능력을 키울 수 있다. 따라서 단순히 사회에 대한 영향력이라고 하는 것 외에도 개인이 창의적 사고를 얼마나 발전시킬 수 있는가 하는 점도 생각할 필요가 있다.

셋째, 창의적 사고는 창조적인 가능성이다.

이는 "문제를 사전에 찾아내는 힘". "문제해결에 있어서 다각도로 힌트를 찾아내는 힘". 그리고 "문제해결을 위해 끈기 있게 도전하는 태도" 등이 포함된다. 다시 말해서 "창의적 사고"에는 사고력을 비롯해서 성격, 태도에 걸친 전인격적인 가능성까지도 포함된다.

이러한 창의적인 사고는 창의력 교육 훈련을 통해서 개발할 수 있으며, 모험심, 호기심, 적극적, 예술적, 집념과 끈기, 자유분방적일수록 높은 창의력을 보인다.

창의력이란 무엇인가?

- 당신이 만약 쇳덩어리 하나를 있는 그대로 그냥 팔면 5달러 정도 받을 것이다.
- 만약 당신이 그 쇳덩어리를 가지고 말발굽을 만들어 판다면 10달러 50센트로 가치를 높여 팔 수 있을 것이다.
- 그런데 말발굽 대신 바늘을 만들어 팔면 3,285달러를 받을 수 있을 것이고,
- 혹은 시계의 부속품인 스프링을 만들어 판다면 25만 달러 정도까지 그 값어치를 높일 수 있을 것이다.
- 5달러와 25만 달러와의 차이, 이것이 바로 창의력인 것이다.

Tip 창의적 사고의 핵심요소

유창성(Fluency)

유창성은 아이디어의 양적인 측면을 강조한다. 즉, 아이디어를 생성해 낼 수 있는 양을 의미한다. 제한된 시간 안에 나는 얼마의 아이디어를 생각해 낼 수 있는가? 이것이 유창성의 핵심이다. 유창성을 향상시키는 방법은 의외로 간단하다. 하나의 사물의 용도를 다양하게 생각해 봄으로써 쉽게 유창성을 향상시킬 수 있다.

[그림 3-1] 창의적 사고의 핵심요소

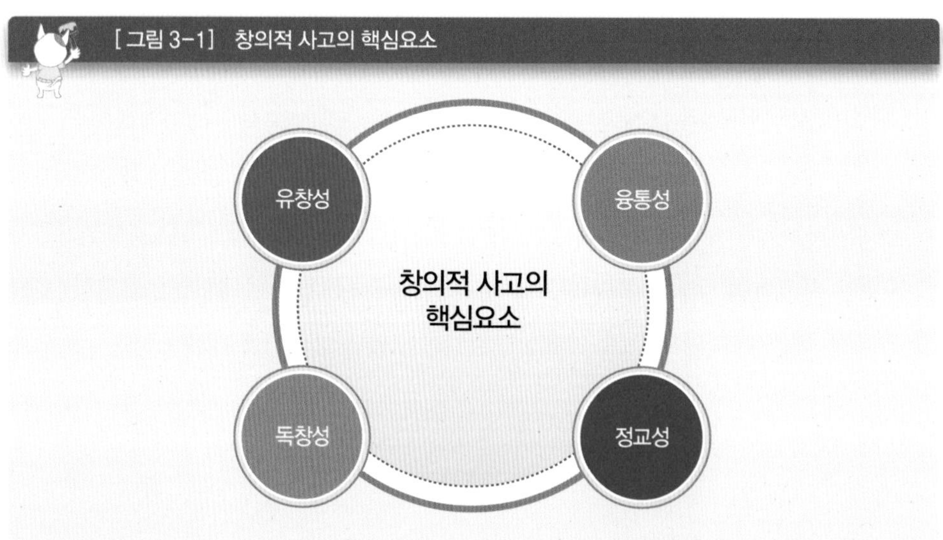

융통성(Flexibility)

융통성은 내가 생성해 낸 아이디어의 범주의 수를 의미한다. 사물 또는 사건을 볼 때 하나의 관점에서 보는 것이 아니라 다양한 관점으로 다양하게 볼 수 있는 능력을 의미한다. 연필의 용도를 20개 이상 상상해보자.

독창성(Originality)

창의적 사고를 하기 위해서는 나만의 사고를 할 수 있어야 한다. 독창성은 남들을 따라하지 않고 독특한 아이디어를 생성해 낼 수 있는 능력을 의미한다. 내가 낸 아이디어가 남들과 다를수

록 나의 독창성이 높아진다. 유창성이 아이디어의 양적인 측면과 관계가 있다면 독창성은 아이디어의 질적인 측면과 관계가 있다.

정교성(Elaboration)

정교성은 내가 생각해 낸 아이디어가 얼마나 구체적인지를 나타낸다. 하나의 아이디어를 보다 구체적으로, 그리고 세부 사항을 추가하여 아이디어를 발전시키는 능력을 의미한다. 피상적으로 사고하는 것보다 깊이 있는 사고를 하면 아이디어가 더 창의적일 가능성이 높다. 유창성과 독창성을 기반으로 제시된 아이디어를 보다 완전한 것으로 다듬고 확대시켜 나가는 능력을 정교화라고 말한다.

Level up Mission

유창성 연습하기

1. '검은색'하면 떠오르는 것을 자유롭게 적어 보자.

2. '주사기'의 용도를 자유롭게 적어 보자.

융통성 연습하기

'검은색'하면 떠오르는 것들에 대한 아이디어를 보고 유사한 것들 끼리 묶어보자.

범주 1	
범주 2	
범주 3	
범주 4	
범주 5	
범주 6	
범주 7	

독창성 연습하기

'검은색'하면 떠올랐던 것을 다른 사람들과 비교하여 나만이 생각할 수 있는 독특한 아이디어가 무엇인지 찾아보자.

정교성 연습하기

'검은색'하면 떠올랐던 것들 중에서 하나를 선택하여 하나의 이야기를 만들어 보자.

2. 창의적인 사람의 특징

창의적인 사람들과 그렇지 않은 사람들의 특징은 무엇인가? 비록 창의적인 사람들이 가지는 공통적인 특징은 없지만 보통 사람들과는 다른 그들만이 가지고 있는 특징이 있다. 이 장에서는 창의적인 사람들이 가지고 있는 대표적인 몇 가지 특징에 대해서 살펴보자.

(1) 창의적인 사람들의 6가지 특징

① 독립성 : 창의적인 사람은 다른 사람의 시선을 의식하지 않는다.

창의적인 사람은 강한 독립심을 가지고 있다. 다른 사람들과 구별되는 것을 두려워하지 않으며 사회적 요구에 순응하지도 않는다. 다른 사람들의 시선과 평가에 초점을 두기보다는 나 스스로의 내적 기준으로 판단하고 생각하려고 한다. 이러한 특징은 창의적인 사람을 조금은 괴짜 또는 특이한 사람으로 인식하도록 할 수 있지만 자신만의 규칙을 가지고 행동한다. 그리고 이러한 성향이 강한 사람은 혼자만의 시간을 가지며 새로운 아이디어를 생각하려고 한다. 하지만 나는 어떤가? 타인의 시선을 의식하여 타인의 기준에 나를 맞추고 있지는 않은가? 조금은 다른 사람의 시선에서부터 자유로워져 나만의 생각을 할 필요가 있다.

② 호기심 : 창의적인 사람은 매사에 관심이 많다.

창의적인 사람은 새로운 것에 흥미를 느끼고 가까이 하려고 한다. 호기심은 실험적이고 탐구적인 태도의 기반이 된다. 우리는 무언가 새로운 일을 하려고 하면 두려움을 느끼게 된다. 당연한 것이다. 가장 일반적으로 새로운 음식점에서 새로운 음식을 먹는 것에도 두려움을 가지는 사람들이 많다. 하지만 호기심이 많은 사람들은 새로운 것의 부정적인 면에 대한 두려움에 초점을 두지 않고 긍정적인 면에 초점을 두고 즐겁게 생각하고 겸허히 받아들인다.

③ 상상력 : 창의적인 사람은 무언가를 생각하기를 좋아한다.

창의적인 사람은 엉뚱한 상상을 하는 것을 즐긴다. 상상을 통해서 전혀 관계가 없는 것들을 연결하기도 하고, 상관이 없어 보이는 사물들 간의 공통점을 발견하기도 한다. 상상을 통해서 일상 생활에서 할 수 없는 제약조건을 깨거나 하나의 상황을 다양한 관점에서 보기도 한다. 남들이 봤을 때는 하찮은 생각일지 모르지만 이들은 상상하고 상상한다. 상상한다는 것은 끊임없이 생각한다는 것이다. 끊임없이 생각하다 보면 자신만의 생각을 할 수 있게 된다. 상상을 할 때는 긍정적으로 생각해야 한다. 나쁜 생각은 없다. 어떤 것도 거부하지 말고 자연스럽게 생각할 수 있는 모든 것들을 생각해 보자.

④ 개방성 : 창의적인 사람은 새로운 것을 받아들일 준비가 되어 있다.

개방성이란 새로운 것을 기꺼이 수용하고 시도하려는 태도이다. 창의적인 사람은 새로운 경험이나 느낌을 좋아한다. 그들은 독립적이기 때문에 다른 사람의 생각을 받아들이려고 하지 않을 것이라 오해받는 경우가 많지만, 사실 창의적인 사람은 다른 사람들의 생각을 기꺼이 수용한다. 고정관념을 깨고 모든 것에서 수용적인 태도를 보인다. 창의적인 사람은 사물을 다양한 관점에서 보기 위해 노력하고, 매사에 다양한 관점에서 생각하려 하기 때문에 다른 사람의 관점에서 생각할 수 있는 능력을 가지고 있다. 그래서 자신과 생각이 다른 사람들과도 잘 어울릴 수 있다. 이 특징은 호기심과도 연결 된다.

⑤ 도전정신 : 창의적인 사람은 실패를 두려워하지 않는다.

창의적인 사람들은 실패를 두려워하지 않고 오히려 위험을 감수하려고 한다. 우리는 창의적 아이디어로 성공한 사람들의 화려한 외면에 쏠려 그들이 걸어온 길에 대해서는 크게 관심을 가지지 않는다. 하지만 창의적 인물이 가지고 있는 화려한 겉모습 이면에는 엄청난 실패가 자리잡고 있음을 알아야 한다. 결과에 개의치 않고 새로운 것을 시도하게 된다. 실패에 기꺼이 대처하고 실패할지라도 긍정적으로 상황을 벗어나려고 노력한다. 이번이 마지막 기회가 아니라 기회는 얼마든지 있다는 것을 명심하자.

오늘 점심메뉴는 무엇인가? 오늘은 새로운 식당에서 새로운 메뉴를 시켜서 먹어 보자. 맛이 없으면 다음에는 다른 것을 먹으면 되고 맛이 있다면 다행이다.

> 한 번도 실수해 보지 않은 사람은
> 한 번도 새로운 것을 시도한 적이 없는 사람이다.
>
> \- 알버트 아인슈타인 -

⑥ 자기 확신과 열정 : 나 스스로를 믿는다.

창의적인 사람들은 인정이나 보상같은 외적인 것에 끌리기보다는 자기가 좋아서 하는, 즉 내적 동기가 강한 사람이다. 그들은 자기가 좋아하는 것이 무엇인지 분명하게 알고 있으며 그것에 자발적으로 참여하려고 한다. 가끔 자기가 하는 일에 대해 밤새 몰입하는 모습을 보이기도 한다. 또한 실패하더라도 스스로가 잘해 낼 수 있을 것이라고 믿기 때문에 쉽게 포기하지 않는 끈기를 가지고 있다.

(2) Check creativity

창의적인 사람들은 어떤 특징을 가지고 있을까? 창의적인 사람들의 공통적인 특징이 있을까? 내가 알고 있는 가장 창의적인 사람을 생각해 보자. 그런 후 다음의 표에 제시된 항목들을 점검해 나가면서 그 인물에게 해당되는 내용에 체크해 보자.

번호	문항	체크
1	독립적으로 작업하기를 좋아한다.	
2	'만약 ~라면, 어떻게 될까?'라는 질문을 좋아한다.	
3	상상을 좋아한다.	
4	융통성 있는 사고를 한다.	
5	끈기와 인내심이 있고, 쉽게 포기하지 않는다.	
6	일상적인 일에는 쉽게 싫증을 낸다.	
7	특별한 외적 자극이 없어도 많은 시간을 지루하지 않게 보낼 수 있다.	
8	옷을 자주 갈아 입는다.	
9	어떤 결과가 일어나는지를 알기 위해 직접 실험을 해보려고 한다.	

번호	문항	체크
10	자신이 발견하거나 발명한 것에 대해 말하기를 즐긴다.	
11	주어진 과제 이상의 것을 하려고 한다.	
12	같은 일을 표준적인 절차와는 다른 방법으로 할 수 있는 지를 찾는다.	
13	새로운 일을 시도하는 것을 두려워하지 않는다.	
14	남과 다르게 보이는 것에 대해 별로 신경쓰지 않는다.	

[출처] 창의적인 사람들의 일반적인 특성 中 Torrance, 1981

위의 목록은 토런스(Torrance)의 창의적인 사람들의 일반적인 특성을 바탕으로 한 것이다. 점검이 끝났으면 다른 사람들과 비교해 보자. 다른 친구나 동료가 없으면 다른 창의적인 사람에 대해서 조사해 보고 비교해 보자. 모든 사람들이 공통적인 특징을 가지고 있는가? 공통적인 특징도 있겠지만 다른 특징도 있다는 것을 발견할 수 있다. 창의적인 사람은 개개인마다 독특한 특성을 가지고 있고, 상황에 따라 다양하게 나타나게 된다.

3. 창의적 사고의 장애요인

다음 사례를 읽어 보시오.

사 례

캠릿브지 대학의 연결구과에 따르면, 한 단어 안에서 글자가 어떤 순서로 배되열어 있는가 하것는은 중하요지 않고, 첫째번와 마지막 글자가 올바른 위치에 있것는이 중하요다고 한다. 나머지 글들자은 완전히 엉진창망의 순서로 되어 있지을라도 당신은 아무 문없제이 이것을 읽을 수 있다. 왜하냐면 인간의 두뇌는 모든 글자를 하나 하나 읽것는이 아니라 단어 하나를 전체로 인하식기 때이문다.

창의적 사고를 위해서는 여러 가지 심적 장애를 극복해야 한다. 크게는 총 5가지의 장애로 나눠볼 수 있다.

① 잘못된 가정

㉠ OO는 창의적이지 못하다.

㉡ 지적인 사람은 훌륭한 사고를 한다. 바꿔말하면 많이 아는 사람이 창의적인 사고를 한다?

㉢ 놀이는 무가치하다.

② 습관장애

㉠ 정답은 유일하다는 식의 습관적 사고방식으로 폭넓은 생각의 기회를 스스로 박탈한다.

㉡ 분리된 문제로 인식

㉢ 규칙을 따라야 한다.

③ 문화적 장애

㉠ 틀에 박힌 인식

㉡ 무사안일

④ 감정적 장애

㉠ 실패를 두려워함

㉡ 문제의 애매함에 불편(잘 정의된 문제의 익숙)

㉢ 부정적, 비관적 사고

⑤ 환경적 장애

㉠ 아이디어 불모지(변화를 추구하지 않는 분위기)

Part 2
사고력

학습평가 Quiz

1. 다음의 빈칸에 알맞은 말을 적으시오.

( )란 개인이 가지고 있는 경험과 지식을 통해 새로운 가치 있는 아이디어로 다시 결합함으로써 참신한 아이디어를 산출하는 힘을 말한다.

2. 다음 중 창의적 사고에 대한 설명이 아닌 것은?

① 정보와 정보의 조합

② 발산적 사고

③ 새롭게 유용한 아이디어를 생산해 내는 정신적 과정

④ 기존의 정보를 객관적으로 분석하는 일

3. 다음은 창의적 사고에 관한 설명이다. 옳은 것은?

① 창의적 사고력은 선천적으로 타고난 사람들에게만 있다.

② 창의적 사고는 후천적 노력에 의해 개발이 가능하다.

③ 사람의 나이가 어릴수록 창의력이 높다.

④ 창의적 사고를 하는데 전문 지식이 필요하다.

4. 창의적 사고의 3가지 특징과 관계가 없는 것은?

① 창의적 사고란 정보와 정보의 조합이다.

② 창의적 사고는 사회나 개인에게 새로운 가치를 창출한다.

③ 창의적 사고는 창조적인 가능성이다.

④ 창의적인 사고는 자유분방할수록 낮다.

5. 창의적 사고의 장애요인을 3가지 이상 쓰시오.

학습내용 요약 Review (오늘의 Key Point)

1. 창의적인 사고는

   ①발산적(확산적) 사고로서, 아이디어가 많고, 다양하며, 독특한 것을 의미한다.

   ②새롭고 유용한 아이디어를 생산해 내는 정신적인 과정이다.

   ③통상적인 것이 아니라 기발하거나, 신기하며 독창적인 것이다.

   ④유용하고 적절하며, 가치가 있어야 한다.

   ⑤기존의 정보(지식, 상상, 개념 등)들을 특정한 요구조건에 맞거나 유용하도록 새롭게 조합시킨 것이다.

2. 창의적 사고의 핵심요소는 유창성, 융통성, 독창성, 정교성이다.

3. 창의적인 사람들이 가지는 공통적인 특징은 없지만 그들이 보통사람과 다른 차이점은 다음과 같다.

   ①독립성 : 창의적인 사람은 다른 사람의 시선을 의식하지 않는다.

   ②호기심 : 창의적인 사람은 매사에 관심이 많다.

   ③상상력 : 창의적인 사람은 무언가를 생각하기를 좋아한다.

   ④개방성 : 창의적인 사람은 새로운 것을 받아들일 준비가 되어 있다.

   ⑤도전정신 : 창의적인 사람은 실패를 두려워하지 않는다.

   ⑥자기 확신과 열정 : 나 스스로를 믿는다.

4. 창의적 사고를 위해서는 여러 가지 심적 장애를 극복해야 한다. 크게는 총 5가지의 장애로 나눠볼 수 있다.

   ①잘못된 가정 : '~는 창의적이지 못하다', '놀이는 무가치하다'

   ②습관 장애 : 정답은 유일하다.

   ③문화적 장애 : 틀에 박힌 인식이나 무사안일

   ④감정적 장애 : 실패를 두려워하거나 부정적, 비관적 사고

   ⑤환경적 장애 : 변화를 추구하지 않는 근무환경

창의적 사고를 개발하는 방법

Contents

1. 자유연상법
2. 강제연상법
3. 비교발상법

Learning Objectives

1. 자유연상법의 개념에 대해 설명할 수 있다
2. 강제연상법의 개념에 대해 설명할 수 있다.
3. 비교발상법의 개념에 대해 설명할 수 있다.

4 Chapter

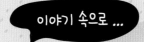

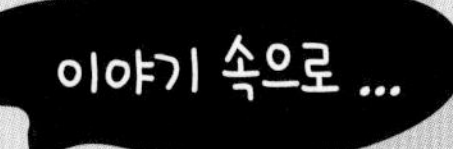

S 대학병원에서 전 직원을 대상으로 의료기기 아이디어 공모전을 진행했다. 여러 임직원들이 그룹을 만들어 아이디어 회의를 진행했다. A 그룹에서는 그룹의 리더가 구성원들에게 좋은 아이디어를 제시해 보라고 하였고, 사람들은 "위생과 안전을 동시에 충족시킬 수 있는 제품이 좋겠습니다.", "자주 교체되는 장비의 소모품들 위주로 개발하는 것이 좋을 것 같습니다." 등등 이런 저런 아이디어를 제시하기 시작했다. 회의는 여러 가지 아이디어가 제시되면서 열띠게 진행되었다. 그러나 회의가 끝날 무렵, 아이디어는 많이 제시된 것 같은데 정리할 수가 없었다. 반면, B팀은 얼마 전 창의력 개발과정에 참여한 부서장을 중심으로 차트와 포스트잇, 필기구를 준비하여, 다양한 아이디어 개발 방법을 사용하여 회의를 진행하였다. 그들은 우선 생각나는 대로 자유롭게 아이디어를 제시하게 하고, 각 아이디어를 포스트잇에 하나씩 적어나갔다. 그리고 포스트잇에 적힌 아이디어를 종합해서 관련성이 있는 아이디어끼리 묶어가는 과정을 통해서 새로운 의료기기의 개발 방향, 방법, 적용 등에 대한 결론을 내릴 수 있었다. 흔히 사람들은 업무를 수행할 때 기존과 같은 생각과 방법으로 해결하려는 경향이 있다. 그러나 같은 문제에 직면하더라도 얼마나 다양한 아이디어를 얻느냐에 따라 그 성과에는 많은 차이가 난다.

4장에서는 업무 성과를 높일 수 있는 창의적 사고를 개발하기 위한 다양한 방법들에 대해 학습한다.

1. 다음 중 빈 칸에 들어갈 알맞은 말은 무엇인가?

( )은 미국의 알렉스 오스본이 고안한 그룹발산기법으로 창의적인 사고를 위한 발산방법 중 가장 흔히 사용되는 방법으로, 집단의 효과를 살려서 아이디어의 연쇄반응을 일으켜 자유분방한 아이디어를 내고자 하는 방법이다.

2. 다음 중 창의적 사고 개발방법이 아닌 것은?

① 자유연상법
② so what 기법
③ 강제연상법
④ 비교발상법

3. 개선점을 구하기 위하여 모든 질문을 설정하고 하나씩 점검하면서 아이디어를 내는 발상법은 무엇인가?

① 브레인스토밍
② 체크리스트
③ NM법
④ 마인드 맵

1. 자유연상법

자유연상법은 어떤 생각에서 다른 생각을 계속해서 떠올리는 작용을 통해 어떤 주제에서 생각나는 것을 계속해서 열거해 나가는 발산적 사고 방법이다. 예를 들어 "의료장비확충"이라는 주제에 대해서 "홍보를 통해 고객을 확충한다.", "병원 내 직원들의 반응을 살핀다.", "경쟁 병원과 비교한다." 등 자유롭게 아이디어를 창출하는 것으로, 이는 다음 그림과 같다.

[그림 4-1] 자유연상법

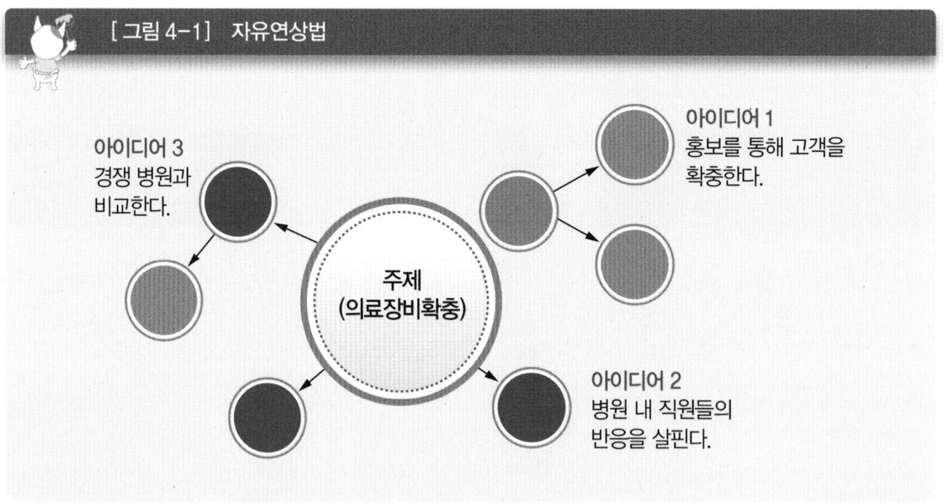

(1) 브레인스토밍(Brainstorming)

구성원의 생각을 최대한 끌어내려면 발산적 사고를 가져야 한다. 이러한 사고를 하는 사람들은 생각이 끊임없이 일어나며 다양한 형태로의 사고의 확장이 가능하며 아이디어가 넘쳐난다. 이러한 발산적 사고를 가능하게 하는 대표적인 기법이 브레인스토밍(Brain Storming)법이다.

브레인스토밍(BrainStorming)은 미국의 알렉스 오즈번이 고안한 그룹발산기법으로, 창의적인 사고를 위한 발산 방법 중 가장 흔히 사용되는 방법이다. 브레인스토밍은 집단의 효과를 살려서 아이디어의 연쇄방응을 일으켜 자유분방한 아이디어를 내고자 하는 것으로, 진행방법은 다음과 같다.

진행방법

① 주제를 구체적이고 명확하게 정한다.

논의하고자 하는 주제는 구체적이고 명확하게 주어질수록 많은 아이디어가 도출될 수 있다. 예를 들어 "현장 사고를 줄이기 위해서는"이라는 주제보다는 "구성원 전원에게 안전헬멧을 착용하는 방법"이라는 주제가 주어졌을 때 좋은 아이디어가 나오기 쉽다.

② 구성원의 얼굴을 볼 수 있는 좌석 배치와 큰 용지를 준비한다.

구성원들의 얼굴을 볼 수 있도록 사각형이나 타원형으로 책상을 배치해야 하고, 칠판에 모조지를 붙이거나, 책상위에 큰 용지를 붙여서 아이디어가 떠오를 때마다 적을 수 있도록 하는 것이 바람직하다.

③ 구성원들의 다양한 의견을 도출할 수 있는 사람을 리더로 선출한다.

브레인스토밍 시에는 구성원들이 다양한 의견을 제시할 수 있는 편안한 분위기를 만드는 리더를 선출해야 한다. 직급이나 근무경력에 따라서 리더를 선출하는 것은 딱딱한 분위기를 만들 수 있기 때문에 분위기를 잘 조성할 수 있는 사람을 직급에 관계없이 리더로 선출해야 한다. 특히 리더는 사전에 주제를 잘 분석하고 다양한 아이디어를 산출할 수 있도록 하는 방법들을 연구해야 한다.

④ 구성원은 다양한 분야의 사람들로 5~8명 정도로 구성한다.

브레인스토밍을 위한 적정한 인원은 5~8명 정도가 적당하며, 주제에 대한 전문가를

절반 이하로 구성하고, 그 밖에 다양한 분야의 사람들을 참석시키는 것이 다양한 의견을 도출하는 지름길이다.

⑤ 발언은 누구나 자유롭게 할 수 있도록 하며, 모든 발언 내용을 기록한다.

브레인스토밍 시에는 누구나 무슨 말이라도 할 수 있도록 해야 하며, 발언하는 내용은 요약해서 잘 기록함으로써 내용을 구조화할 수 있어야 한다.

⑥ 아이디어에 대한 평가는 비판해서는 안 된다.

제시된 아이디어는 비판해서는 안 되며, 다양한 아이디어 중 독자성과 실현가능성을 고려하여 아이디어를 결합해서 최적의 방안을 찾아야 한다.

4대원칙

① 비판엄금(Support)

브레인스토밍의 특징은 개방에 있다. 비판은 커뮤니케이션의 폐쇄와 연결된다. 평가 단계 이전에 결코 비판이나 판단을 해서는 안 되며, 평가는 나중까지 유보한다.

② 자유분방(Silly)

무엇이든 자유롭게 말한다. '이런 바보 같은 소리를 해서는 안 된다'는 등의 생각은 하지 않아야 한다.

③ 질보다 양(Speed)

질에는 관계없이 가능한 많은 아이디어들을 생성해내도록 격려한다. 양(量)이 질(質)을 낳는다는 원리는 많은 아이디어를 생성해 낼 때 유용한 아이디어가 들어있을 가능성이 더 커진다는 것을 전제로 한다. 브레인스토밍 활동을 할 때는 시간을 정해주거나 아이디어의 개수를 정해주기도 한다. 이는 두뇌를 긴장시켜 빠른 시간에 많은 아이디어를 생성하도록 유도하는 것이다.

④ 결합과 개선(Synergy)

다른 사람의 아이디어에 자극되어 보다 좋은 생각이 떠오른다. 서로 조합하면 재미

있는 아이디어가 될 것 같은 생각이 떠오른다. 서로 조합하면 재미있는 아이디어가 될 것 같은 생각이 들면 즉시 조합시킨다. 얻은 힌트를 헛되게 해서는 안 된다.

종류

① Free Wheeling

회의에 참가한 모든 구성원이 일정한 순서에 구애받지 않고 아이디어가 떠오르는 대로 동시다발적으로 의견을 내는 방식. 일반적으로 시간을 정해놓고 진행하는 것이 보통이다.

Brainstorming의 취지를 최대한 살려 모든 구성원이 일정한 제약이 없는 상태에서 참여할 수 있는 장점이 있으나 종종 구성원 중에 말이 많고 적극적인 몇몇이 회의를 주도하는 경향이 발생하며, 소극적인 사람의 뛰어난 아이디어가 사장될 위험이 있다.

② Round Robin

리더의 진행으로 구성원들이 한 사람씩 순서대로 돌아가며 아이디어를 내는 방식이다. 마땅한 의견이 없을 경우 구성원은 'Pass'를 외쳐 자신의 순서를 지나 보낼 수 있으며, 모든 구성원이 'Pass'를 외칠 때까지 진행하도록 한다.

소극적인 구성원들도 모두 참여시킬 수 있는 장점을 가지고 있는 반면 순서에 따라 의견을 개진하게 되므로 Brainstorming의 자유분방함의 취지를 완전히 살릴 수 없다.

③ Slip Method

회의를 시작하기 전 작은 쪽지에 주제와 관련된 아이디어를 기술하고 이를 참고로 Brainstorming을 진행하는 방법이다. 터무니없는 아이디어의 남발을 방지하고 보다 신뢰 있고, 활용 가능한 아이디어를 얻을 수 있다는 장점이 있어 다소 시간적인 제약이 있는 경우 활용할 수 있는 장점이 있으나 아이디어를 사전에 문장으로 표현하여야 하므로 위와 같이 시간적 제약이 있는 경우 유용하다.

브레인스토밍 시 유의사항

브레인스토밍 무용론?

1958년 예일대학의 Taylor, Berry, Block의 연구를 필두로 하여 브레인스토밍이 오히려 집단의 창의성을 떨어뜨리고 발굴된 아이디어의 양도 회의 참석자들이 각자 개인적으로 생각한 것보다 훨씬 적다는 비판이 끊임없이 제기되고 있다. 브레인스토밍 무용론이 제기하는 구체적인 문제점은 대략 다음과 같다.

첫째, 회의 참석자 중 한 명이 의견을 말하는 동안 다른 나머지는 발언 순서를 기다려야 하는데, 이때 자신의 아이디어를 재검토하면서 포기하거나 심지어 잊어버리기도 한다.

둘째, 상사나 선배직원이 배석한 경우 참신한 새로운 아이디어를 제시하기보다는, 상사의 의견과 비슷한 분류의 아이디어를 내는 경향이 강해진다.

셋째, 참석자 중에는 다른 사람 앞에서 의견을 발표하는 것을 어려워하는 사람도 있다. 더군다나 충분히 검토되지 않은 설익은 아이디어를 공개적으로 말하는 것이 권장되는 브레인스토밍 회의 규칙을 부담스러워하며 침묵을 지키는 참석자들이 있으며, 몇몇 적극적인 참석자들에 의해 회의가 장악된다

브레인스토밍 시 위의 세 가지 문제점들을 잘 유의해서 진행한다면 더욱 효율적 진행이 가능하다.

Level up Mission

클립은 종이 몇 장을 묶어두는 평범한 사무용품이다.

당신의 창의력으로 클립의 용도를 나열해 보시오.

(2) 브레인라이팅(Brainwriting)

브레인라이팅 기법은 브레인스토밍 기법이 지닌 단점을 보완하기 위해 개발된 기법이다. 브레인스토밍 기법은 자칫 목소리가 큰 사람이나 발언이 많은 사람에게 이끌려갈 가능성이 크다. 발언이 적은 사람이나 내성적인 사람은 자기의견을 충분히 발휘하기가 어렵게 된다. 그렇다고 이들에게 아이디어가 없는 것은 아니다. 오히려 독특한 아이디어를 많이 가지고 있는 경우가 많다. 브레인라이팅은 이 같은 브레인스토밍의 단점을 제거하고자 하여 독일의 Holliger가 창안한 기법이다.

브레인라이팅 기법은 초기에는 6-3-5법이라고 불리었다. 6-3-5는 다음의 의미를 내포하고 있다.

6 : 6인의 참가자가

3 : 3개씩의 아이디어를

5 : 5분마다 계속 생각해 낸다는 것이다

브레인라이팅 기법은 이와 같이 소그룹 단위로 아이디어를 생각해 보는 기법인데, 이 기법의 첫번째 특징은 침묵을 지키면서 집단사고를 진행시킨다는 것이다.

두번째 특징은 집단사고를 하면서도 개인사고의 이점을 최대한 살릴 수 있다는 것이다. 아이디어를 낸다는 것은 결국 개인의 머리에서 출발하기 때문이다.

단계별 FLOW는 [그림 4-2]와 같다.

[그림 4-2] 브레인라이팅 단계별 FLOW

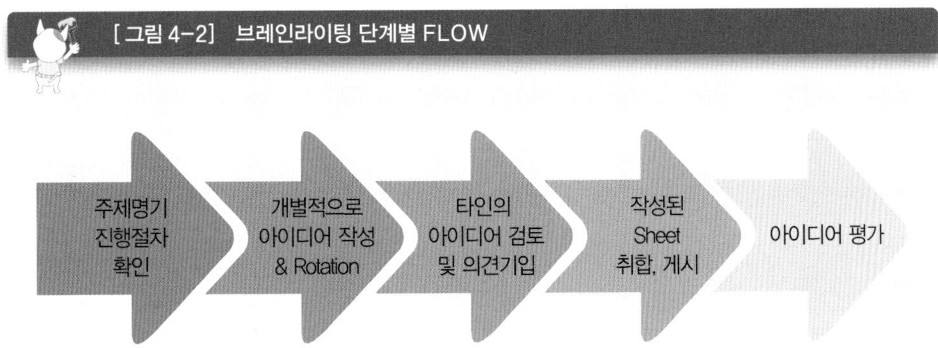

1단계 : 주제를 명기하고 진행절차를 확인한다.

- 진행자가 플립차트에 주제를 명기한다.
- 팀원들에게 따라야 할 가이드라인에 대해 동의하는지 확인한다.
- 브레인라이팅 주제를 토의를 통해 명확히 한다.
- 브레인라이팅의 목표를 확인한다
- 진행절차에 대한 설명을 하여, 모두 이해하였는지 확인한다
- 성원에게 브레인라이팅 시트를 한 장씩 배포하고 테이블 중앙에 여분의 시트를 놓는다.

2단계 : 개별적으로 아이디어를 작성하고 돌린다.

- 문제해결 당사자인 구성원 전원이 브레인라이팅 시트의 I란의 A, B, C칸에 세가지 아이디어를 각각 기입한다.(표 4-1참조)
- 3분 후, 각자의 브레인라이팅 시트를 왼쪽 사람에게 넘겨준다. 왼쪽 사람이 아직 작업을 끝내지 못했다면 자신의 시트를 테이블 중앙에 있는 시트와 교환한다.

3단계 : 타인의 아이디어를 검토하고 자기의견을 기입한다.

- 각자 자신의 오른편 사람에게서 넘겨받은 시트를 보고 타인이 내놓은 아이디어를 검토한다.
- 시트의 II란의 A, B, C칸에 아이디어를 기입한다. 이때 위에 있는 타인의 아이디어에 편승하는 것도 장려되며, 편승이 마땅치 않을 경우 자신의 독자적인 아이디어를 기입하는 것도 장려된다.
- 3분이 경과하면, 시트를 왼쪽 편에 있는 사람에게 돌린다. 이와 같은 요령으로 브레인라이팅 시트의 IV란까지 진행한다.
- 진행자는 전체 흐름을 매끄럽게 진행해 나가야 한다. A, B, C의 각 란에 아이디어를 기입하는 것을 한 Round라고 하는데, 한 Round에 소요되는 시간은 3분으로 한다. 물론 과제의 성격이나 참가자의 수에 따라 시간을 좀더 길게 한다든지 짧게 할 수도 있다. 특히 뒷 Round로 갈수록 앞에서 써 낸 아이디어들을 읽어 볼 시간이 많이 필요하므로 시간을 여유 있게 진행한다.

4단계 : 작성된 시트를 취합, 게시한다.

- 시트의 VI란까지 활동이 종료되면 시트를 취합, 게시한다.
- 게시된 시트의 내용을 보고 각각의 아이디어에 대한 평가 및 합의를 도출하기 위한 회의를 준비한다.

6Round 브레인라이팅 시트를 사용한다고 하면 브레인라이팅 시간은 20여분이 소요될 것이며, 6명이 참가했다고 하면 전체 아이디어의 수는 108개 정도가 될 것이다. 불과 20분 남짓한 시간에 100개 이상의 아이디어가 나오는 셈이다. 이 Brain Writing은 참가자가 몇 명이라도 상관없다. 만일 100명이 한다면 불과 20분 동안에 1,800개 정도의 아이디어를 얻을 수 있는 것이다. 물론 그 속에는 중복된 것도 있을 수 있으므로 실제 아이디어 수는 줄어들겠지만, 조용하게 자기 생각을 정리하면서, 타인의 생각도 참조하여 아이디어를 대량 생산하는 방법이라는 점에서 다른 기법에서는 누릴 수 없는 장점을 지니고 있는 것이다.

5단계 : 아이디어를 평가한다.

다양한 의사결정 기법, 문제해결 기법을 통해 제시되어 있는 아이디어를 평가한다.

과제 :

[표 4-1] 브레인라이팅 시트

	A	B	C
I			
II			
III			
IV			
V			
VI			

다음 상황에서 브레인라이팅을 사용하라.

브레인라이팅은 브레인스토밍과 마찬가지로 문제의 원인분석, 해결안의 도출, 실행계획의 수립 및 평가기준 개발 등 문제해결 전 과정에서 광범위하게 활용될 수 있는 아이디어 발산 기법이다. 하지만 다음의 상황에서는 브레인라이팅이 더욱 효율적일 수 있다.

- 상황 1 : 깊이 생각해서 정선된 아이디어를 얻는 것이 중요할 경우
  자신의 생각을 문장으로 쓴다는 것 자체가 사람들로 하여금 깊이 생각하게 하고 좀 더 완벽하고 분명하게 표현하도록 한다.
- 상황 2 : 기존의 브레인스토밍 회의가 한 두 사람에게 독점되었을 때
  브레인라이팅 기법은 아이디어에 대해 생각하고 쓸 기회를 모든 참가자에게 동등하게 제공하기 때문에 집단적 합의에 대한 압력을 실질적으로 제거시킨다.
- 상황 3 : 팀의 문화가 지나치게 인간적으로 형성되어 사교지향적인 경우
  브레인라이팅은 팀으로 하여금 초점을 가질 수 있도록 강한 과제 지향적 태도를 제공한다.
- 상황 4 : 팀내에 심한 갈등이 있거나, 주제의 논쟁 유발 가능성이 높은 경우
  갈등이 어떤 경우에는 유익할 수 있다 하더라도, 이는 매우 주의깊게 다루어지지 않으면 안 된다. 브레인라이팅은 브레인스토밍이 다루기 쉽지 않은 매우 긴장되고 부담스러운 상황에서 성공적으로 활용될 수 있는 기법이다.

(3) 마인드맵(Mind Map)

마음속에 지도를 그리듯이 줄거리를 이해하며 정리하는 아이디어 발산 기법이다.

핵심 단어를 중심으로 거미줄처럼 사고가 파생되고 확장되어 가는 과정을 확인하고, 자신이 알고 있는 것을 동시에 검토하고 고려할 수 있는 일종의 시각화된 브레인스토밍 방법이다. 영국의 두뇌학자 토니부잔(T. Buzan)은 1970년대 초, 두뇌 활동이 주로 핵심 개념들을 상호 관련시키거나 통합하는 방식으로 이루어진다는 연구 결과를 바탕으로 시각적 사고 기법인 마인드 매핑(mind mapping)을 개발하였다.

사례 : 마인드맵을 활용한 건강한 삶을 유지하기 위한 방법

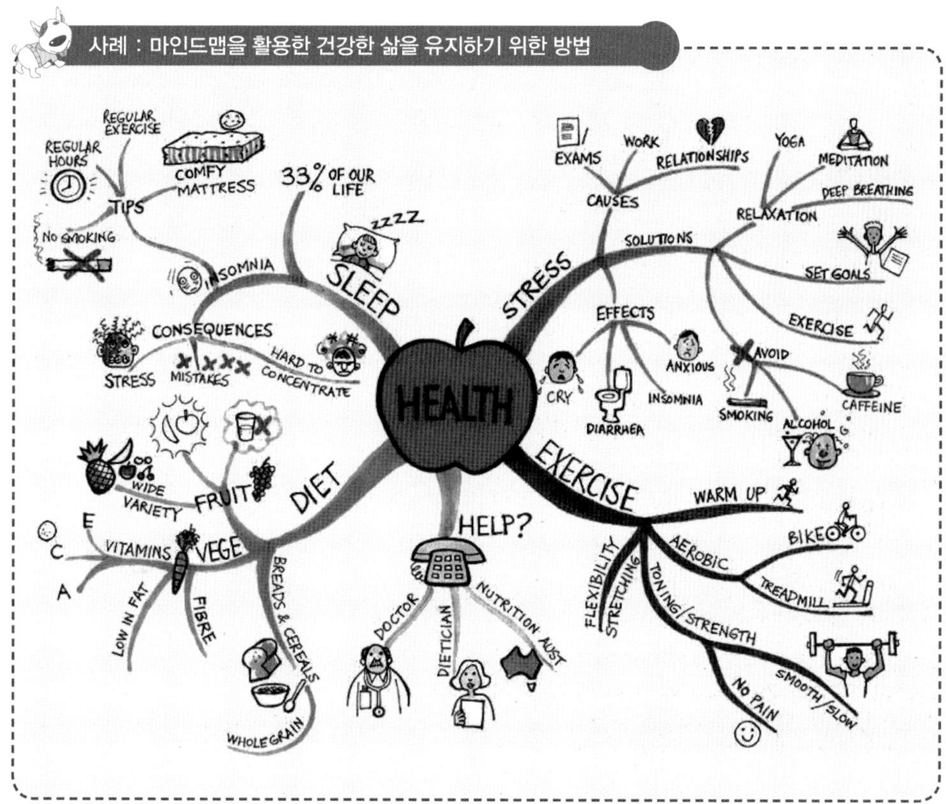

마인드맵의 구성요소

① 방사형 구조

마인드맵은 방사형 구조로 만드는 것이 일반적이다. 방사형은 중앙의 중심이미지에서 주가지가 뻗어나가며 점점 그 굵기가 얇아지는 형태이다. 이는 생각을 가시화 하고 정리하는데 도움이 된다.

② 중심이미지

중심이미지는 주제를 표현하는 그림이다. 중심이미지는 가능하면 중앙에 크고 화려하게 그리는 것이 좋다. 그 이유는 생각이 뻗어 나갈수록 주제를 망각하기 쉬운데, 이를 예방하는 차원에서 계속 주제를 상기하면서 사고하기 위함이다.

③ 주가지와 부가지

주가지는 중심이미지에 연결된 나뭇가지 모양의 선이다. 중심이미지에 가까울수록 굵고, 밖으로 뻗어나갈수록 얇게 그리는 것이 좋다. 또한 범주 별로 같은 색상으로 구분한다면 더욱 좋을 것이다.

④ 키워드

가지가 끊어지는 것을 막기 위해 키워드는 가능하면 가지 끝이 아닌 가지 위에 쓰는 것이 바람직하다. 이때 주의해야 할 것은 하나의 가지 위에는 하나의 키워드만 써야 한다.

⑤이미지

손으로 그리는 마인드맵의 특징이 바로 이미지이다. 가능하다면 키워드와 관련된 이미지를 많이 그리는 것이 좋다. 인간의 뇌는 텍스트가 아닌 이미지로 기억하는데 더욱 익숙하기 때문에 이미지로 표현된 생각들은 더 많은 아이디어의 발산을 가지고 올 수 있다.

원하는 주제를 선정하여 마인드맵을 그려보자. 

2. 강제연상법

강제연상법은 각종 힌트에서 강제적으로 연결지어서 발상하는 방법이다. 예를 들어 "외부고객만족"이라는 주제에 대해서 아이디어를 내라고 하면 막연할 수 있지만 홈페이지, 전화응대, 매장청결, 고객관리라는 강제적 힌트를 통해 사고의 방향을 정해주면 좀 더 수월하게 아이디어를 얻을 수 있을 것이다.

이때 홈페이지라는 힌트에 대해서는 "Q&A관리에 더욱 신경 쓴다."라는 아이디어를 떠올릴 수 있을 것이다. 이러한 강제연상법은 다음 그림과 같다.

[그림 4-3] 강제연상법

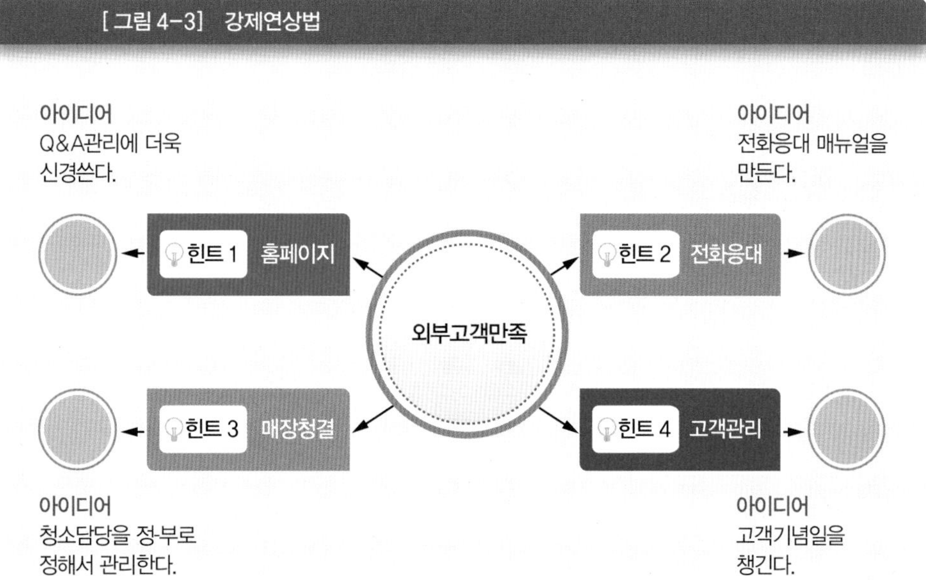
아이디어
Q&A관리에 더욱
신경쓴다.
아이디어
전화응대 매뉴얼을
만든다.
힌트 1 홈페이지
힌트 2 전화응대
외부고객만족
힌트 3 매장청결
힌트 4 고객관리
아이디어
청소담당을 정·부로
정해서 관리한다.
아이디어
고객기념일을
챙긴다.

(1) 결점열거법

대상의 단점을 열거하여 제거함으로써 개선방법을 찾아내는 아이디어 발산 기법이다. 가령 볼펜을 예로 들면, "사용하면 잉크가 닳아진다. 볼펜을 떨어뜨려 볼이 상하면 사용-

할 수가 없다. 거꾸로 기울여서는 글씨를 쓸 수 없다." 등을 열거한 후 이들의 결점을 없애기 위한 개선점을 제시하는 것이다. 결점열거법은 해결책을 손쉽게 찾아내는 방법이긴 하지만, 현상에만 초점을 두어 혁신적인 해결책을 생각하기 어려울 수 있다는 단점도 있다는 것을 유의해야 한다.

Level up Mission 주제 : 볼펜

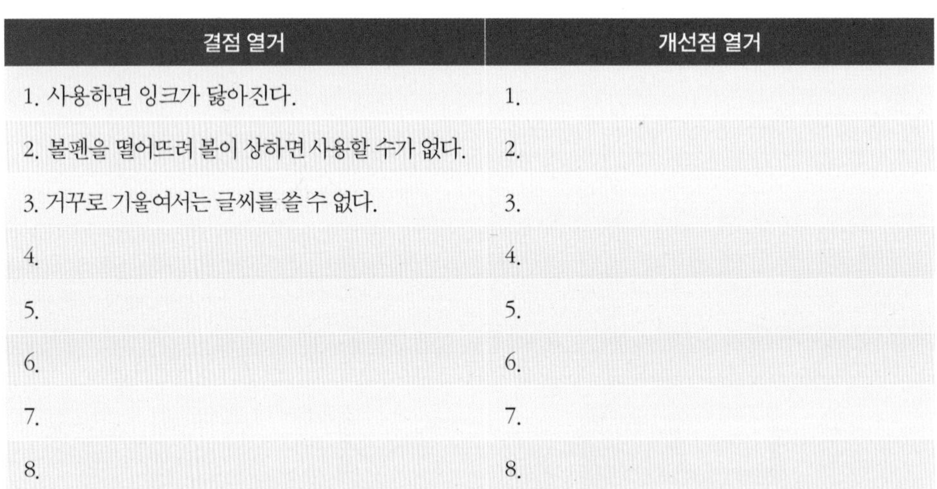

결점 열거	개선점 열거
1. 사용하면 잉크가 닳아진다.	1.
2. 볼펜을 떨어뜨려 볼이 상하면 사용할 수가 없다.	2.
3. 거꾸로 기울여서는 글씨를 쓸 수 없다.	3.
4.	4.
5.	5.
6.	6.
7.	7.
8.	8.
9.	9.
10.	10.

(2) 희망열거법

위에서 언급한 "결점열거법"이 불편함을 개선하기 위한 소극적 방법이었다면, "희망열거법"은 '~되었으면 좋겠다. ~이면 좋겠다.'라고 하는 희망사항들을 열거하고 적극적으로 개선책을 찾아나가는 방법이다. 희망사항을 열거할 때에는 기술적인 것이나 실현가능성 같은 것들은 고려하지 않아도 된다. 결점열거법이 현상에 초점을 두어 혁신적인 해결책을 생각하기 어려울 수 있다는 단점이 있는데, 희망열거법은 새로운 관점을 발견하게 되는 경우가 많으므로 이러한 단점을 보완할 수 있다.

Level up Mission 주제 : 두루마리 화장지

결점 열거	개선점 열거
1. 사용해도 닳지 않게	1.
2. 줄자처럼 당겼다 들어갈 수 있게	2.
3. 재미있는 기사나 만화가 찍혀있는	3.
4. 원하는 색깔로 변경 가능	4.
5. 필요시 메모지로 사용가능한	5.
6. 변기에 바로 버릴 수 있는	6.
7.	7.
8.	8.
9.	9.
10.	10.

Tip 효율적인 희망열거법을 위한 방법

희망열거법은 제너럴 일렉트릭사의 자회사인 핫 포인트사에서 신제품개발에 이용되었으며, 혁신적이고 획기적인 아이디어 도출에 적합하다. 1회당 1시간 정도, 길어도 2시간 이내로 끝내는 것이 적당하며, 또한 50～100개 정도의 희망사항이 나오면, 그날은 멈추고 다음날 다시 하는 것이 좋다. 그렇게 하면 전날의 희망사항과 결합되거나 새로운 각도에서의 접근이 가능하므로 혁신적인 발상이 일어날 확률이 높아진다.

(3) 체크리스트 / SCAMPER

체크리스트법

체크리스트법은 아이디어를 발산하기 위해 단서를 제공해 주는 기법이다. 이 기법은

사고를 꼼꼼하게 하기 위한 도구이며 미처 생각하지 못한 것을 생각하게 하는 방법이다. 즉, 어떤 기준을 세워놓고 이에 따라서 생각해보는 것이 곧 체크리스트법이다.

오즈본 9 체크리스트의 활용 사례 : 성냥

1. 전용(put to other uses) – 다른 용도로 사용하면 어떤가?
   (불붙이기용 → 귀 후비게)

2. 응용(adapt) – 다른 비슷한 것은 무엇인가?
   (끝부분을 세움 → 원통형 성냥)

3. 변경(modify) – 의미, 색, 움직임, 음, 향기, 양식, 형태를 변화시킨다.
   (사각 → 원형 혹은 삼각형 성냥)

4. 확대(magnify) – 확대해 보면 어떤가?
   (생일 케이크에 들어 있는 큰 성냥)

5. 축소(minify) – 축소해 보면 어떤가?
   (미니 성냥)

6. 대체(substitute) – 다른 것으로 대체하면 어떤가?
   (나무 → 종이 성냥)

7. 재배열(rearrange) – 순서 · 공간 · 시간 등을 바꾸면 어떤가?
   (축을 넣는 장소 변경)

8. 역전(reverse) – 뒤집어 보면 어떤가?
   (초호화 성냥)

9. 결합(combine) – 결합해 보면 어떤가?
   (점치는 성냥)

SCAMPER

알렉스 오스본의 스캠퍼는 '체크리스트법'에 속하는 것이라고 볼 수 있다. 앞 사례의 9가지 오스본 체크리스트를 보완하고 발전시켜 7가지로 정리한 것이다. 이 기법을 활용하면 새로운 용도를 개발하거나, 품질의 개선 또는 실용성을 높이는 아이디어 발산에 많은 도움이 된다.

사 례

기법	예시
S(대체)	은행창구의 인원을 감소 → 무인자동화 시스템 도입 알약 형태의 비타민 → 마시는 비타민
C(조합)	등산칼 : 칼+드라이버+병따개+송곳+손톱 정리기 등
A(적용)	돌고래 → 잠수함 개발 수은 체온계 → 디지털 체온계
M(변경, 확대, 축소)	수박의 형태를 변경 → 사각수박으로 운반 용이 확대로 인한 색다른 마케팅 → 볼링장 외부 대형 볼링핀 절개를 축소한 수술법 → 카메라와 수술도구가 부착된 내시경
P(다른 용도)	가정용 베이킹 파우더 → 탈취제 및 세탁용 세제 잘 붙지만 잘 떨어지는 접착제 → 포스트 잇
E(제거)	복잡한 유통단계 제거 → 온라인 거래 항공사의 과다한 서비스 제거 → 사우스 웨스트의 원가절감 방식
R(재배열)	화장은 꼭 여자만? → 남성용 화장품 개발

3. 비교발상법

비교발상법은 주제와 본질적으로 닮은 것을 힌트로 하여 새로운 아이디어를 얻는 방법이다. 이때 본질적으로 닮은 것은 단순히 겉만 닮은 것이 아니고 힌트와 주제가 본질적으

로 닮았다는 의미이다. 예를 들어 "외부고객만족"이라는 주제에 대해서 생각해 보면 외부고객만족은 회사의 이윤을 증대시키기 위한 방안을 의미한다. 따라서 회사의 이윤을 증대시키기 위한 방안이 무엇인지에 대한 힌트를 먼저 찾고, 만약 전년도에 내부고객(=직원) 만족방안에 대한 전략을 통해 회사 이윤증대에 성공했다면, "전년도 내부고객만족 전략을 토대로 외부고객만족 전략을 어떻게 수립할 수 있을까"하는 아이디어를 도출할 수 있을 것이다. 이러한 비교발상법은 다음 그림과 같다.

[그림 4-4] 비교발상법

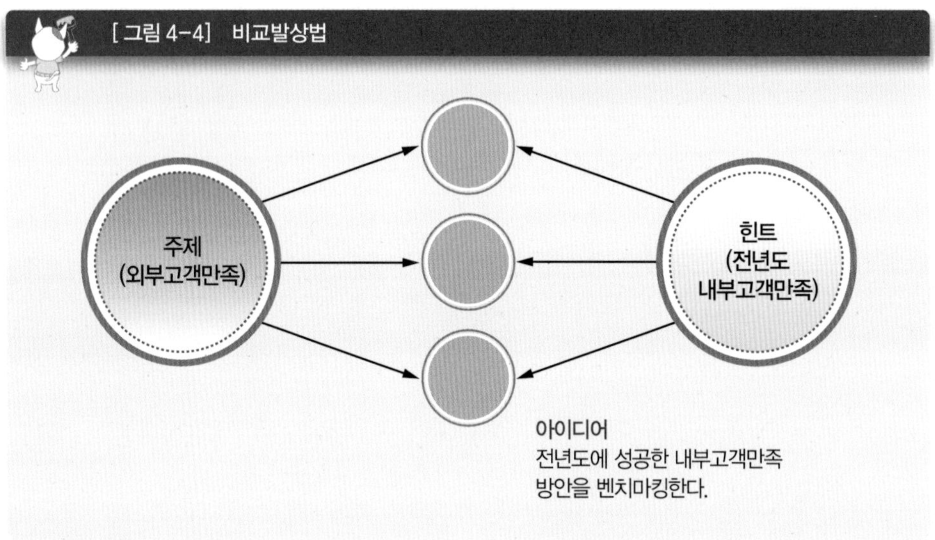
주제
(외부고객만족)
힌트
(전년도
내부고객만족)
아이디어
전년도에 성공한 내부고객만족
방안을 벤치마킹한다.

NM법

창조적인 인간이 자연적으로 거쳐가는 숨겨진 사고의 프로세스를 시스템화, 스텝화하여 그 순서에 따라 이미지 발상을 해가는 방법이다. 나카야마 마사카즈(Nakayama, M.)가 고든(Gorden, S. E.)의 시넥틱스(Synectics)와 파블로프(Pavlov, I. P.)의 조건반사이론, 뇌의 신호계 모델의 가설을 바탕으로 고안한 유비(類比)에 의한 발상법으로서, NM은 나카야마 마사카즈(Nakayama, M.)의 영문 머리글자이다.

NM법은 순서가 명확하고 매우 사용하기 쉬우므로 가벼운 기획의 아이디어 발산에 효과적이다. 기법의 전개는 다음과 같다.

① 과제를 설정한다. 즉, 연상을 위한 첫 단계이며 사고의 방향을 제시하기 위한 것이다.

② 키워드를 결정한다.(KW:Key Word) 연상을 위한 첫 단계이며 사고의 방향을 제시하기 위한 것이다.

③ 키워드와 관련하여 연상되는 것을 적어나간다.(QA:Question Analogy)

④ 배경을 조사한다.(QB:Question Background. 즉 표현된 것에 대한 구조나 요소를 알아 본다.)

⑤ 컨셉을 짜낸다.(QC:Question Conception) 배경에서 발견한 구조나 요소 등을 테마에 연결시켜 해결을 위한 컨셉을 구해 나간다.

⑥ 컨셉을 유효하게 조립한다.

학습평가 Quiz

1. 다음은 창의적 사고를 개발하는 방법과 구체적인 기법에 대한 설명이다. 서로 관련이 있는 것끼리 짝지어라.

자유연상법 •	• NM법
강제연상법 •	• 체크리스트
비교발상법 •	• 브레인스토밍

2. 다음 중 창의적 사고를 개발하는 방법 중 각종 힌트에서 강제적으로 연결지어서 발상하는 방법은?

① 자유연상법　② 강제연상법
③ 비교발상법　④ 마인드맵

3. 브레인스토밍의 적정 인원은?

① 10 ~ 15　② 7 ~ 10
③ 5 ~ 8　④ 4 ~ 5

4. 브레인스토밍의 4대 원칙이 아닌 것은?

① 적절한 비판　② 자유분방
③ 질보다 양　④ 결합과 개선

5. 강제연상기법을 2가지 이상 쓰시오.

학습내용 요약 Review (오늘의 Key Point)

1. 창의적인 사고는 발산적 사고가 요구되며, 발산적 사고를 개발하기 위해서는 자유연상법, 강제연상법, 비교발상법이 있다.

2. 자유연상법은 어떤 주제에 대해 다른 생각을 계속해서 떠올리는 작용을 통해 어떤 주제에서 생각나는 것을 계속해서 열거해 나가는 발산적 사고방법이다.
   구체적인 방법으로는 브레인스토밍, 브레인라이팅, 마인드맵 등이 있다.

3. 브레인스토밍 참여자들이 지켜야 할 4대원칙으로, 비판엄금, 자유분방, 질보다 양, 결합과 개선이 있다.

4. 브레인라이팅은 브레인스토밍이 가진 결함을 보완해 주는 발상법이다.

5. 마인드맵은 생각의 지도란 뜻으로 자신의 생각을 지도 그리듯 이미지화 해서 사고력, 창의력, 기억력을 한 단계 높이는 아이디어 발산 기법이다.

6. 강제연상법은 각종 힌트에서 강제적으로 생각을 연결하는 발상법이다. 구체적인 방법으로는 결점열거법, 희망열거법, 체크리스트법, SCAMPER 등이 있다.

7. 비교발상법은 주제와 본질적으로 닮은 것을 힌트로 하여 새로운 아이디어를 얻는 방법이다. 구체적인 방법으로는 NM법이 있다.

논리적 사고란?

Contents

1. 논리적 사고의 개념과 구성요소
2. 연역추리 · 귀납추리
3. 거짓말과 오류

Learning Objectives

1. 논리적 사고의 개념과 구성요소를 설명할 수 있다.
2. 연역추리와 귀납추리에 대해 설명할 수 있다.
3. 거짓말과 오류를 구분짓고 설명할 수 있다.

5

Chapter

이야기 속으로 ...

옛날 그리스에는 소크라테스나 플라톤, 아리스토텔레스 같은 훌륭한 철학자들이 많았다. 반면 철학을 내세워 말장난이나 하는 엉터리 철학자들도 많았다. 이런 사람들을 '궤변론자'라고 한다. '궤변'이란 앞뒤도 안 맞는 얘기를 그럴싸하게 꾸며 마치 맞는 얘기처럼 만든 주장을 말하는데, 이를 테면 이런 식이다.

어떤 궤변론자가 젊은 제자를 불러 놓고 물었다.

"만일 자네가 신발을 잃어버리지 않았다면, 그 신발은 자네에게 있겠지?"

"그렇습니다."

"만일 자네가 돈을 잃어버리지 않았다면, 그 돈은 자네에게 있겠지?"

"그렇습니다."

"그럼, 자네가 잃어버리지 않은 물건은 자네에게 있는 셈이지?"

"예, 그렇습니다."

"그럼, 자네 혹시 머리에 달린 뿔을 잃어버렸는가?"

"아닙니다. 저는 뿔을 잃어버리지 않았습니다."

그러자 스승은 껄껄 웃으며 말했다.

"자네가 뿔을 잃어버리지 않았다니, 자네는 뿔을 가지고 있구만! 하하하, 자네는 머리에 뿔이 달린 사람이야!"

"예?"

제자는 그제야 스승한테 놀림을 당했다는 사실을 알아차리고 은근히 화가 났다.

며칠 뒤, 제자는 궤변론자 스승을 찾아갔다.

"스승님, 혹시 지난번에 제가 맡겨 둔 금팔찌를 잃어버리지 않으셨습니까? 아무리 찾아봐도 없더군요." 느닷없는 질문에 스승은 어리둥절해졌다.

"아니, 나는 잃어버리지 않았어." 그 말을 듣고 제자는 말했다.

"제가 맡겨 둔 금팔찌를 잃어버리지 않으셨다니, 그러면 스승님께서 가지고 계신 게 틀림 없군요. 어서 되돌려 주십시오!" 스승은 화가 났다.

"예끼, 이놈아! 네가 언제 금팔찌를 나한테 맡겼다고, 그걸 되돌려 달라고 하느냐?"

"그렇습니다. 애당초 맡기지 않은 금팔찌는 잃어버릴 수도 없는 것이지요. 그렇다면 애당초 제 머리에 뿔이 없는데, 어떻게 그걸 제가 잃어버릴 수 있겠습니까?"

논리란 생각의 이치를 뜻한다. 멀쩡한 사람에게 뿔이 달렸다는 말에 "말도 안 돼!"하고 외치는 것보다는, 그것이 어째서 틀린 생각인지 이치를 따져 조목조목 설명한다면 상대방도 꼼짝 못 할 것이다. 직장생활 중에 논리적으로 자신의 계획이나 주장을 수립하고 다른 사람을 설득시켜야 하는 경우가 있다. 이때 필요로 하는 것이 논리적 사고이다. 5장에서는 논리적 사고에 대해 알아보도록 하자.

1. (　　　　　)를 하기 위해서는 생각하는 습관, 상대 논리의 구조화, 구체적인 생각, 타인에 대한 이해, 설득의 5가지 요소가 필요하다.

2. 아래의 논증에 해당되는 논리적 사고는?

모든 철학자는 이상주의자이다.	(대전제)
소크라테스는 철학자이다.	(소전제)
그러므로, 소크라테스는 이상주의자이다.	(결론)

① 연역법　　② 귀납법
③ 변증법　　④ 유비추리

3. 아래의 논증에 해당되는 논리적 사고는?

> 1531년에 나타난 혜성은 76년 뒤인 1607년에 나타났다.
> 1607년에 나타난 혜성은 75년 뒤인 1682년에 나타났다.
> 그러므로, 1682년에 나타난 혜성은 76년 뒤인 1758년에 또 나타날 것이다.

① 연역법　　② 귀납법
③ 변증법　　④ 유비추리

1. 논리적 사고의 개념과 구성요소

(1) 논리적 사고의 개념

상황

A : 20대에 제안할 수 있는 일이란 어떤 것일까? 작은 업무 개선이라도 좋지 않을까?

B : 일전에 어떤 경영자와 이야기했을 때, "이익을 내게 할 수 있었음에도 회사 안에서, 담당할 사람이 없다는 이유로 착수하지 못한 일이 있었어. 그것을 찾아내서 구체적으로 제안할 걸"이라는 말을 들었는데....

C : 그렇지만 같은 제안이라도 제안하는 사람에 따라 받아들여질지 어떨지 분명하지가 않아. 어떤 친구에게 기회가 돌아가도록 상사로 하여금 생각이 들게 하려면, 기본적인 일을 실수 없이 처리하고, 새로운 관점의 제안을 들고 왔을 때, 가능하지 않을까?

B : 아마도 젊을 때는 모두 틀에 짜인 일을 하게 되는 경우가 많아서 귀찮다고 생각하는 일이 많겠지? 그래서 모순점이 생기는 것은 아닐까? "더욱 일을 하고 싶어 하는 마음"을 가지고 있으면서도 사람은 귀찮은 일을 하지 않으려고 하지.

C : 그렇게 생각하면 충분히 그럴 수 있다고 생각하는데, 스스로 아주 귀찮아한다든지, 누구든 했으면 좋겠다고 생각하는 일을 "간단한", "누구라도 할 수 있는" 일로 바꿔갈 수 있는 계획을 생각한다면 좋지 않을까?

① 세 사람은 무엇에 대해서 이야기 하고 있는지 이 대화에서 가장 중심이 되는 이슈를 적어보자.

____

② 1번 질문에 대해서 이 대화 다음, 당신이 세 사람을 향하여 "결국 지금까지 이야기 하고 있었던 것은" [...는 ...이다]라는 것인가?"라고 질문을 한다면, 어떠한 질문을 할 것인가?

____

③ 2번 질문에 스스로 대답한다면 어떻게 대답할 것인가? 자신의 의견과 그 이유를 간략하게 제시해 보자.

____

논리적 사고는 직장생활 중에서 지속적으로 요구되는 능력이다. 논리적인 사고력이 없다면 아무리 많은 지식을 가지고 있더라도 자신이 만든 계획이나 주장을 주위 사람에게 이해시켜 실현시키기 어려울 것이며, 이때 다른 사람들을 설득하여야 하는 과정에서 필요로 하는 것이 논리적 사고이다.

사례에서 제시되는 상황은 직장생활에서 흔히 겪게 되는 상황으로, 논리적인 사고의 중요성을 일깨워준다. 논리적 사고는 사고의 전개에 있어서 전후의 관계가 일치하고 있는가를 살피고, 아이디어를 평가하는 능력을 의미한다. 이러한 논리적 사고는 다른 사람을 공감시켜 움직일 수 있게 하며, 짧은 시간에 헤매지 않고 사고할 수 있게 한다. 또한 행동을 하기 전에 생각을 먼저 하게 하며, 주위를 설득하는 일이 훨씬 쉬어진다.

(2) 논리적 사고의 구성요소

논리적인 사고를 하기 위해서는 다음 그림과 같이 생각하는 습관, 상대 논리의 구조화, 구체적인 생각, 타인에 대한 이해, 설득의 5가지 요소가 필요하다.

[그림 5-1] 논리적 사고의 구성요소

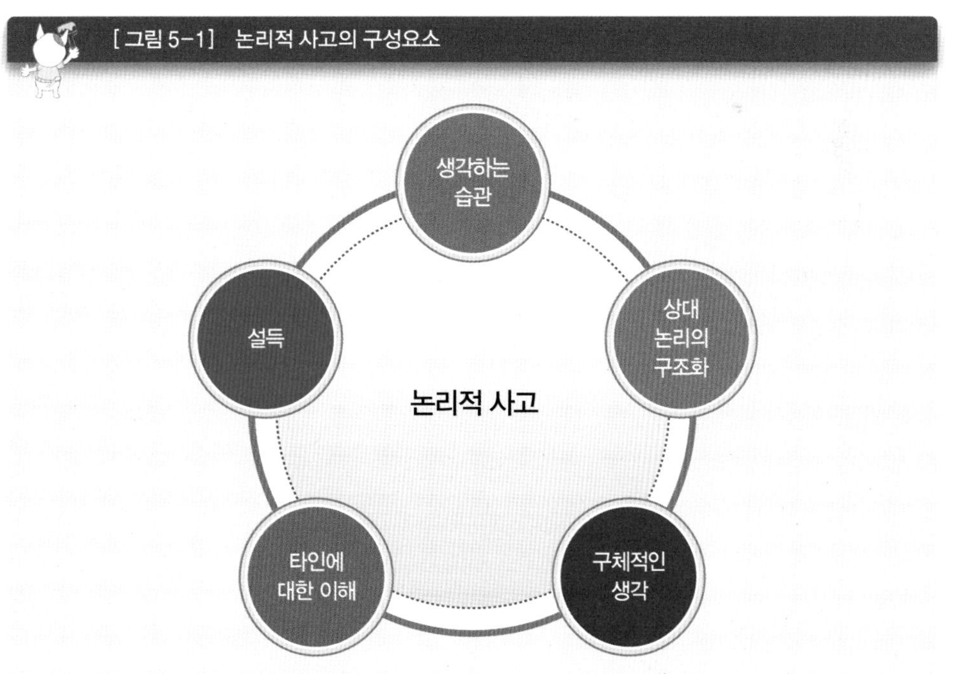

① 생각하는 습관

논리적 사고에 있어서 가장 기본이 되는 것은 늘 생각하는 습관을 들이는 것이다. 생각할 문제는 우리 주변에 쉽게 찾아볼 수 있으며, 특정한 문제에 대해서만 생각하는 것이 아니라 일상적인 대화, 회사의 문서, 신문의 사설 등 어디서 어떤 것을 접하든지 늘 생각하는 습관을 들이는 것이 중요하다. "이것은 조금 이상하다.", "이것은 재미있지만, 왜 재미있는지 알 수 없다."라는 의문이 들었다면, 계속해서 왜 그런지에 대해서 생각해보아야 한다. 특히 이런 생각은 출퇴근길, 화장실, 잠자리에 들기 전 등 언제 어디에서나 의문을 가지고 생각하는 습관을 들여야 한다.

② 상대 논리의 구조화

상사에게 제출한 기획안이 거부되었을 때, 자신이 추진하고 있는 프로젝트를 거부당했을 때, 왜 그럴까, '왜 자신이 생각한 것처럼 되지 않을까, 만약 된다고 한다면 무엇이 부족한 것일까'하고 생각하기 쉽다. 그러나 이때 자신의 논리로만 생각하면 독선에 빠지기 쉽다. 이때에는 상대의 논리를 구조화하는 것이 필요하다. 상대의 논리에서 약점을 찾고, 자신의 생각을 재구축한다면 분명히 다른 메시지를 전달할 수 있다. 자신의 주장이 받아들여지지 않는 원인 중에 상대 주장에 대한 이해가 부족하다고 하는 것이 있을 수 있다.

③ 구체적인 생각

상대가 말하는 것을 잘 알 수 없을 때에는 구체적으로 생각해 보아야 한다. 업무 결과에 대한 구체적인 이미지를 떠올려 본다든가, 숫자를 적용하여 표현을 한다든가 하는 방법을 활용하여 구체적인 이미지를 활용하는 것은 단숨에 논리를 이해할 수 있는 경우도 많다.

④ 타인에 대한 이해

상대의 주장에 반론을 제시할 때에는 상대 주장의 전부를 부정하지 않는 것이 좋다. 동시에 상대의 인격을 부정해서도 안 된다. 예를 들어 "당신이 말하고 있는 것의 이 부분은 이유가 되지 못한다."고 하는 것은 주장의 부정이지만, "이런 이유를 설정한다면 애당초 비즈니스맨으로서는 불합격이다."라고 말하는 것은 바람직하지 못하다. 반론을 하든 찬성을 하든 논의를 함으로써 이해가 깊어지거나 논점이 명확해지고 새로운 지식이 생기는 등 플러스 요인이 생기는 것이 바람직하다.

⑤ 설득

논리적인 사고는 고정된 견해를 낳는 것이 아니며, 더구나 자신의 사상을 강요하는 것도 아니다. 자신이 함께 일을 진행하는 상대와 의논하기도 하고 설득해 나가는 가운데 자신이 깨닫지 못했던 새로운 가치를 발견하고 생각해 낼 수가 있다. 또한 반대로 상대에게 반론을 하는 가운데 상대가 미처 깨닫지 못했던 중요한 포인트를 발견할 수 있다.

설득은 공감을 필요로 한다. 설득은 논쟁을 통하여 이루어지는 것이 아니라 논증을 통해 더욱 정교해진다. 이러한 설득의 과정은 나의 주장을 다른 사람에게 이해시켜 납득시키고 그 사람이 내가 원하는 행동을 하게 만드는 것이다. 이해는 머리로 하고 납득은 머리와 가슴이 동시에 공감되는 것을 말하며, 이 공감은 논리적 사고가 기본이 된다.

2. 연역추리 · 귀납추리

추리는 이미 알려진 지식을 기초로 하여 새로운 지식을 이끌어내는 것을 말한다. 우리는 보통 이미 알려진 지식을 전제라고, 부르고 도출된 새로운 지식을 결론이라고 부른다. 추리를 영어로는 'inference' 또는 'reasoning'이라고 한다. 그러나 두 단어 사이에는 약간의 차이가 있다. 전자가 심리적 사고의 내용까지 포함하고 있는 반면, 후자는 전제로부터 결론을 추적하는 논리적 사고로 한정하는 경향이 있다. 추리를 언어적으로 표현한 '논증(argument)'이라는 말은 일반적으로 추론 상에서 한 사람이 이기고 또 다른 사람이 지는 논쟁(debate) 또는 싸움(contest)을 의미한다. 논증할 때 어떤 사람은 다른 사람이 그르다는 것을 증명하려고 한다. 이런 의미에서의 논증은 자주 '토론(discussion)'과 대조되는데, 토론에서 당사자들의 생각은 승리나 패배에 대한 어떠한 기대도 없이 단지 서로 교환된다.

전통적으로 추리는 연역추리와 귀납추리로 나누어진다. 이때의 귀납추리는 연역추리가 아닌 모든 추리를 지칭하는 말이다. 그런데 우리는 비연역추리를 특징에 따라 귀납추리, 유비추리, 가설추리, 통계적 삼단논증으로 더욱 세분해 볼 수 있다.

(1) 연역추리

전제들의 참을 근거로 하여 결론의 참을 증명하고자 하는 추리가 연역법 혹은 연역추리이다. 연역법은 전제의 진리가 그대로 결론으로 이행되는 추리이기 때문에 '진리 보존적 추리'라고도 한다. 연역법은 확실하고 필연적인 결론에 이르게 한다. 이를테면 다음과 같은 논증은 연역법에 속한다.

예 모든 철학자는 이상주의자이다. (대전제)
소크라테스는 철학자이다. (소전제)
그러므로, 소크라테스는 이상주의자이다. (결론)

사 례

아프리카에 간 백인 선교사의 이야기이다. 선교사는 그곳에 교회를 짓고, 토인들을 불러 모아 설교를 했다. 순진한 토인들은 선교사의 말에 감동하기도 슬퍼하기도 했다. 그러나 토인들의 생활은 조금도 바뀌지 않았다. 선교사는 토인들이 마음에 들지 않았고 잔소리를 입에 달고 다니다시피 했다. "얼굴에 이상한 칠을 하고 다니면, 야만인이라고 놀림을 받게 됩니다!", "나무에 절을 하는 것은 우상숭배입니다!", "아무 곳에서나 소변을 보면 어떻게 합니까?" 토인들이 그들의 습관을 바꾸려 하지 않자, 선교사는 토인들한테 좀 더 겁을 주어야겠다고 마음 먹었다. 선교사는 무시무시한 지옥그림을 교회에 붙여 놓고 말했다. "죄를 지으면 이렇게 무시무시한 지옥에 가게 됩니다!" 토인들은 눈을 동그랗게 뜨고 그림을 바라보았다. 그러고는 모두 겁에 질려 웅성거렸다. 선교사는 지옥 그림이 토인들한테 큰 충격을 주었다고 여기고, 속으로 흐뭇하게 생각했다. 그런데 이상하게도 그림을 보여준 다음부터 토인들은 설교를 듣지도 않고 교회에 나오지도 않았다. 선교사는 토인들에게 물었다. "당신들은 어째서 교회에 나오지 않는 거요?" 그러자 토인이 말했다. "그림 속 지옥에는 모두 백인 뿐이잖아요? 흑인은 단 한 사람도 없어요. 그러니 하느님은 우리 흑인들이 지옥에 갈 만큼 나쁜 죄를 짓지 않았다고 생각하시는 게 틀림없습니다. 그래서 우리는 안심하고 여태껏 해 온 대로 사는 겁니다."

여기서 대전제인 '모든 철학자는 이상주의자이다.'가 참이냐 아니냐 하는 것은 문제 삼지 않는다. 하지만 대전제를 사실로 받아들이면, 그리고 소크라테스가 철학자라는 사실을 알고 있다면, 소크라테스가 이상주의자라는 결론을 받아들이지 않을 수 없다. 전제가 참이면 결론도 반드시 참이어야 하는 논법이 연역법이다. 그러므로 타당한 연역추리에 있어서는 전제를 인정하고 결론을 부정하면 모순에 빠진다.

연역법에서는 결론이 전제에서 정당하게 추리가 될 때에는 확실하고 필연적인 것이 되지만, 정당하게 추리가 될 수 없는 논법일 때에는 그 결론은 아무런 뒷받침도 받지 못하게 된다.

> 대전제 : 지옥에 있는 사람들은 모두 백인이다.
> 소전제 : 흑인은 백인이 아니다.
> 결　론 : 그러므로 흑인은 지옥에 가지 않는다.

이렇듯 연역추리는 전제가 옳다고 단정한 다음 결론을 내린다. 따라서 전제가 참이면 결론은 무조건 참이 된다.

(2) 귀납추리

귀납추리는 작은 전제들(즉, 세상에서 경험할 수 있는 다양한 실제 사례들)로부터 일반적인 것(즉, 대전제)으로 나아가는 방식이다. 즉, 연역과 반대 방향의 논리전개 방식인 것이다.

다음의 이야기를 통해 생각해 보자.

사 례

> 아버지가 백 개들이 귤 한 상자를 사왔습니다. 그런데 귤을 먹으려고 껍질을 벗겨 보니 속이 썩어 있었습니다. 그래서 다른 귤을 집어 껍질을 벗겨 보니 또 속이 썩어 있었지요. 화가 나서 소매를 걷어붙이고 귤 껍질을 벗기기 시작했는데, 스무 개쯤 벗겨도 죄다 썩어 있었습니다. 저는 귤이 모두 썩었다고 판단되어 전부 버리고 말았지요.

앞과 같은 생각의 전개가 귀납추리이다. 물론 한두 개쯤 안 썩은 귤이 있었을 지도 모른다. 그리고 하필이면 손에 잡힌 스무 개만 썩은 것인지도 모른다. 그래서 연역추리가 '딱 들어맞는 추리'인 반면에 귀납추리는 '좀 느슨한 추리'라고 불리기도 한다. 그럼 귀납추리는 왜 쓰는 걸까? 다음과 같은 추리를 살펴보자.

> 모든 사람은 죽는다.
> 과학자는 사람이다.
> 그러므로, 과학자는 죽는다.

이것은 앞에서 언급한 연역추리이다. 하지만 "모든 사람은 죽는다."가 옳은지 틀린지를 어떻게 알 수 있을까? 연역추리로 이것을 증명할 수 있는 방법은 없다.

공자도 죽었고, 이순신도 죽었고, 김구도 죽었고, 옆집 할아버지도 죽었고…… 식으로 개별적인 사람들이 모두 죽었다는 사실을 가지고 "모든 사람은 죽는다."가 옳다고 추리한 것이다. 이것도 귀납추리이다. 그래서 귀납추리가 없다면, 연역 추리도 없는 것이다. 핼리혜성을 발견한 핼리가 썼던 추리 방법도 귀납추리이다.

> 1531년에 나타난 혜성은 76년 뒤인 1607년에 나타났다.
> 1607년에 나타난 혜성은 75년 뒤인 1682년에 나타났다.
> 그러므로, 1682년에 나타난 혜성은 76년 뒤인 1758년에 또 나타날 것이다.

핼리혜성은 이렇게 귀납추리로 발견된 것이다.

완전 귀납추리 / 통계적 귀납추리

귀납추리가 '좀 느슨한 추리'라고 했지만, 귀납추리 가운데에는 딱 들어맞는 추리도 있다. 앞에서 예로 든 "모든 사람은 죽는다."와 같은 추리는 딱 들어맞는 추리이다. 왜냐하면 여태껏 죽지 않은 사람은 한 명도 없었고, 앞으로도 없을 것이기 때문이다. 이처럼 모

든 경우에 완전히 맞아떨어지는 귀납추리를 완전 귀납추리라고 한다. 반면 모든 경우에 완전히 맞아떨어지지는 않더라도, 대체로 맞아떨어지는 추리를 통계적 귀납추리라고 한다. 앞의 사례에서 썩은 귤의 사례가 여기에 해당한다. 통계적 귀납추리를 사용할 때에는 그것이 틀렸을 가능성이 얼마나 될 것인가도 생각해 보아야 한다.

요즘은 시력이 나쁜 사람들을 위해 레이저 수술이 시행되고 있다. 그런데 이 수술을 받은 사람 백 명 가운데 팔십 명쯤은 큰 부작용 없이 시력이 좋아졌다고 한다. 그렇다면 우리는 이렇게 추리할 수 있다.

"레이저 눈 수술은 시력 교정에 대체로 효과가 있다." 이것도 통계적 귀납추리이다. 그런데 여기서 주의할 점은, 이것은 어디까지나 '대체로 효과가 있다.'이지 '완전히 효과가 있다.'가 아니라는 점이다. 이것을 혼동하여 레이저 수술만 받으면 무조건 시력을 회복할 수 있다고 믿는다면 착각이 되는 것이다. 이때 우리는 얼마나 많은 사람을 대상으로 실험해 보았느냐를 따져 봐야 한다.

"백 명 가운데 팔십 명의 시력이 좋아졌다."

"천 명 가운데 팔백 명의 시력이 좋아졌다."

"만 명 가운데 팔천 명의 시력이 좋아졌다."

이렇게 따져 봤을 때, 실험 횟수가 많을수록 추리는 더 정확해 진다. 이런 '실험 횟수'와 같은 것을 통계량이라고 한다. 통계적 귀납추리에서는 통계량이 충분해야만 정확한 추리가 나온다는 것을 명심해야 한다.

Level up Mission

다음과 같은 감기약이 있다면 어느 감기약을 사먹겠는가? 이유는?

- 인아표 감기약 : 이 감기약을 열 명한테 먹였더니, 모두 감기가 나았습니다. 그러므로 인아표 감기약의 효과는 백 퍼센트입니다.
- 상욱표 감기약 : 이 감기약을 만 명한테 먹였더니, 9천 명이 감기가 나았습니다. 그러므로 상욱표 감기약의 효과는 구십 퍼센트입니다.

(3) 논리적 판단이나 추리 시 반드시 지켜야 할 규칙

① 동일률

동일률이란, 앞에서 한 번 썼던 개념이나 판단은 뒤에서 쓸 때에도 동일하게 써야 한다는 규칙이다.

특히 법률을 집행할 때와 같은 경우에는 동일률을 꼭 지켜야 한다. 이를테면 어떤 판사가 만만한 사람한테는 "도둑질을 했으므로 유죄!"하고 판결했다가, 돈도 많고 지위도 높은 사람한테는 "도둑질을 했지만, 무죄!"하고 판결한다면 어떻겠는가!

만일 법관들이 이렇게 동일률을 멋대로 어긴다면, 그 사회는 엉망진창이 되고 말 것이다. 동일률은 판단을 할 때뿐만이 아니라, 개념을 쓸 때에도 꼭 지켜야 한다.

"모든 죄인은 감옥에 가야 한다. 그런데 목사님은 스스로 죄인이라고 한다. 그러므로 목사님은 감옥에 가야 한다."

이 말은 틀렸다. 왜일까?

"모든 죄인은 감옥에 가야 한다."에서 쓴 '죄인'과 "목사님은 스스로를 죄인이라고 한다."에서 쓴 '죄인'은 동일한 개념이 아니기 때문이다. 앞에서 '죄인'을 '법률을 어긴 사람'이라는 개념으로 썼다면, 뒤에서도 그와 동일한 개념으로 써야한다. 그러지 않으면 "목사님은 감옥에 가야 한다."는 식의 엉뚱한 결론이 나오게 되는 것이다.

다음은 동일률을 어긴 예들이다. 어떤 부분이 동일률을 어겼는지 살펴보자.

- 실패는 성공의 어머니다. 그런데 어머니는 여자이므로 성공의 어머니인 실패도 여자이다. 우리는 주변에서 남자들보다 여자들이 실패를 잘하는 모습을 볼 수 있는데, 그 까닭은 바로 실패가 여자이기 때문이다.
- 죄를 지은 사람은 벌을 받는다. 그들이 벌을 받아서 키운다면 꿀을 얻을 수 있고, 꿀을 팔면 돈을 많이 벌게 될 것이다. 이럴수가! 죄를 짓고도 돈을 벌다니!

② 모순율

모순율이란 '함께 성립할 수 없는' 관계에 있는 개념이나 판단을 동시에 쓸 수 없다는 규칙이다. '어떤 방패도 꿰뚫는 창', '어떤 창도 막아 내는 방패'는 함께 성립할 수 없는 모순된 관계이다. 이 창과 방패를 동시에 판매하는 상인은 모순율을 어긴 것이다.

모순율을 지킬 때에는 주의할 점이 하나 있다. 그것은 상황의 변화를 무시하고 무턱대고 모순율을 주장하면 안 된다는 것이다.

"상욱이는 공부를 못한다."

"상욱이는 공부를 잘한다."

이런 두 판단은 '동시에' 쓴다면 모순율을 어긴 것이다. 하지만, 상욱이는 처음에는 공부를 못했지만, 열심히 노력하여 나중에는 잘하게 될 수도 있는 것이다. 모순율을 지켜야 한다고 해서 상욱이가 공부를 잘하게 되었을 때까지도 "상욱이는 공부를 못한다."라고 말하면 안 되는 것이다.

Level up Mission

- 어떤 철학자가 이렇게 주장하였다.

  "우리는 어떤 주장도 해서는 안 됩니다."

  철학자의 말은 모순율을 어긴 것이다. 어째서일까?

- 무기 장사꾼이 장터에 와서 이렇게 말하였다.

  "이 창은 어떤 방패도 꿰뚫는 창입니다."

  그는 몇 달 뒤에 다시 장터에 와서 이렇게 말하였다.

  "이 방패는 어떤 창도 막아 내는 방패입니다."

  만일 이런 경우 무기 장사꾼은 모순율을 어겼다고 할 수 없다.

  이유는 무엇인가?

③ 배중률

논리에서는 '맞다', '아니다'를 분명하게 판단해야 한다. "맞기도 하고 아니기도 하다"는 식으로 어정쩡하게 판단해서는 안 된다. 이것이 바로 논리적 사고를 할 때 반드시 지켜야 할 세 번째 규칙인 배중률이다.

'배중률'이란 '중간을 배제하는 규율'이라는 뜻이다.

"너 오늘 숙제 안 해왔지? 너 이제 선생님한테 반쯤 죽었다!"

반쯤 죽는다? '죽는다'도 아니고 '산다'도 아니고 '반쯤 죽는다'는 게 대체 뭘까? "꾸지람을 많이 들을 것이다."라는 뜻을 좀 과장해서 표현한 것이다. 우리는 일상 생활에서 이런 식의 말들을 흔히 쓰지만, 논리를 써서 정확하게 말할 때 이런 말을 쓰면 곤란하다.

또 이런 경우는 어떤가?

"인아의 주장은 옳기도 하고 틀리기도 해."

이것도 배중률에 어긋난 잘못된 말이다. 그러면 어떻게 말해야 정확한 말이 될까?

"인아의 주장은 이러이러한 점에서 옳지만, 저러저러한 점에서는 틀린다." 이렇게 말해야 하는 것이다.

다음 말들 가운데 배중률에 어긋난 부분을 찾으시오. 또, 이 말들을 배중률에 어긋나지 않게 말하려면 어떻게 고쳐야 할까 생각해 보시오.

• 귀신은 있을 수도 있고 없을 수도 있지.

• 그 문제는 알 듯 말 듯 한데요.

• 나는 슬기가 좋기도 하고 싫기도 해.

3. 거짓말과 오류

해와 달 이야기

.... 그런데 어머니가 잔칫집에서 떡을 얻어 이고 집에 돌아오는 길이었습니다. 커다란 호랑이가 한 마리 나타나 어머니 앞을 떡 가로막았습니다. 호랑이는 고개를 넘을 때마다 나타나 "떡 하나 주면 안 잡아먹지!" "팔 하나 떼어 주면 안 잡아먹지!" 하더니, 마침내는 어머니를 잡아먹었습니다. 호랑이는 어머니 옷으로 갈아입고, 오누이가 사는 오두막집으로 갔습니다. 그리고 목소리를 꾸며 말하였습니다.

"얘들아, 엄마가 왔다."(거짓말)

방 안에 있던 오누이는 그 목소리를 듣자, 고개를 갸웃거리며 말하였습니다.

"우리 어머니 목소리는 그렇게 쉰 목소리가 아니에요."

호랑이는 얼른 둘러 대었습니다.

"하루 종일 일을 했더니 목이 부어서 그래."(거짓말)

"그러면 손을 내밀어 보세요. 우리 어머니 손은 희고 고운 손이에요."

그 말을 듣고 호랑이는 재빨리 부엌으로 가서 밀가루를 손에 바르고 나왔습니다. 그리고 문 틈으로 손을 보여 주었습니다. 그 손을 보고 오누이는 말하였습니다.

"아, 진짜 우리 어머니구나."(오류)

그러면서 문을 열어주었지요. 그런데 방으로 들어온 것은 호랑이었습니다. 오누이는 재빨리 뒷문으로 달아나 우물가에 있는 나무 위로 올라갔습니다. 호랑이도 오누이를 뒤쫓아 우물가로 나왔습니다. 호랑이는 두리번거리다가 우물 속을 들여다 보았습니다. 우물 물에는 나무 위에 숨어 있는 오누이의 모습이 비쳤습니다.

"옳지! 너희들 우물 속에 숨어 있었구나."(오류)

호랑이는 이렇게 생각하며 우물 속에 뛰어들려고 하였습니다. 그런데 나무 위에 있던 누이동생이 호랑이가 하는 꼴을 보고 그만 깔깔 웃음을 터뜨리고 말았습니다. 호랑이는 그제야 오누이가 나무 위에 있는 것을 보았지요. 호랑이는 나무 위에 올라가려고 애를 썼지만, 자꾸 미끄러졌습니다.

"너희들 어떻게 거기에 올라갔니?" 오빠는 이렇게 대답하였습니다.
"손에 참기름을 바르고 올라왔어요."(거짓말)
그 말을 듣고 호랑이는 손뼉을 쳤습니다.
"그래! 손에 참기름을 바르고 올라가면 되겠구나."(오류)
.........(생략)

판단은 우리의 행동을 이끌어 주는 길잡이 노릇을 한다. 그래서 판단을 옳게 해야 행동도 옳게 할 수 있는 것이다. 만일 오누이가 "문 밖에 서 있는 것은 어머니가 아니라 호랑이이다."하고 옳게 판단했더라면 쉽사리 문을 열어주지 않았을 것이다. 오누이는 판단을 틀리게 했기 때문에 호랑이를 방 안으로 불러들이는 그릇된 행동을 한 것이다. 판단을 옳게 하는 것은 매우 중요한 일이지만, 우리는 언제나 옳은 판단만 하고 살지는 않는다. 때때로 틀린 판단을 하고 나서 "아차!" 싶을 때도 있고, 또 틀린 판단인지 아닌지조차 구분 못 하는 때도 많다. 이런 '모르고 하는 틀린 판단'을 논리에서는 '오류'라고 한다.

오류는 거짓말과는 좀 다르다. 오류와 거짓말은 '거짓 판단'이라는 점에서는 똑같다. 그러나 거짓말은 남을 속이려고 일부러 하는 거짓 판단이지만, 오류는 그것이 옳다고 믿고 하는 거짓 판단이다. 그래서 거짓말은 속임수에 가깝고, 오류는 실수에 가깝다.

위의 이야기에서 "얘들아, 엄마가 왔다."는 호랑이가 오누이를 속이려고 한 거짓말이고, "아, 진짜 우리 어머니구나."라고 오누이가 생각한 것은 오류이다. 오누이는 문 밖에 있는 것이 어머니라고 진짜 믿었던 것이다. 따라서 거짓말은 '정직하지 못한 거짓 판단'이고, 오류는 '정직한 거짓 판단'인 셈이다.

다음은 누구나 잘 아는 옛날 이야기 속에 나오는 말들이다. 이 말들 가운데 '오류'와 '거짓말'과 '참말'을 구분해 보시오.

- 토끼 : 저는 간을 꺼내 바위 위에 널어 놓고 왔습니다.
- 용왕 : 그럼, 토끼 뱃속에는 간이 없겠군.
- 양치기소년 : 으악! 이번에는 진짜로 늑대가 나타났어요!
- 마을사람들 : 흥! 저 녀석이 또 거짓말을 하는구나.
- 여우 : 까마귀님의 목소리는 세상에서 제일 고와요.
- 까마귀 : 아무렴, 내 목소리는 정말 곱지.

학습평가 Quiz

1. 논리적 사고를 구성하는 다섯 가지 요소는 생각하는 습관, ( ), 구체적인 생각, 타인에 대한 이해, ( )이다.

2. 논리적인 사고의 구성요소에서 자신의 사상을 강요하지 않고 자신이 함께 일을 진행하는 상대와 의논해 나가는 가운데 자신이 깨닫지 못했던 새로운 가치를 발견하고 생각해 낼 수 있는 과정은?

   ① 타인에 대한 이해　② 설득
   ③ 고정 관념　④ 논리의 구조화

3. 다음 진술의 ( )에 알맞은 말을 골라 넣어라.

( )은 직장생활 중에서 지속적으로 요구되는 능력이다. ( )이 없다면 아무리 많은 지식을 가지고 있더라도 자신이 만든 계획이나 주장을 주위 사람에게 이해시켜 실현시키기 어려울 것이며, 이때 다른 사람들을 설득하여야 하는 과정에 필요로 하는 것이 ( )이다.

   ① 창의적 사고력　② 논리적 사고력　③ 비판적 사고력

4. 다음 중 논리적 사고를 하기 위하여 버려야 하는 생각은?

   ① 타인에 대한 이해　② 설득
   ③ 고정관념　④ 논리의 구조화

5. 거짓말과 오류의 차이에 대해 설명하시오.

학습내용 요약 Review (오늘의 Key Point)

1. 논리적 사고란 사고의 전개에 있어서 전후의 관계가 일치하고 있는가를 살피고, 아이디어를 평가하는 사고능력을 의미한다.

2. 논리적인 사고를 하기 위해서는 생각하는 습관, 상대 논리의 구조화, 구체적인 생각, 타인에 대한 이해, 설득의 5가지 요소가 필요하다.

3. 전제들의 참을 근거로 하여 결론의 참을 증명하고자 하는 추리가 연역법 혹은 연역추리이다. 연역법은 전제의 진리가 그대로 결론으로 이행되는 추리이기 때문에 '진리 보존적 추리'라고도 한다.

4. 귀납추리는 작은 전제들(즉, 세상에서 경험할 수 있는 다양한 실제 사례들)로부터 일반적인 것(즉, 대전제)으로 나아가는 방식이다.

5. 논리적 판단이나 추리 시 반드시 지켜야 할 규칙에는 동일률과 모순율, 그리고 배중률이 있다. 동일률이란 앞에서 한 번 썼던 개념이나 판단은 뒤에서 쓸 때에도 동일하게 써야 한다는 규칙이고, 모순율이란 '함께 성립할 수 없는' 관계에 있는 개념이나 판단을 동시에 쓸 수 없다는 규칙이다. '어떤 방패도 꿰뚫는 창', '어떤 창도 막아 내는 방패'는 함께 성립할 수 없는 모순된 관계이다. 배중률이란 '중간을 배제하는 규율'이라는 뜻이다.

6. 거짓말은 남을 속이려고 일부러 하는 거짓 판단이지만, 오류는 그것이 옳다고 믿고 하는 거짓 판단이다.

논리적 사고를 개발하는 방법

Contents

1. 논리적 사고 개발방법
2. 논리적으로 사고를 정리하는 기술
3. 논리적으로 구성하는 기술

Learning Objectives

1. 논리적 사고 개발방법을 제시하고 설명할 수 있다.
2. MECE와 SO WHAT?/SO WHY?의 개념을 설명할 수 있다.
3. 논리적으로 구성하는 기술을 설명할 수 있다.

6 Chapter

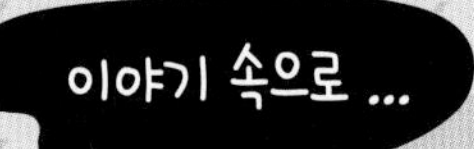

논리적인 사고의 시작은 주어진 정보로부터 확실히 말할 수 있는 것과 주어진 정보만으로는 말할 수 없는 것을 구별하는 것으로부터 시작된다. 다음 가전제품 회사에 근무하는 A와 B의 사례를 통해서 논리적 사고 개발의 필요성을 알아보자.

같은 정보에서 다른 결론이…

가전제품을 생산하고 판매하는 W사에 다음과 같은 정보가 입수되었다.

- 한국과 일본의 대형 가전 메이커 사이에 전자레인지나 에어컨 등 백색 가전제품을 서로 공급하는 계획이 확실시 되었다.
- 저가격 제품의 대량 생산으로 급부상하는 중국 메이커에 대항하기 위해, 각자 자신 있는 제품이나 시장마다 영역을 나누어, 국제적인 분업 체제를 만들고자 하고 있다.
- 한, 일 메이커가 개별 제품마다 제휴, 합병한 예는 있지만, 서로 영역을 나눠 공존을 꾀하는 형태의 제휴는 드물다.

이와 같은 정보를 입수한 W사의 기획부서의 A와 B는 다음과 같은 결론을 내리게 되었다.

A : 한국과 일본의 가전 메이커에게 중국의 기업은 위협이 되고 있다.

B : 일본의 가전 메이커는 국제 경쟁력을 잃고 있다.

A와 B는 주어진 정보로부터 논리적 사고 과정을 통해서 각자의 결론을 내리고 있다. 그러나 A의 결론은 논리적으로 옳은 반면, B의 결론은 논리적인 결함을 가지고 있다. B의 경우 일본의 제조업이 높은 인건비에 눌려 경쟁력이 떨어지고 있다고 생각하고, 이에 따라 일본의 국제 경쟁력이 상실되고 있다고 보지만, 논리적으로 결함이 있는 경우로, 논리적 사고를 개발하는 방법이 부족해서 내린 결론으로 볼 수 있다.

1. 다음 중 빈칸에 들어갈 알맞은 말은 무엇인가?

( )는 보조 메시지들을 통해 주요 메인 메시지를 얻고, 다시 메인 메시지를 종합한 최종적인 정보를 도출해 내는 방법으로 병렬형 구조와 해설형 구조가 있다.

2. 갖고 있는 데이터 전체 혹은 그룹핑된 데이터 중에서 과제에 비추어보아 대답할 수 있는 엑기스를 추출하는 작업은?

① So What　　② Why So
③ So How　　④ How So

3. 'So What?'한 요소의 타당성이, 갖고 있는 데이터 전체 혹은 그룹핑된 요소에 의하여 증명된다는 것을 검증하는 작업은?

① So What　　② Why So
③ So How　　④ How So

1. 논리적 사고 개발방법

논리적인 사고를 개발하는 방법은 상위 개념으로부터 하위 개념을 분류해 나가는 방법과 하위 개념으로부터 상위 개념을 만들어가는 방법이 있다. 이때 논리적 사고를 위해서는 상 · 하위 개념 간에 비약이나 오류가 없어야 한다. 예를 들어 경비 삭감의 방법을 찾으라는 업무를 맡을 경우, 다음과 같은 논리적 사고 과정을 거칠 수 있다.

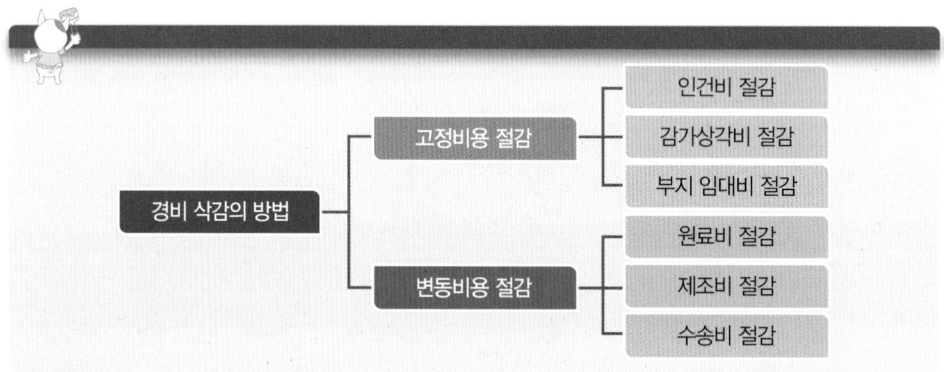

주어진 예를 참조하여, 현재 자신이 맡고 있는 분야에서 겪고 있는 문제 상황 한 가지를 선정해서 논리적인 사고의 과정을 만들어 보자.

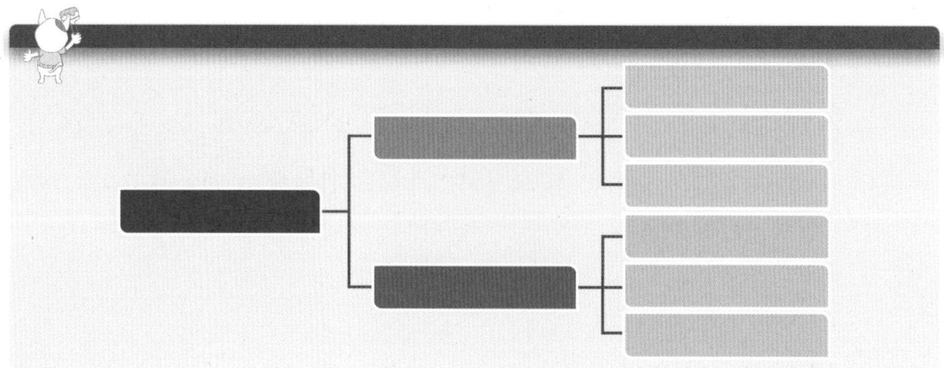

2. 논리적으로 사고를 정리하는 기술

타인에게 무언가를 전할 경우 우선 답변할 과제를 확인하고, 그것을 전달함으로써 상대방에게 어떤 반응을 얻고 싶은지 확인한 후 자신이 응답할 답변은 무엇인지를 생각한다. 그때 '결론'이 떠오르지 않는다면 그것은 과제에 대한 답을 풀지 못한 것이기 때문에 타인에게 이야기를 어떻게 전달해야 할지의 문제는 아니다.

전해야 할 결론은 확실히 알고 있다. 그러나 자신에게는 산처럼 많은 정보와 자료가 있다. 이것들을 어떻게 정리해야 상대방이 보았을 때 자신의 결론이 훌륭하다고 생각될 수 있도록 설명할 수 있을까?

"나의 결론은 A입니다. 왜냐하면 다음과 같은 세 가지 관점에서 A라는 결론이 도출되었기 때문입니다."라는 식으로 논리 정연하게 설명하고 싶다. 그러나 가지고 있는 자료를 어떻게 정리하면 '다음과 같은 세 가지의 관점'으로 정리할 수 있을까? 당신의 근거를 상대방이 납득할 수 있는 '다음과 같은 세 가지의 관점'으로 정리하려면 어떤 측면에서 생각하는 것이 좋을까? 나아가 가령 X, Y, Z라는 '세 가지 관점'이 발견되었다 하더라도 "X, Y, Z 따라서 A라는 결론입니다."라고 말할 때 상대방은 이 '따라서'를 납득해줄 것인가.

이러한 고민은 건전한 것이다. 상대에게 전하고 싶다, 이해시키고 싶다는 커뮤니케이션 마인드를 가지고 있다는 증거라 할 수 있다. 그렇다면 어떻게 해야 좋을까. 그 답은 "'MECE', So What? / So Why?"라는 두 가지 기술을 습득하는 데 있다.

(1) MECE – 중복, 누락, 착오를 막는 기술

MECE는 Mutually Exclusive, Collectively Exhaustive의 머리글자를 모아 만든 말이다. 상호 배타적이면서 모였을 때는 완전히 전체를 이루는 것을 의미한다.

이를테면 '겹치지 않으면서 빠짐없이 나눈 것'이라 할 수 있다.

예시는 [그림 6-1]과 같다.

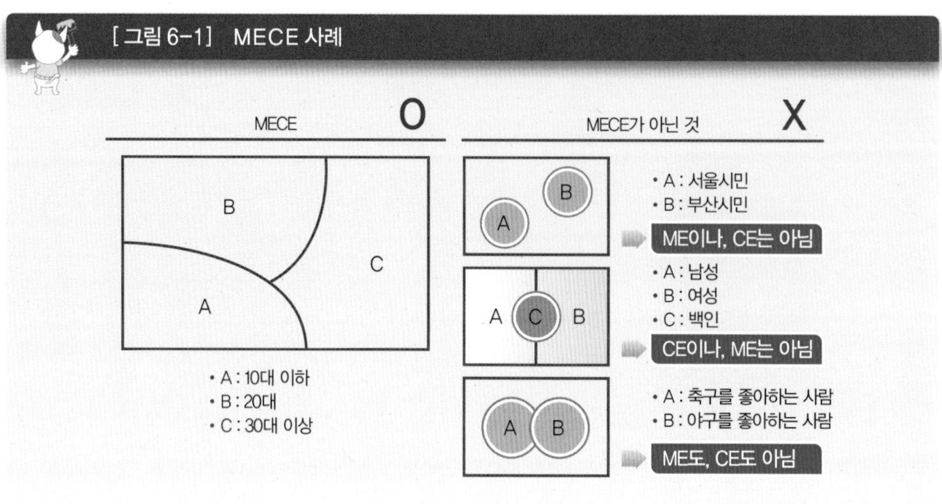

왜 MECE가 필요한가?

그것은 이야기가 세부적으로 전개되기 전에 전달자가 말하고 싶은 내용의 '전체'와 그것이 어떤 '부분'으로 구성되어 있는지가 명시되어 있기 때문이다.(전체집합과 그것을 구성하는 부분집합)

"우리 부서로 들어오는 정보를 전체집합으로 보면 '정기정보'와 '부정기 정보'라는 부분집합으로 나누어진다"는 것처럼 어떤 과제와 개념을 전체집합으로 보고 그것을 누락이나 중복, 착오가 없는 부분집합으로 나누어 생각하는 것이 MECE 사고방식이다.

다음을 MECE하게 나누어 보시오.

◎ 주제 : 과일

◎ 주제 : 음식

(2) MECE한 그룹핑

그룹핑(Grouping)이란 많은 정보가 산재해 있을 때 MECE적인 기준을 발견하고, 전체 상황을 파악하기 쉽도록 몇 개의 그룹으로 분류하는 것이다. 결론을 뒷받침하는 근거가 될만한 정보를 수집했다 하더라도 어떻게 정리하면 좋을지 고민한 적이 많이 있을 것이다. 그럴 때 그룹핑은 위력을 발휘하고 대단히 효율적으로 정보를 정리할 수 있다.

[그림 6-2]와 같이 MECE한 그룹핑은 공통 사항을 기반으로 MECE하게 묶어야 하고, 기준은 일반적으로 하나가 아니며 결론을 뒷받침하는 근거와 방법으로 가장 적합하다고 판단되는 기준을 선택하면 된다.

여기에서 주의해야 할 것은 가지고 있는 요소를 단순히 '누락, 중복 없이 분류한다고

[그림 6-2] MECE한 그룹핑 과정

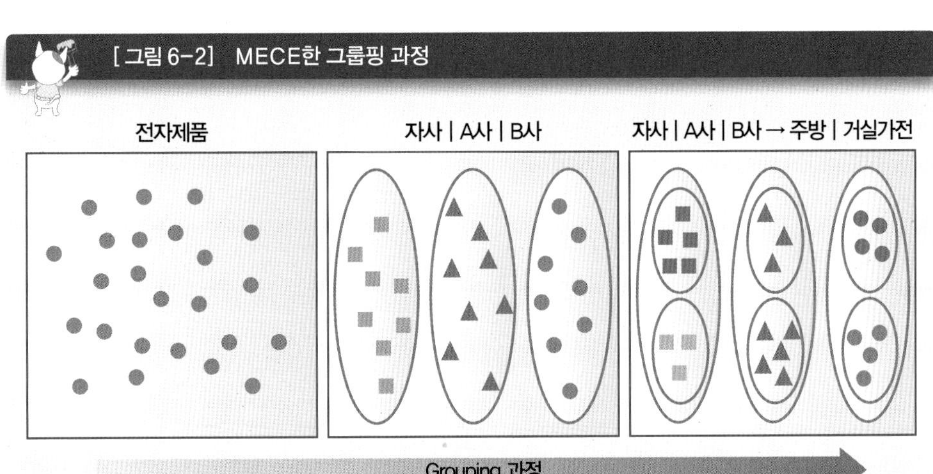

좋은 것은 아니라는 점이다. 거기에만 머물면 단순한 정보 나누기에 지나지 않는다. 다시 말하지만 그룹으로 나뉜 정보를 살펴보고 각각의 그룹마다 타이틀(이름)을 부여한 뒤 다시 타이틀을 모두 모으면 전체를 MECE로 구분한 것이 된다는 점이 중요하다. 또, 어떤 MECE의 기준에서 정리해보니 2개 이상의 그룹에 동시에 속해 있는 정보나 거꾸로 어떤 그룹에도 속하지 않는 정보가 나온다면 그것은 그 MECE의 기준이 적절하지 않다는 것을 뜻한다. 그때에는 다른 MECE의 기준에서 시도해보자.

실제 비즈니스의 경우에는 잡다한 정보가 분명하게 MECE로 분류되는 일은 매우 드물다. 어느 쪽 그룹에 넣어야 할지 혼란스러운 경우가 더 많을지도 모른다. 어느 쪽 그룹에 넣어야 할지 혼란스러운 경우가 더 많을지도 모른다. 그러나 대부분의 경우 엄밀히 정보를 나누는 것에 의미가 있는 것이 아니라 우선 크게 묶고서 거기에 타이틀을 붙여 전체를 보기 쉽게 하는데 의미가 있는 것이다. 즉, 부분집합과 그 집적으로서의 전체집합을 명시하는 데 그룹핑의 의의가 있는 것이다.

100% MECE하게 분류하기는 어려우므로 LISS의 개념을 적용한다.

[그림 6-3] MECE와 LISS

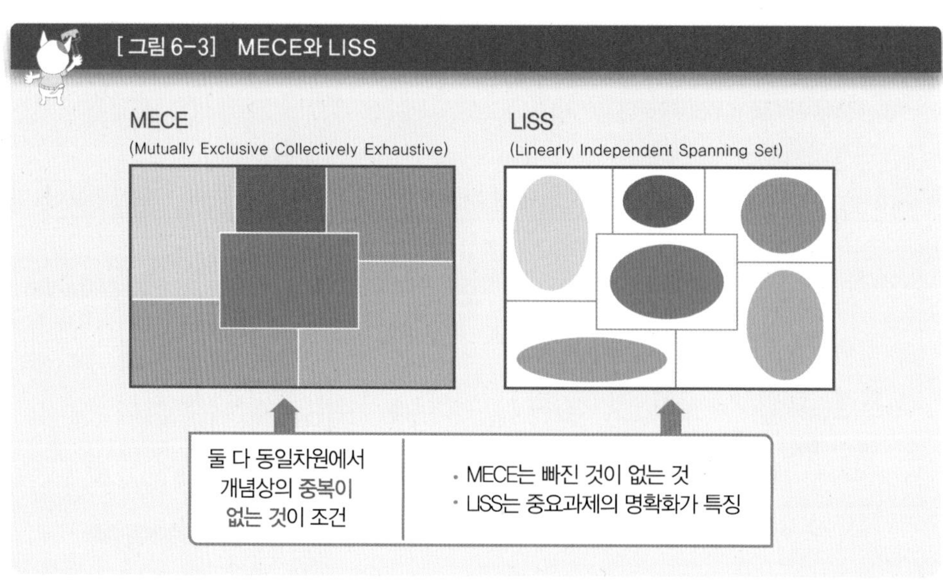

한국병원 서울 지점 앞에는 고객의 소리를 듣기 위한 여론함이 설치되어 있다. 여론함에서 수집된 의견은 다음과 같다. MECE로 분류해보자.

(만족, 불만족, 하드웨어, 소프트웨어, 휴먼웨어 등 여러 가지 기준으로 그룹핑이 가능할 것이다.)

고객의 소리

1. 고객응대가 활기 있어 기분이 좋다.
2. 구비된 잡지가 오래됐다.
3. 안내데스크 여직원의 설명이 명확하다.
4. 접수창구가 적어서 오래 기다리게 된다.
5. 소파가 더럽다.
6. 병원캐릭터가 귀엽다.
7. 한국병원만의 차별화된 서비스가 없다.
8. 병원 내 비치된 ATM의 기종이 낡았다.
9. ATM의 기다리는 시간이 짧아서 빠른 이용이 가능함.
10. 주차장이 넓어서 편리하다.
11. 화장실이 청결하다.
12. 전화응대가 불친절하다.
13. 대기 시 안내가 잘 되지 않는다.

(3) So What? / Why So? - 이야기의 비약을 막는 기술

'So What?'이란 현재 가지고 있는 정보나 재료 중에서 "결론적으로 무엇인가?를 추출하는 작업이다. 바꿔 말하면 '의해서', '따라서', '이와 같이'의 앞부분에 진술된 정보나 데이터 속에서 자신이 답변해야 할 과제에 비추어보아 대답할 수 있는 중요한 엑기스를 추출

[그림 6-4]

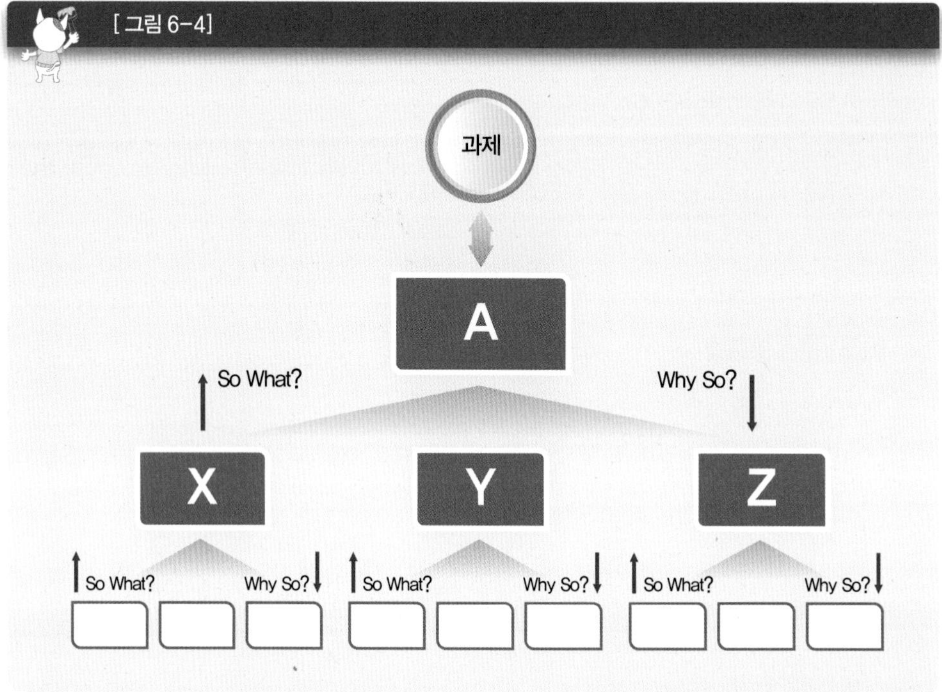

하는 작업인 것이다. '의해서', '따라서', '이와 같이'의 뒷부분에 나오는 사항은 앞에 있는 정보를 'So What?한 것이 된다.

중요한 것은 'So What?'한 것에 대해서 "왜 그렇게 말할 수 있지?" "구체적으로는 뭐야?" 라고 검증,확인하는 것이 'Why So?'이다. [그림 6-4]로 설명해보자. X, Y, Z라는 정보를 'So What?'한 것이 A라면 A에 대해 'Why So?'라고 질문을 던졌을 때 X, Y, Z가 다시 그 답변이 되는 관계를 만드는 것이 이야기의 비약을 없애는 비결이다. 결론과 근거, 결론과 방법, 또는 근거나 방법 가운데 몇 가지 레벨이 있다고 한다면 그 레벨 사이의 관계를 이러한 합치되는 관계로 만드는 것이다. 'So What? / Why So?'는 결론과 근거라는 답변 요소 간의 관계뿐만 아니라 한 장의 도표 또는 하나의 문장 단위에서도 활용할 수 있는 기술이다. 간단한 도표로 'So What? / Why So?'의 감각을 익혀보자.

- So What? : 갖고 있는 데이터 전체 혹은 그룹핑된 데이터 중에서 과제에 비추어보아 대답할 수 있는 엑기스를 추출하는 작업
- Why So? : 'So What?'한 요소의 타당성이, 갖고 있는 데이터 전체 혹은 그룹핑된 요소에 의하여 증명된다는 것을 검증하는 작업

3. 논리적으로 구성하는 기술-피라미드 구조화 방법

논리적 사고를 구성하기 위한 방법은 여러 가지가 있으나, 그 중 가장 흔히 사용되는 방법은 피라미드 구조를 이용하는 방법이 있다. 피라미드 구조는 하위의 사실이나 현상부터 사고함으로써 상위의 주장을 만들어가는 방법으로, 다음 그림과 같이 표현할 수 있다.

피라미드 구조는 보조 메시지들을 통해 주요 메인 메시지를 얻고, 다시 메인 메시지를 종합한 최종적인 정보를 도출해 내는 방법이다. 예를 들어 현재 제품 판매 업무를 맡고 있

[그림 6-5] 피라미드 구조

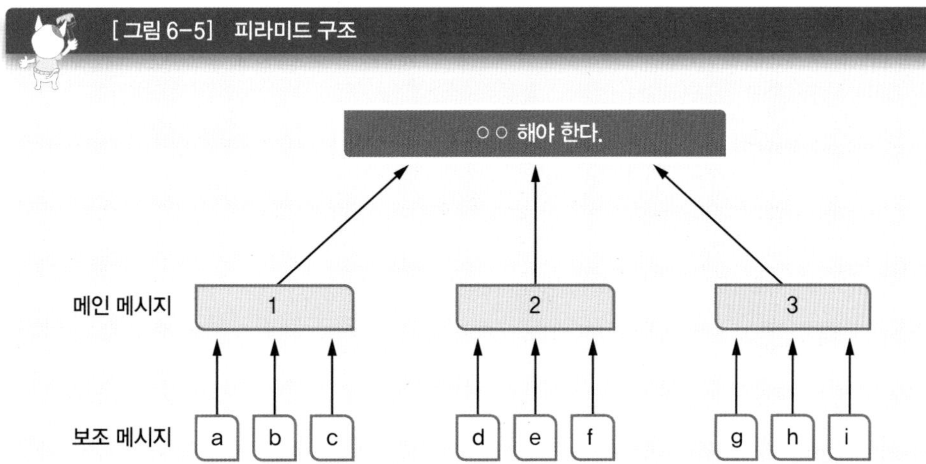

는 한 부서에서 발견할 수 있는 현상(보조 메시지)이 제품 A의 판매 부진(a), 고객들의 불만 건수 증가(b), 경쟁사의 제품 B의 매출 증가(c)가 발견되었다고 한다면, 메인 메시지로 우리 회사의 제품 A에 대한 홍보가 부족하고, 고객의 만족도가 떨어지고 있다(1)라는 메인 메시지를 도출할 수 있을 것이다. 이러한 메인 메시지들을 모아서 최종적으로 결론을 도출하는 방법이 피라미드 구조이다. [그림 6-4] 또한 피라미드 구조의 한 예이다. 이러한 피라미드 구조의 장점은 주변 사람들이 논리적인 이해를 할 수 있다는 점이다.

(1) 병렬형 피라미드 구조

병렬형 논리 패턴은 기본 구조 그 자체라고 해도 좋다.

[그림 6-6] 병렬형 피라미드 구조

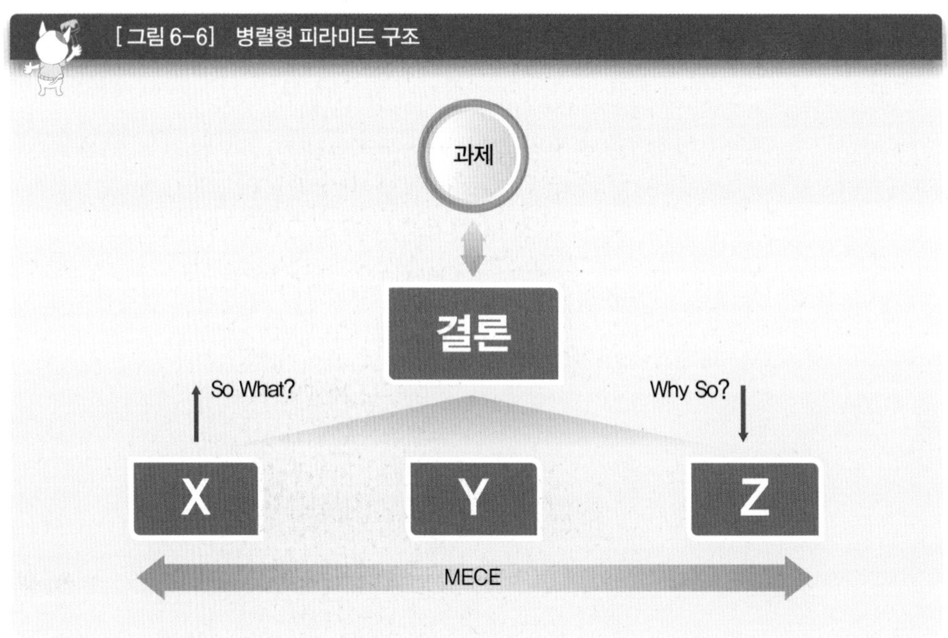

동일 계층 내에 있는 복수의 요소가 상위요소에 대하여 MECE한 관계가 된다.

병렬형에는 근거 병렬형과 방법 병렬형이 있다.

① 근거 병렬형

[그림 6-7] 근거 병렬형

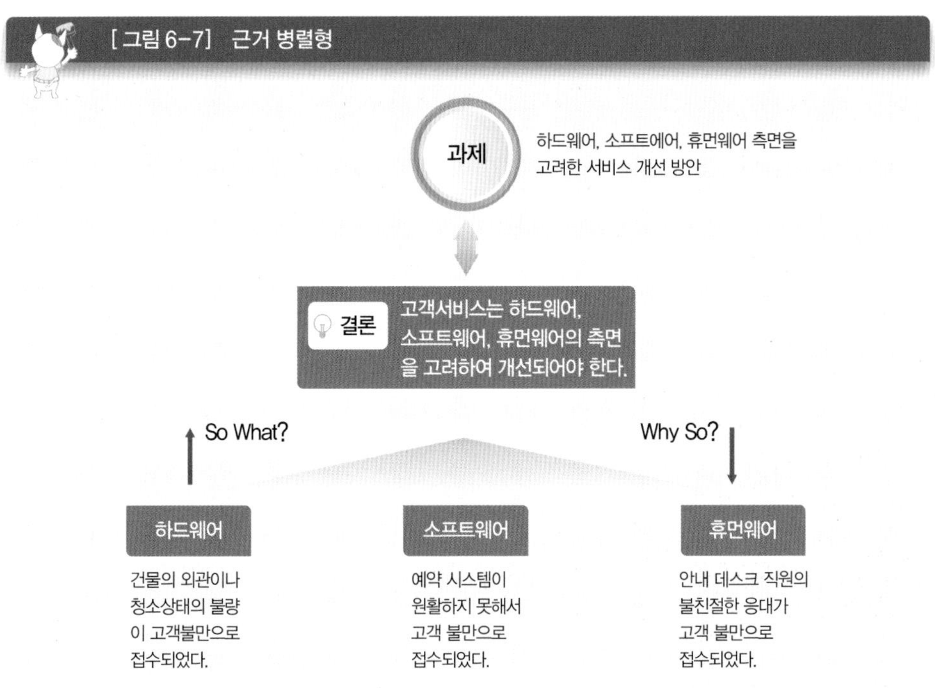

과제
하드웨어, 소프트에어, 휴먼웨어 측면을
고려한 서비스 개선 방안
결론
고객서비스는 하드웨어,
소프트웨어, 휴먼웨어의 측면
을 고려하여 개선되어야 한다.
So What?
Why So?
하드웨어
소프트웨어
휴먼웨어
건물의 외관이나
청소상태의 불량
이 고객불만으로
접수되었다.
예약 시스템이
원활하지 못해서
고객 불만으로
접수되었다.
안내 데스크 직원의
불친절한 응대가
고객 불만으로
접수되었다.

위 논리의 과제는 "하드웨어, 소프트웨어, 휴먼웨어의 측면을 고려한 서비스 개선방안"이고, 결론은 "고객서비스는 하드웨어, 소프트웨어, 휴먼웨어의 측면을 고려하여 개선되어야 한다."라는 것이다. 그리고 그것은 왜인가?(Why So)라고 물으면, "하드웨어, 소프트웨어, 휴먼웨어라는 3개의 관점에서 근거가 있다"는 것이다. 하드웨어, 소프트웨어, 휴먼웨어는 서비스를 MECE하게 파악하는 기준의 하나이다.

② 방법 병렬형

[그림 6-8]의 방법 병렬형은 [그림 6-7]의 과제를 한걸음 더 진행시켜 "하드웨어, 소프트웨어, 휴먼웨어 측면을 고려한 서비스 개선방안을 구체적으로 어떻게 진행시킬 것인가"의 답변을 설명하기 위한 구조이다. 결론은 교육과 인사개편을 통해 추진하는 것이고 그 방법은 전 직원 서비스 교육을 통한 서비스 마인드 제고와 인사개편을 통한 접점별 담당

자 선정 및 보상이 있다. 즉, 구체적인 방법을 열거하여 결론을 설명한다는 논리 구성으로 되어 있다.

[그림 6-8] 방법 병렬형

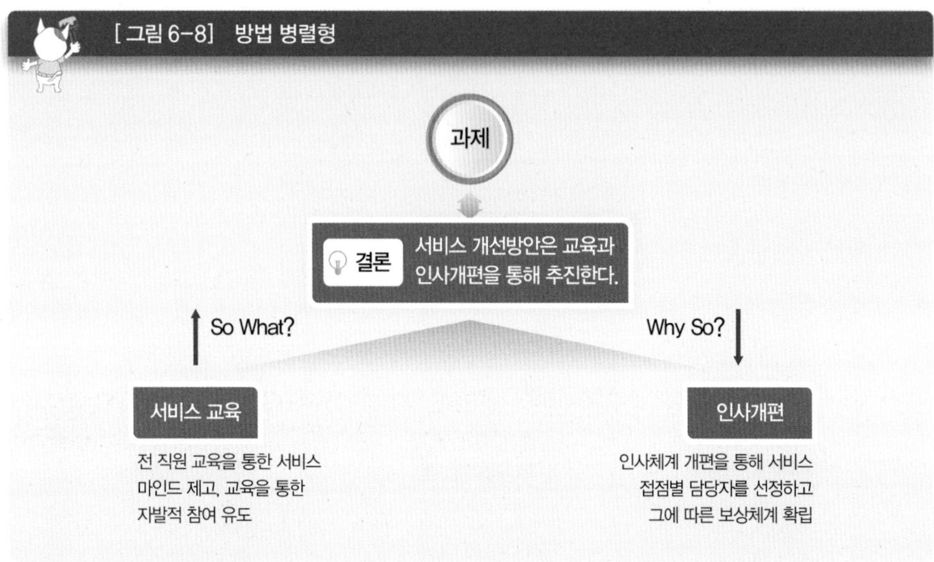
과제
결론
서비스 개선방안은 교육과 인사개편을 통해 추진한다.
So What?
Why So?
서비스 교육
전 직원 교육을 통한 서비스 마인드 제고, 교육을 통한 자발적 참여 유도
인사개편
인사체계 개편을 통해 서비스 접점별 담당자를 선정하고 그에 따른 보상체계 확립

(2) 해설형 피라미드 구조

[그림 6-9] 해설형 피라미드

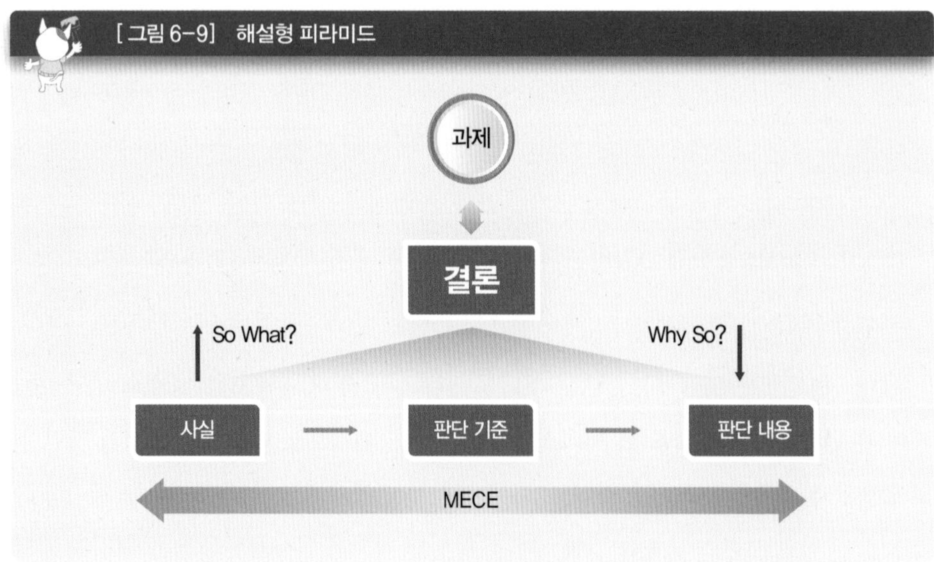
과제
결론
So What?
Why So?
사실
판단 기준
판단 내용
MECE

이 구조는 [그림 6-9]처럼 결론을 정점에 두고 그것을 지지하는 여러 개의 근거가 세로 방향으로는 병렬형과 마찬가지로 So What? / Why So?의 관계에 있다. 한편 여러 개의 근거에는 항상 세 종류의 요소(사실, 판단 기준, 판단 내용)가 있고, 그것들이 가로 방향으로 나열되어 있다.

[그림 6-10]은 고객 불만을 해소하는 방법이라는 과제에 대해 결론은 "하드웨어, 소프트웨어, 휴먼웨어의 3가지 측면에서의 개선이 필요하다."이다. 이 결론에 이르기까지 사실과 판단 기준, 그리고 판단 내용으로 이어지는 근거가 뒷받침하고 있다. 이와 같은 사실, 판단 기준, 판단 내용의 세 가지 근거 전체가 결론에 대해 'Why So?'라고 물었을 때의 답변이 되며, 거꾸로 이들 세 가지를 'So What?'한 것이 결론이 된다.

[그림 6-10] 해설형 피라미드 사례

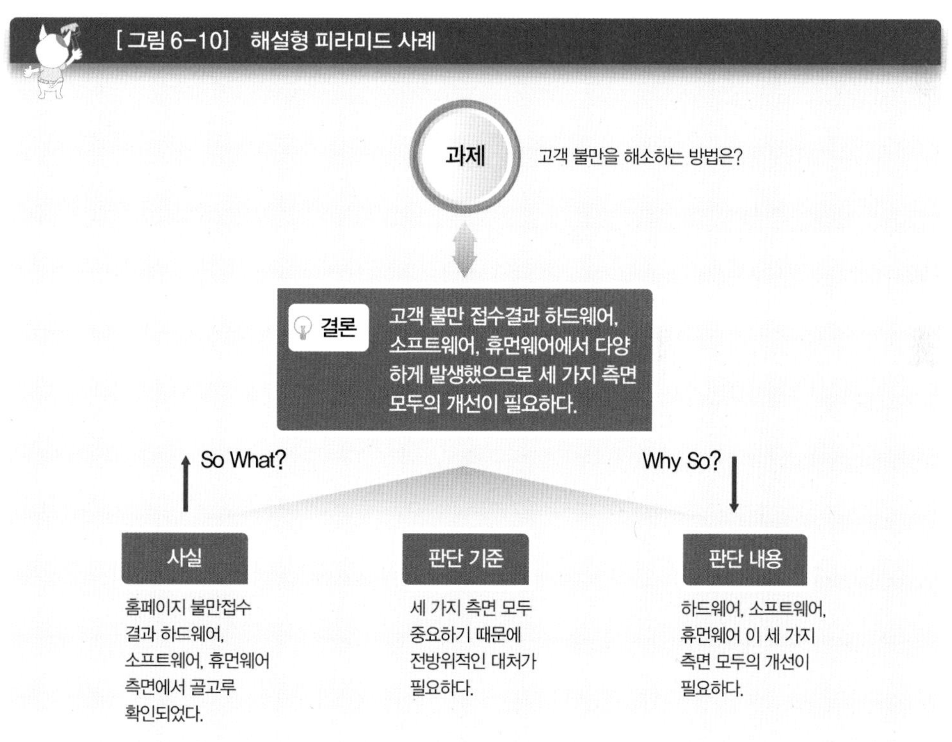

과제
고객 불만을 해소하는 방법은?
결론
고객 불만 접수결과 하드웨어, 소프트웨어, 휴먼웨어에서 다양하게 발생했으므로 세 가지 측면 모두의 개선이 필요하다.
So What?
Why So?
사실
홈페이지 불만접수 결과 하드웨어, 소프트웨어, 휴먼웨어 측면에서 골고루 확인되었다.
판단 기준
세 가지 측면 모두 중요하기 때문에 전방위적인 대처가 필요하다.
판단 내용
하드웨어, 소프트웨어, 휴먼웨어 이 세 가지 측면 모두의 개선이 필요하다.

학습평가 Quiz

1. 논리적 사고를 개발하는 방법으로 하위의 사실이나 현상부터 사고함으로써 상위의 주장을 만들어가는 방법을 (　　　　)라고 한다.

2. 논리적 사고를 개발하는 방법으로 "그래서 무엇이지?"라는 물음에 답을 하면서 가치 있는 정보를 이끌어 내는 방법을 (　　　　)이라고 한다.

3. 논리적 사고를 개발하는 방법에서 "so what?"기법을 설명하는 내용으로서 적절한 표현이 아닌 것은?

   ① "어떻게 될 것인가?"
   ② "그래서 무엇이지?"
   ③ "왜 그렇지?"
   ④ "어떻게 해야 한다."

4. (　　　　)는 상호 배타적이면서 모였을 때는 완전히 전체를 이루는 것을 의미한다.

5. 방법 병렬형 피라미드 구조에 대해 설명하시오.

학습내용 요약 Review (오늘의 Key Point)

1. 논리적인 사고를 개발하는 방법은 상위 개념으로부터 하위 개념을 분류해 나가는 방법과 하위 개념으로부터 상위 개념을 만들어가는 방법이 있다.

2. MECE는 Mutually Exclusive, Collectively Exhaustive의 머리글자를 모아 만든 말이다. 상호 배타적이면서 모였을 때는 완전히 전체를 이루는 것을 의미한다.
   이를테면 '겹치지 않으면서 빠짐없이 나눈 것'이라 할 수 있다.

3. So What? : 갖고 있는 데이터 전체 혹은 그룹핑된 데이터 중에서 과제에 비추어보아 대답할 수 있는 엑기스를 추출하는 작업
   Why So? : 'So What?'한 요소의 타당성이, 갖고 있는 데이터 전체 혹은 그룹핑된 요소에 의하여 증명된다는 것을 검증하는 작업

4. 피라미드 구조는 보조 메시지들을 통해 주요 메인 메시지를 얻고, 다시 메인 메시지를 종합한 최종적인 정보를 도출해 내는 방법으로 병렬형 구조와 해설형 구조가 있다.

비판적 사고란?

Contents

1. 비판적 사고
2. 비판적 사고 개발 태도
3. 비판적 사고의 구성요소

Learning Objectives

1. 비판적 사고의 개념을 설명할 수 있다.
2. 비판적 사고 개발 태도에 대해 설명할 수 있다.
3. 비판적 사고의 구성요소를 설명할 수 있다.

7 Chapter

이야기 속으로 ...

비판적 사고는 상대방을 모욕하거나 굴복시키기 위해 동의하지 않는 것과는 다르다. 아래 사례를 통해서 비판적 사고의 의미를 알아보도록 하자. 제시된 예에서 A는 비판적 사고를 부정적으로 바라보고 있다. 그러나 비판적 사고는 어떤 문제를 합리적이고 논리적으로 분석하고 평가하는 문제해결을 위한 바람직한 사고이다.

비판하기

P 호텔 인사부에 근무하는 A에게 회사 전체의 인사시스템을 구축하라는 업무가 떨어졌다. A는 시간부족과 자료부족의 이유로 제대로 된 분석과 평가 없이 현황만을 제시한 기획서를 제출하였다.

부서 회의 시간에 동료 B로부터 기획서의 부족한 부분에 대한 지적을 받은 A는 감정이 상해서 B에게 너무 부정적인 시각을 가지고 있는 것이 아니냐고 되물었다.

그런데 며칠 뒤 A는 B가 작성한 기획서를 우연히 보게 되었다. B는 어떤 증거나 자료를 충분히 제시하고 객관적, 과학적으로 인사시스템의 현 문제점과 개선방안을 도출하고 있었다. 그제서야 A는 B가 단순히 부정적으로 생각했던 것이 아니라, 비판적 사고를 통하여 문제의식이 체계적이고 논리적인 해결안으로 바뀌어 진다는 것을 깨달았다.

흔히 사람들은 비판적으로 생각하라고 하면, 남의 단점을 찾아내거나 부정적인 생각으로 인식하는 경향이 있다. 이는 합리적이고 논리적인 사고를 위하여 어떤 문제를 분석 · 평가 · 분류하는 과정에 필요한 비판적 사고를 잘못 이해하고 있는 것이다. 이번 장에서는 직업인에게 필요한 비판적 사고란 무엇인지 알아보자.

흔히 사람들은 비판적 사고를 부정적인 것으로 보는 경향이 있다. 비판적 사고를 부정적으로 보려는 경향은 어떤 특정 주제나 주장 등을 단순히 무조건적으로 받아들이기를 강요하는 분위기 때문이다.

이러한 비판적 사고에 대해서 흔히 가지고 있는 다음 생각들에 대해서 참(T)인지 거짓(F)인지를 구분함으로써 비판적 사고의 의미를 알아보자.

1. 비판적 사고의 주요 목적은 어떤 주장의 단점을 파악하려는 데 있다. (　　)

2. 비판적 사고는 타고 나는 것이지 학습할 수 있는 것이 아니다. (　　)

3. 비판적 사고를 하려면 우리의 감정을 철저히 배제해야 한다. (　　)

4. 맹목적이고 무원칙적으로 사고하는 것은 비판적으로 사고하는 것이 아니다. (　　)

5. 비판적으로 사고하는 것은 어떤 주제나 주장에 대해서 적극적으로 분석하는 것이다. (　　)

1. 비판적 사고

(1) 비판적 사고의 의미

비판적 사고는 어떤 주제나 주장 등에 대해서 적극적으로 분석하고 종합하며 평가하는 능동적인 사고이다. 이러한 비판적 사고는 어떤 논증, 추론, 증거, 가치를 표현한 사례를 타당한 것으로 수용할 것인가 아니면 불합리한 것으로 거절할 것인가에 대한 결정을 내릴 때 요구되는 사고력이다. 비판적 사고는 지엽적이고 시시콜콜한 문제를 트집 잡고 물고 늘어지는 것이 아니라 문제의 핵심을 중요한 대상으로 한다. 비판적 사고는 제기된 주장에 어떤 오류나 잘못이 있는가를 찾아내기 위하여 지엽적인 부분을 확대하여 문제로 삼는 것이 아니라, 지식과 정보를 바탕으로 한 합당한 근거에 기초를 두고 현상을 분석하고 평가하는 사고이다.

 Level up Mission 

다음에 나오는 글을 읽고 견해를 말해 보시오.

생각해 봅시다.

권력을 소유한 사람들은, 국가를 통치하는 기반인 법에 복종하지 않고 반대하는 사람들에게 인류의 스승인 소크라테스도 "악법도 법이니 지켜야 한다."라고 말했다고 주장하면서, 법을 지킬 것을 강요하는 경향이 있다. 당신은 소크라테스가 했다는 이 말을 어떻게 생각하는가? 비판적으로 생각해 보시오.

비판적 견해

(2) 비판적 사고자의 특징

이상적인 비판적 사고자는 첫째, 인지적인 측면에서 비판적 사고 능력(ability)을 가진 사람이다. 둘째, 정의적 측면에서는 비판적 사고를 잘하게 해주는 사고 성향(disposition)을 갖춘 자이다. 고대 그리스의 소피스트들은 비판적 사고 능력은 뛰어난 사람들이었다. 그러나 사람들은 그런 소피스트들을 진정한 비판적 사고자들이라고 평가하지 않는다. 그들은 비판적 사고 성향을 가지고 있지 않았기 때문이다.

비판적 성향을 갖춘 사람은

- 습관적으로 이유를 꼬치꼬치 캐묻고,
- 잘 알고자 하고, 근거를 중요시 하며,
- 평가에 있어서 열린 마음을 가지고 있고,
- 유연성이 있으며,
- 공정하고,
- 개인적 편견을 다룸에 있어서 성실하고,
- 판단을 내리는 데 있어서 신중하고,
- 기꺼이 다시 한번 생각하고,
- 현안 문제들에 대하여 명료하고,
- 복잡한 문제들을 다루는 데 있어서 체계적이고,
- 유관한 정보를 부지런히 찾고,
- 준거를 선택하는 데 있어서 합리적이고,
- 집중하여 탐구하고,
- 주제와 탐구의 상황이 허락하는 한 되도록 정확한 결과를 끈기 있게 추구한다.

이에 반해 무비판적 사고 성향의 소유자는

- 이유를 잘 묻지 않고,
- 전후 사정을 잘 알고자 하지 않고,
- 근거를 중요시 하지 않으며,

• 타인의 견해를 평가하는 데 있어서 닫힌 마음을 가지고 있고,
• 경직되어 있고, 편견을 해소하려고 노력하지 않는다.

일반적으로 인간은 비판적 사고 성향을 갖기 보다는 무비판적으로 살아가기 쉽다. 모든 사람은 정도의 차이가 있기는 하지만 나름대로 편견을 가지고 있다. 자신의 사고가 충분히 정당하다고 생각하면서 비판적 사고를 하지 못한다. 폴과 엘더(Richad Paul & Linda Elder)는 10가지 잘못된 사고 습관을 제시하고, 그 중 하나라도 '예'라는 답이 나오면 비판적 사고가 필요하다고 지적한다. 그 10가지 습관은 다음과 같은 것이다.(리처드 폴 · 린더 엘더, 원만희역, 왜 비판적으로 사고해야 하는가, 궁리, 2008, pp.23~24)

① 당신과 같거나 비슷한 생각을 하는 사람이 주위에 항상 가까이 있는가?
② 당신은 골칫거리를 피하기 위해, 맺고 있는 관계들에 한 치의 의문도 품지 않는가?
③ 친구나 연인이 당신에게 충고를 하면, 슬퍼하는 표정을 지으며 "네가 내 친구라고 생각했는데!", "네가 나를 사랑한다고 생각했는데!"라고 말하는가?
④ 사리에 맞지 않는 일을 하려 할 때는 항상 변명을 준비하거나, 변명을 생각할 수 없다. 면 '미안해' 하는 표정을 지으며, "어쩔 수 없었어!"하고 말하는가?
⑤ 당신은 매사에 걱정을 앞세우며 삶의 부정적 측면에 주목하는가?
⑥ 당신은 당신의 실수를 만회하려 하지도 않은 채 다른 사람의 탓으로 돌리는가?
⑦ 당신은 당신을 비난하는 사람들을 비난하는가?
⑧ 당신은 고민하지 않고 당신이 속한 그룹이 가는 대로 따라가는 편인가?
⑨ 원하는 것을 얻지 못했을 때 당신은 있는 그대로의 감정을 드러내는가?
⑩ 당신은 원하는 것을 얻는 데만 집중하고 '내가 아니면 누가 최선을 다 하겠어?'라고 생각하지는 않는가?

비판적 사고력을 가진 사람의 마음의 성향

비판적 사고 능력을 키워, 인간이 비록 신처럼 완전한 사고는 아니라고 할지라도 더 나은 사고를 하기 위해서는, 사고하는 마음의 성향을 성찰해야 한다. 인간의 마음은 본성상 변화를 싫어하는 경향이 있다. 비록 고통스럽지만 기존의 관습적이고 무비판적인 성향을 비판적 사고 성향으로 전환해야 우리는 남들의 견해를 더 잘 이해하고, 일관되고 합리적인 자아를 형성할 수 있다. 폴은 비판적 사고력을 가진 사람의 마음의 성향을 다음과 같이 요약한다.

① 지적 겸손 : 자연적인 자기중심성이 자신을 과오로 이끌지도 모른다는 점과 자신의 지식의 한계를 인정하는 자세를 갖는다.

② 지적 용기 : 의견, 신념, 관점에 정당하게 대응하고 평가하려는 마음가짐을 갖는다.

③ 지적 감정이입 : 상대방을 진정으로 이해하기 위하여 상대방의 입장이 되어 보려는 필요성을 인식한다.

④ 지적 통합성 : 자신의 사고에 속임이 없고, 지적 기준과 일관성을 가지며, 상대방에게 적용하는 엄격한 기준을 자신에게도 그대로 적용한다.

⑤ 지적 인내 : 난관이나 좌절에도 불구하고 지적인 통찰과 진리를 추구하려는 자세를 지닌다.

⑥ 이성의 신봉 : 자유로운 합리성에 의하여 자신과 인류의 이익이 추구될 수 있다는 신념을 갖는다.

⑦ 정의에 대한 지적 감각 : 자신이나 자신이 속한 집단의 이익과 느낌에 의존하지 않고 동일한 지적 기준에 의하여 다른 사람이나 집단의 견해를 평가하려는 마음가짐을 갖는다.

[출처] Richad Paul, Critical Thinking : How to prepare students for a rapidly changing world, Santa Rosa, CA : Foundation for Critical Thinking, 1995

(3) 비판적 사고의 중요성

비판적인 사고가 핵심 … "다르게 보라"
연세노벨포럼서 조지 스무트 교수 "학습된 사고는 편협" 강조

"지금 당신이 보고 있는 것은 무엇인가. 그것을 이해하는가. 그것으로 새로운 비전을 이끌어낼 수 있는가."

가장 최근 노벨상을 수상한 2006년 노벨물리학상 수상자 조지 스무트(사진) 캘리포니아대학 버클리캠퍼스 교수는 11일 진행된 제2회 연세노벨포럼 세 번째 세션의 주제인 '주류를 초월한 시각'이라는 강연에서 청중들에게 이 같은 질문을 던졌다.

스무트 교수는 "무엇을 보고 있는가를 이해하고 새로운 비전을 이끌어내는 것이 중요하다."고 강조했다. 그는 비판적인 사고가 핵심적인 도구임을 거듭 강조하고 사고의 습관으로 인한 편협성으로부터의 탈피를 현장의 학생들에게 요구했다.

스무트 교수는 또 "과거에 집착하지 말고 어디에 있어야 할 것인지 어디를 향해 가는지를 생각하라."며 "중요함에도 간과되고 있는 것이 무엇인지 어디에 기회가 있는지를 볼 줄 알아야 모든 일을 할 수 있다. 행복한 미래를 꿈꾸며 긍정적 · 낙관적 시각을 가지고 열심히 사고하라."고 당부하며 강연을 마쳤다.

이번 강연을 맡은 스무트 교수는 빅뱅(Big Bang) 이후 현대 은하 형성에 대한 씨앗을 제공한 공로로 노벨 물리학상을 수상했다. 그는 '우주 배경복사'가 '흑체복사'의 형태를 띠고 있고, 복사 방향에 따라 온도 차이가 있다는 사실을 발견했으며, 이 연구는 초기 우주의 모습을 연구하는데 기여함으로써 은하와 별의 기원에 대한 이해를 넓혔다는 평가를 받았다.

[출처] 한국대학신문. 2007. 9. 11일자
http://www.unn.net/News/detail.asp?nsCode=41581

2. 비판적 사고 개발 태도

비판적 사고를 개발하기 위해서는 지적 호기심, 객관성, 개방성, 융통성, 지적 회의성, 지적 정직성, 체계성, 지속성, 결단성, 다른 관점에 대한 존중과 같은 태도가 요구된다.

① 지적 호기심

여러 가지 다양한 질문이나 문제에 대한 해답을 탐색하고 사건의 원인과 설명을 구하기 위하여 왜, 언제, 누가, 어디서, 어떻게, 무엇을 등에 관한 질문을 제기한다.

② 객관성

결론에 도달하는데 있어서 감정적, 주관적 요소를 배제하고 경험적 증거나 타당한 논증을 근거로 한다.

③ 개방성

다양한 여러 신념들이 진실일 수 있다는 것을 받아들인다. 편견이나 선입견에 의하여 결정을 내리지 않는다.

④ 융통성

개인의 신념이나 탐구방법을 변경할 수 있다. 특정한 신념의 지배를 받는 고정성, 독단적 태도, 경직성을 배격한다. 우리는 모든 해답을 알고 있지는 못하다는 것을 이해하는 것이다.

⑤ 지적 회의성

모든 신념은 의심스러운 것으로 개방하는 것이다. 적절한 결론이 제시되지 않는 한 결론이 참이라고 받아들이지 않는다.

⑥ 지적 정직성

비록 어떤 진술이 우리가 바라는 신념과 대치되는 것이라 할지라도 충분한 증거가 있으면 그것을 진실로 받아들인다.

⑦ 체계성

결론에 이르기까지 논리적 일관성을 유지한다. 논의하고 있는 문제의 핵심에서 벗어나지 않도록 한다.

⑧ 지속성

쟁점의 해답을 얻을 때까지 끈질기게 탐색하는 인내심을 갖도록 한다. 증거, 논증의 추구를 포기함이 없이 특정 관점을 지지한다.

⑨ 결단성

증거가 타당할 땐 결론을 맺는다. 모든 필요한 정보가 획득될 때까지 불필요한 논증, 속단을 피하고 모든 결정을 유보한다.

⑩ 다른 관점에 대한 존중

내가 틀릴 수 있으며 내가 거절한 아이디어가 옳을 수 있다는 것을 기꺼이 받아들이는 태도이다. 타인의 관점을 경청하고 들은 것에 대하여 정확하게 반응한다.

3. 비판적 사고의 구성요소

비판적 사고는 논리적 사고와는 달리, 추론의 형식뿐만 아니라 내용도 꼼꼼히 따져보는 사고이다. 비판적 사고와 관련된 예를 생각해보자.

미국 사회에서 지속적으로 제기되는 주요 이슈 가운데 하나는 총기 규제 법률에 관한 것이다. 어떤 사람이 총기 규제법이 필요 없다고 다음과 같은 논변을 폈다고 해보자.

"총기 소지를 금지하자는 논증은 대개 근거 없는 이야기이다. 지금 우리에게 필요한 것은 더 많은 법률을 만드는 것이 아니라 법을 더 잘 집행하는 것이다. 근거 없는 한 가지 이야기는 대부분의 살인자들이 법을 잘 지키는 보통 시민이라는 주장이다. 이 주장에 따르면, 이들은 총기를 사용할 수 있다는 이유만으로 화가 난 순간에 친척이나 지인을 죽인다는 것이다. 그러나 친족 살해에 관한 모든 연구에 의하면 살인자들 대다수가 일생에 걸쳐 폭력을 저지른 전력이 있는 사람들이라고 한다. 전형적인 살인자들은 평균 최소 6년의 범죄 경력이 있고 4가지 강력 범죄로 체포된 적이 있다. 또 다른 근거 없는 이야기는 총기 소지자들이 폭력을 무분별하게 휘두르는 무지한 백인 하층민이라는 것이다. 그러나 일관된 연구에 의하면 평균적으로 총기 소지자들은 미소유자들보다 교육을 더 잘 받은 사람들이고 더 나은 직업을 가진 사람들이다. 다음의 총기 소지자들(또는 과거 소지자들)이 총기를 항상 휴대할 수 있도록 허가해 달라는 신청을 했다. 루즈벨터, 리버스, 트럼프, 록펠러. 세 번째 근거 없는 이야기는 총기가 자기방어에 유용하지 않다는 것이다. 그러나 그 반대이다! 모든 연구에 의하면 권총이 범죄에 이용되는 것보다 범죄로부터 방어하는 데 더 자주 사용된다는 것이다. 권총이 연간 대략 581,000건의 범죄에 이용된 반면, 범죄로부터 방어하는 데 사용된 것은 약 645,000건이다. 총기에 관한 법률이 잠재적으로는 총기 관련 범죄를 줄일 수 있겠지만 현재의 법률이 잘 집행된다면 그것으로 충분하다. 법원은 법을 강화하지는 않을 것이라고 했는데 더 강력한 법률인들 무슨 소용이 있겠는가?

[출처] M. 닐 브라운 등, 이명순역, 비판적 사고력 연습, 돈키호테, 2010, p.24~25

이 논증을 듣고 우리는 다음과 같은 것을 의심해 볼 수 있을 것이다.

① 첫 번째 근거 없는 이야기에서, '대다수'나 '전형적인 살인자들'이란 정확히 무엇을 의미하는가? 그리고 화가 난 순간에 우발적으로 친척들을 죽이는 살인자들이 정말로 소수인가?

② 두 번째 근거 없는 이야기에서, 유명한 몇몇 사람들이 총기를 소지하고 또 항상 휴대할 수 있도록 허가해 달라고 한다고 해서 총기 소지가 바람직하다고 할 수 있는가? 그들은 총기 소유에 관한 전문적인 지식을 가지고 있는 사람들인가?

③ 세 번째 근거 없는 이야기에 등장하는 581,000과 645,000이라는 숫자는 다소 정확히 보이지만, 이 숫자는 어떤 근거에서 나온 것인가? 이런 통계적인 숫자로 반대자를 속이려는 것은 아닌가?

④ 여기서는 왜 총기 규제가 가져올 이점은 언급하지 않는가? 총기 규제에 관한 부정적인 면만 부각하고, 자기 입장에 반대되는 사례는 고의로 생략한 것은 아닌가?

⑤ 권총을 이용할 수 없었다면 살해되지 않았을 사람들이 매년 권총으로 얼마나 많이 살해되는가? 그것은 취급하지 않아도 좋을 정도로 그리 심각하지 않은 숫자인가?

⑥ 현재 법률이 잘 집행된다면 그것으로 충분하다고 했는데, 왜 법률은 잘 집행되지 않는가? 그것은 노력하면 개선될 수 있는가? 아니면 구조적으로 불가능한가? 개선될 수 있다면 그 방법은 무엇인가?

이렇게 비판적 사고는 다른 사람의 의견이나 주장을 수동적으로 받아들이고 맹목적으로 따르는 사고가 아니라, 적극적으로 그 의견이나 논변에 참여하여 결국 모두에게 이익이 들어가도록 진실을 추구하는 사고이다.

이런 비판적 사고를 체계적으로 파악하기 위해서는 우선 사고의 구성요소를 분석할 필요가 있다. 폴과 엘더(Richad Paul & Linda Elder)는 '모든 사고는 어떤 목적을 가지고 있고, 전제에 바탕을 둔 관점에서 이뤄지는데, 그러한 생각 속에는 함축된 것이 있다. 또한 정보와 사실과 경험을 해석하기 위해서, 개념과 아이디어와 이론들을 사용하며, 이를 통해 질문에 답을 하고, 문제와 쟁점을 해결(해석 · 추론)한다.'고 하여 사고의 8가지 요소를 주장하고 있다. 이런 8가지 요소 이외에 노시치(Jeral M. Nosich)가 제안한 '맥락'이나 '대안'이라는 요소를 더 첨가해볼 수 있을 것이다.

(1) 목적(purpose of thinking)

추론이 있는 모든 사고는 목적을 추구한다. 어떤 것에 대해 생각할 때 우리는 되는대로 아무렇게나 생각하는 것이 아니라 우리의 목표, 욕구, 가치, 바라는 결과에 따라 그렇게 생각하고 있다. 사고의 목적이나 목표를 발견하려면 우리가 생각하고 있는 것에 대해 왜 물음(why-question)을 던지는 것이 중요하다. 계속 꼬리를 잇는 왜 물음을 따라가다 보면 궁극적으로 우리 인생의 궁극 목표와 연결된 물음에까지 이르게 된다.

우리의 사고나 행위의 목적은 우리의 관점, 즉 우리가 세상을 보는 방식에 영향을 미치고 영향을 받는다. 목적은 사물을 보는 방식을 구체화하고, 우리가 사물을 보는 방식은

우리가 추구하는 것을 구체화한다. 각 개인은 그 자신의 관점에서 그의 목적을 표현한다. 사고나 행위 목적은 관점, 즉 세상을 보는 방식에 영향을 미치고 영향을 받는다.

목적은 사물을 보는 방식을 구체화하고, 사물을 보는 방식은 추구하는 것을 구체화한다.

개인은 그 자신의 관점에서 그의 목적을 표현한다.

☞ 막연한 생각이 아니라 구체적인 사고가 중요

(2) 현안문제(question at issue)

"핵심문제가 무엇인가?" "중점을 두고 다루어야 할 문제가 무엇인가?"

어떤 것에 대해 생각을 할 때마다 우리에게는 답해야 할 물음이나 해결해야 할 문제가 있다.

목적이 달성해야 하는 것이라면, 핵심문제는 그 목적을 달성하기 위해 답해야 할 좀 더 구체적인 물음이다.

☞ 핵심문제가 무엇인지 묻는 것이 중요

(3) 가정(assumption)

생각을 시작하는 지점이다. 가정이란 우리가 어떤 것에 대해 생각할 때 미리 당연한 것으로 받아들이거나 전제하는 것이다. 명백하게 진술되는 수도 있지만, 대부분 명시적으로 진술되지 않은 채로 남아 있다.

가정을 확인하는 일은 그 자체로도 중요하지만 나와 다른 사람의 가정을 비교하거나, 증거에 비추어 그 가정들을 평가하기 위해서도 중요하다. 가정을 파악하다 보면 더 큰 맥락, 즉 이 가정들이 길러진 환경이나 문화적 배경을 파악할 수 있다.

(4) 증거(evidence)

"이 문제와 관련이 있는 정보는 무엇인가?"

어떤 사실, 자료, 경험 집합 등의 정보를 이용해서 추론을 한다.

정보를 확인하는 일 외에도 우리는 그 정보를 평가하기도 해야 한다. 정보 자체와 정보에 대한 해석이나 함의를 구별하는 것이 중요하다. 정보는 추론의 필수 요소이지만 정보

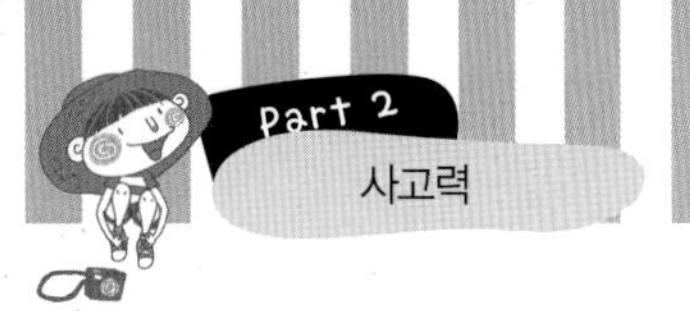

그 자체만으로 중요한 문제에 대해 결정을 내리기에 충분한 경우는 거의 없다.

정보를 확인하고 평가하는 과정을 통해 우리는 신뢰할 만한 정보의 원천을 발견하고 경험을 비판적으로 다듬어야 한다.

(5) 개념(concepts)

생각할 때마다 개념들을 사용한다. 만일 민주주의에 관한 생각을 하고 있다면, 생각속에는 민주주의 concept이 작동하고 있는 셈이다.

예 "나의 민주주의 개념은 무엇인가?" "나는 민주주의라는 용어를 어떻게 이해하고 있는가?"

경험의 모든 것을 개념화하고, 그 개념화를 기초로 추리를 한다. 경험한 것에 대해 우리는 개념을 형성하고 그 개념을 적용한다. 일상적으로 자동적으로 하기 때문에 보통은 우리 자신이 이런 일을 하고 있다는 것을 인식하지 못한다. 가정을 당연시한 것처럼 개념 또한 당연시하는 경우가 많다. 개념을 사용하고 있는지 여부가 문제가 아니라 사용하고 있는 개념이 무엇인지를 명확히 파악하는 일이 중요하다. 어떤 주제에 대해 생각할 때 핵심 개념을 파악하는 것이 무엇보다 중요하다.

(6) 추론과 해석(inference and interpretation)

"당신이 끌어낸 결론은 무엇인가?"

어떤 것을 생각하는 것은 그것에 대해 해석하는 것이고, 그것에 관해 결론을 끌어내는 것이다. 어떤 정보를 기초로 결론을 끌어내는 것을 추리(inference)라 한다.

추리와 가정의 구별

추리란 어떤 것이 옳다거나 옳은 것 같다는 사실에 기초하여 다른 어떤 것이 옳다고 결론 짓는 정신의 작용이다. (의식적인 정신 활동)

가정이란 우리가 당연시하거나 미리 전제하는 어떤 것이다. 보통 가정은 우리가 전에

배웠거나 너무 뻔한 것이어서 의문시하지 않는 것이다. 가정은 우리의 신념 체계의 일부이다. 우리는 신념들이 옳다고 가정하고, 우리 주변의 세계를 해석하는 데 그 가정을 사용한다.

예 종교적인 믿음 등이 대표적

(7) 함의와 귀결(implication & consequence)

생각이 끝나는 곳을 넘어선 지점. 추리를 통해 명시적으로 도출해내는 결론과 달리 함의나 귀결은 보통 그 결론이 암암리에 포함하고 있는 그 이상의 내용을 말한다.

어떤 추론의 귀결에 대해 묻는 것은 "그것으로부터 무엇이 따라 나오지?"라고 묻는 것과 마찬가지다. 결론이 함의하는 귀결은 말이나 글 속에 명시적으로 드러나지 있지 않은 경우가 많다. 그래서 일차적으로 어떤 말이나 행위의 함의나 귀결을 확인하는 것이 중요하다.

단순히 확인하는 데서 그치는 것이 아니라 그것들에 대한 평가 또한 중요하다.

(8) 관점(point of view)

"우리는 이 문제를 어떤 관점에서 다루고 있는가?"

어떤 것에 대해 생각할 때마다 우리는 어떤 관점이나 준거의 틀 안에서 그렇게 생각한다. 관점이 사고의 요소라는 말은 모든 사고가 관점 없이 이루어지지 않는다는 뜻이다. 그래서 같은 물음이라도 다른 관점에서 보게 되면 다른 목적, 다른 가정, 다른 결론을 산출할 수 있다. 관점과 관련해서 많은 잠재적 원천이 있음을 깨닫는 것이 중요하다.

개인은 관점의 형성이 어느 정도인지 인지하지 못하는 경우가 대부분이고, 명시적으로 말하지 않는 경우가 많으며, 사물을 보는 방식이 편파적이라는 사실을 쉽게 깨닫지 못한다. 자신의 관점을 공개적으로 명확하게 드러내는 연습을 할 필요가 있다.

(9) 맥락(context)

맥락은 문자 그대로 사고의 요소라기보다는 그 사고의 배경이다. 대안은 사고를 할 때 이루어질 수 있는 다른 선택들을 포괄한다. 무언가에 대해 생각할 때는 그 생각이 발생하

는 맥락이 있으며, 그 생각을 구체화는 대안들이 있다. 생각은 언제나 어떤 맥락이나 상황 속에서 일어나며, 핵심 물음은 언제나 그 맥락이나 상황 속에서 제기된다. 맥락을 파악하는 것이 중요하다.

(10) 대안(alternative)

지금까지 언급한 사고의 요소들 각각에 대해 언제나 대안을 생각해 볼 수 있다. 대안을 통해 생각하는 일은 사안의 한 측면만을 보던 상태에서 다각적으로 볼 수 있도록 해준다.

학습평가 Quiz

1. 어떤 주제나 주장 등에 대해서 적극적으로 분석하고 종합하며 평가하는 능동적인 사고를 (　　　) 라고 한다.

2. 다음 중 비판적 사고를 발휘하는데 요구되는 태도가 아닌 것은?

   ① 지적 호기심　　② 객관성
   ③ 다른 관점에 대한 반박　　④ 개방성

3. 비판적 사고의 의미 중 설명이 옳지 않은 것은?

   ① 비판적 사고의 주요 목적은 어떤 주장의 단점을 파악하려는 데 있다.
   ② 비판적 사고를 하려면 우리의 감정을 철저히 배제해야 한다.
   ③ 비판적 사고는 부정적으로 생각하는 것이 아니라 지식과 정보에 바탕을 둔 합당한 근거에 기초를 두고 하는 것이다.
   ④ 비판적으로 사고하는 것은 어떤 주제나 주장에 대해서 적극적으로 분석하는 것이다.

4. 비판적 사고의 개발 태도 중 결론에 도달하는데 있어서 감정적, 주관적 요소를 배제하고 경험적 증거나 타당한 논증을 근거로 하는 태도는?

   ① 지적 회의성　　② 객관성
   ③ 체계성　　④ 결단성

5. 비판적 사고의 개발 태도 중 개인의 신념이나 탐구방법을 변경할 수 있고 특정한 신념의 지배를 받지 않는 융통성에서 배격하는 태도 중 아닌 것은?

   ① 고정성　　② 독단적 태도
   ③ 경직성　　④ 유연성

6. 비판적 사고의 구성요소에 대해 아는 대로 나열하시오.

Part 2
사고력

학습내용 요약 Review (오늘의 Key Point)

1. 비판적 사고란 어떤 논증, 추론, 증거, 가치를 표현한 사례를 타당한 것으로 수용할 것인가 아니면 불합리한 것으로 거절할 것인가에 대한 결정을 내릴 때 요구되는 사고 능력을 의미한다.

2. 비판적 사고는 어떤 주제나 주장 등에 대해서 적극적으로 분석하고 종합하며 평가하는 능동적인 사고이다.

3. 이상적인 비판적 사고자는 첫째, 인지적인 측면에서 비판적 사고 능력(ability)을 가진 사람이다. 둘째, 정의적 측면에서는 비판적 사고를 잘하게 해주는 사고 성향(disposition)을 갖춘 자이다.

4. 비판적 사고를 가진 사람들의 마음의 성향은 지적 겸손, 지적 용기, 지적 감정이입, 지적 통합성, 지적 인내, 이성의 신봉, 정의에 대한 지적 감각이 있다.

5. 비판적 사고 개발 태도에는 지적 호기심, 객관성, 개방성, 융통성, 지적 회의성, 지적 정직성, 체계성, 지속성, 결단성, 다른 관점에 대한 존중이 있다.

6. 비판적 사고의 구성요소에는 목적, 현안문제, 개념, 가정, 증거, 추론과 해석, 관점, 함의와 귀결, 맥락, 대안이 있다.

비판적 사고를 개발하는 방법

Contents

1. 비판적 사고 개발
2. 찬반양론법
3. 악마의 변호인
4. 어항식 토의법

Learning Objectives

1. 비판적 사고 개발방법을 설명할 수 있다.
2. 찬반양론법을 설명할 수 있다.
3. 악마의 주장법을 설명할 수 있다.
4. 어항식 토의법을 설명할 수 있다.

8 Chapter

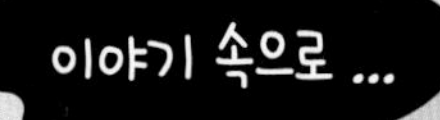

- 아이작 뉴턴 : 나무에서 떨어지는 사과를 보고 "만유인력의 법칙"을 발견하는 중요한 힌트를 얻음.
- 아르키메데스 : 목욕할 때 탕 속에 물이 흘러넘치는 것을 보고 "아르키메데스의 원리"라고 하는 부력의 원리를 발견
- 갈릴레오 갈릴레이 : 램프의 흔들림을 보고 "추의 등시성"을 발견
- 알프레드 노벨 : 뉴트로글리세린이 용기에서 새어나와 규소토에 스며드는 것을 보고 "다이너마이트"를 발명
- 알렉산더 플레밍 : 배양하고 있던 포도상구균이 파란 곰팡이에 녹는 것을 발견하고, 그 파란 곰팡이에서 페니실린을 추출해서 항생물질 개발

직장인들은 업무수행 과정에서 비판적인 사고를 하도록 요구받고 있다. 그러나 어떻게 하면 비판적 사고를 할 수 있는지 모르는 경우가 많다. 8장에서는 직장인들에게 필요한 비판적 사고를 개발하는 방법에 대하여 알아보자.

1. 다음 중 빈 칸에 들어갈 알맞은 말은 무엇인가?

비판적 사고를 위해서 가장 먼저 필요한 것은 바로 (   )이다.

2. 다음 중 비판적인 사고를 잘하기 위한 요소가 아닌 것은?

① 문제의식
② 편견
③ 고정관념 타파
④ 합리적 사고

3. 다음 중 비판적 사고 개발방법에 해당하는 것은?

① 브레인스토밍
② 브레인라이팅
③ 마인드맵
④ 악마의 변호인법

1. 비판적 사고 개발

비판적인 사고를 갖추기 위해서는 주변에서 발생하는 사소한 일을 그냥 지나치지 않는 것이 중요하며, 사소한 발견에 대해서 의문을 가지고 지속적인 관심을 갖는 것이 필요하다. 앞의 「이야기 속으로」는 비판적 사고를 개발하는 방법에 대한 사례이다. 사례에서 각 인물들은 우리가 무심결에 지나칠 수 있는 사소한 현상에 대해 문제의식을 가지고 끊임없이 탐구한 결과 얻을 수 있는 위대한 발견들이 제시되어 있다. 이러한 문제의식이 없었다면, 만유인력의 법칙이나 아르키메데스의 원리 등과 같은 위대한 발견들은 없었을 것이다. 이러한 사례를 통해서 비판적 사고를 개발하기 위해서 문제의식을 가져야 한다는 것을 알 수 있다. 이제 비판적 사고를 위한 것들이 무엇인지 생각해보고, 비판적 사고를 위해 가장 먼저 필요한 것이 무엇인지 다음 예를 통해 알아보자.

(1) 문제의식

비판적인 사고를 위해서 가장 먼저 필요한 것은 바로 문제의식이다. 문제의식이 왜 비판적인 사고에서 중요한지 다음 사례를 통해 알아보자.

사 례

2002년 노벨상을 수상한 다나카 코이치씨는 평범한 샐러리맨이라는 점에서 큰 화제를 불러일으킨 적이 있었다. 다나카씨의 수상은 아세톤에 금속 분말을 녹여야 하지만 글리세린에 녹여버린 실수로부터 시작되었다. 다나카씨는 잘못 녹인 금속 분말이 아까워서 그대로 레이저에 대고 측정치를 계속해서 관찰하는 활동을 하였고, 그 결과 고분자의 질량분석이 가능한 현상을 발견하였다. 이런 면에서 볼 때 다나카씨의 발견은 우연일지 모르지만, 글리세린에 녹인 금속 분말은 어떻게 될까라는 끊임 없는 문제의식을 통해서 가능한 일이었다.

다나카씨의 예에서 볼 수 있는 것처럼 문제의식을 가지고 있다면 주변에서 발생하는 사소한 일에서도 정보를 수집할 수 있으며, 이러한 정보를 통해서 새로운 아이디어를 끊임 없이 생산해 낼 수 있다. 문제의식은 당장 눈앞의 문제를 자신의 문제로 여기고 진지하게 다룰 생각이 없는 한 절대로 답을 얻을 수 없다. 따라서 자신이 지니고 있는 문제와 목적을 확실하고 정확하게 파악하는 것이 비판적인 사고의 시작이다.

(2) 고정관념 타파

비판적인 사고를 하기 위한 문제의식을 가지고 있다면 다음으로 필요한 것이 지각의 폭을 넓히는 일이다. 지각의 폭을 넓히는 일은 정보에 대한 개방성을 가지고 편견을 갖지 않는 것으로, 고정관념을 타파하는 일이 중요하다. 고정관념은 사물을 바로 보는 시각에 영향을 줄 수 있으며, 일방적인 평가를 내리기 쉽다.

비판적 사고를 위해서는 특정한 문제에 대해서 가능한 많은 아이디어를 산출하고, 이러한 아이디어를 종합 · 검토하여, 최선의 아이디어를 도출하는 일이 필요하며, 기존에 가지고 있는 생각의 틀을 벗어나는 것이 중요하다. 다음 제시되는 물건들의 용도를 가능한 많이 찾아서 기록해 보자.

스테이플러	1. 서류 정리	2. 벽에 종이를 고정	3. 세탁소에서 옷을 구분
	4. ________	5. ________	6. ________
드라이어	1. ________	2. ________	3. ________
	4. ________	5. ________	6. ________
칫솔	1. ________	2. ________	3. ________
	4. ________	5. ________	6. ________
스카치테이프	1. ________	2. ________	3. ________
	4. ________	5. ________	6. ________

제시된 활동은 고정관념을 버리고 발상의 전환을 통해서 비판적인 사고를 개발하게 하는 활동이다. 활동을 통해서 비판적 사고는 고정관념이나 편견을 가지고 있어서는 안 되며, 문제의식과 발상의 전환이 필요함을 보여준다.

앞의 활동은 개인의 생각에 따라 각기 답이 다른 것으로 한 가지의 정답은 없지만, 다음과 같은 예를 들 수 있다.

[표 8-1]

상품	본래 용도	새로운 용도
스테이플러	서류 정리	벽에 종이를 고정
드라이어	머리를 말린다.	온풍을 이용해서 어깨 결림을 완화시킨다.
칫솔	양치질을 한다.	빗의 이물질을 제거한다.
스카치테이프	종이를 붙인다.	지문 채취

이렇듯 비판적인 사고를 하기 위해서는 어떤 현상에 대해서 문제의식을 가지고, 고정관념을 버리는 것이 필요하다.

2. 찬반양론법

(1) 변증법

변증법(辨證法, dialectic)이란, 동일률(同一律)을 근본원리로 하는 형식논리에 대하여, 모순 또는 대립을 근본원리로 하여 사물의 운동을 설명하려고 하는 논리이다.

이 말은 그리스어의 dialektik에서 유래하며, 원래는 대화술・문답법이라는 뜻이었다. 일반적으로 변증법의 창시자라고 하는 엘레아학파의 제논은 상대방의 입장에 어떤 자기모순이 있는가를 논증함으로써 자기 입장의 올바름을 입증하려고 하였다. 이와 같은 문답법은 소크라테스에 의해 훌륭하게 전개되고, 그것을 이어받은 플라톤에 의해 변증법은 진리를 인식하기 위한 방법으로서 중시되었다. 근세에 와서 변증법이란 말에 다시 중요한 의의를 부여한 것은 I.칸트이다. 칸트는 변증법(칸트의 경우 보통변증론이라고 번역되지만 원뜻은 마찬가지이다)을 우리의 이성(理性)이 빠지기 쉬운, 일견 옳은 듯하지 만 실은 잘못된 추론(推論), 즉

'선험적 가상(假象)'의 잘못을 폭로하고 비판하는 '가상의 논리학' 이라는 뜻으로 썼다. 이와 같이 칸트에 이르기까지의 변증법이란 말은 어느 경우에서나 진리를 인식하기 위해 직접 또는 간접으로 유효한 기술 및 방법이라는 의미를 가지고 있어 오늘날 일반적으로 생각되는 것처럼 모순율(矛盾律)을 부정하는 특별한 논리로 생각되지는 않았다.

이에 비해 변증법이란 것을 인식뿐만 아니라 존재에 관한 논리로 생각한 것은 G.W.F.헤겔이었다. 헤겔은 인식이나 사물은 정(正)·반(反)·합(合)(정립·반정립·종합, 또는 卽自·對自·즉자 겸 대자라고도 한다)의 3단계를 거쳐서 전개된다고 생각하였으며, 이 3단계적 전개를 변증법이라고 생각하였다. 정(正)의 단계란 그 자신 속에 실은 암암리에 모순을 포함하고 있음에도 불구하고 그 모순을 알아채지 못하고 있는 단계이며, 반(反)의 단계란 그 모순이 자각되어 밖으로 드러나는 단계이다. 그리고 이와 같이 모순에 부딪침으로써 제3의 합(合)의 단계로 전개해 나간다. 이 합의 단계는 정과 반이 종합 통일된 단계이며, 여기서는 정과 반에서 볼 수 있었던 두 개의 규정이 함께 부정되면서 또한 함께 살아나서 통일된다. 즉, 아우프헤벤(aufheben: 止揚 또는 揚棄)되는 것이다. 이와 같이 존재에 관해서도 변증법적 전개가 가능하다고 생각한다면 존재 그 자체에 모순이 실재한다는 결과가 되기 때문에, 변증법은 모순율을 부정하는 특별한 논리라고 생각된다. 오늘날 변증법은 이와 같은 의미로 해석되는 것이 일반적이며, K.마르크스, F.엥겔스의 유물변증법(唯物辨證法)도 마찬가지로 해석된다.

(2) 변증법적 지양(止揚)

변증법에서의 중요 개념의 하나인 지양(止揚)은 양기(揚棄)라고도 한다. 일반적으로는 사물에 관한 모순이나 대립을, 부정을 매개로 하여 고차적인 단계에서 통일하는 것을 가리킨다. 원어는 '부정하다', '보존하다'라는 긍정·부정의 두 가지 뜻을 동시에 가지고 있으나 G.W.F.헤겔은 이 이의성(二義性)을 자기 자신을 '높이는' 변증법적 발전과정 가운데 내포시켜 특수한 규정이라고 하였다. 예를 들면 유(有)에 대한 무(無)가 모순되고 대립하는데, 양자는 상호 부정과 연관을 통하여 '생성'되는(유가 무가 되고, 무가 유가 되는) 것에서 각각 그 독립성을 잃고 '생성' 가운데 부정(지양)된다. 그러나 그때 '유'와 '무'는 아주 버려지는 것이 아니라 한 단계 높은 '생성'이라는 것 가운데 불가결의 계기로서 보존(지양)되어 있는 것이다.

[그림 8-1] 변증법의 원리

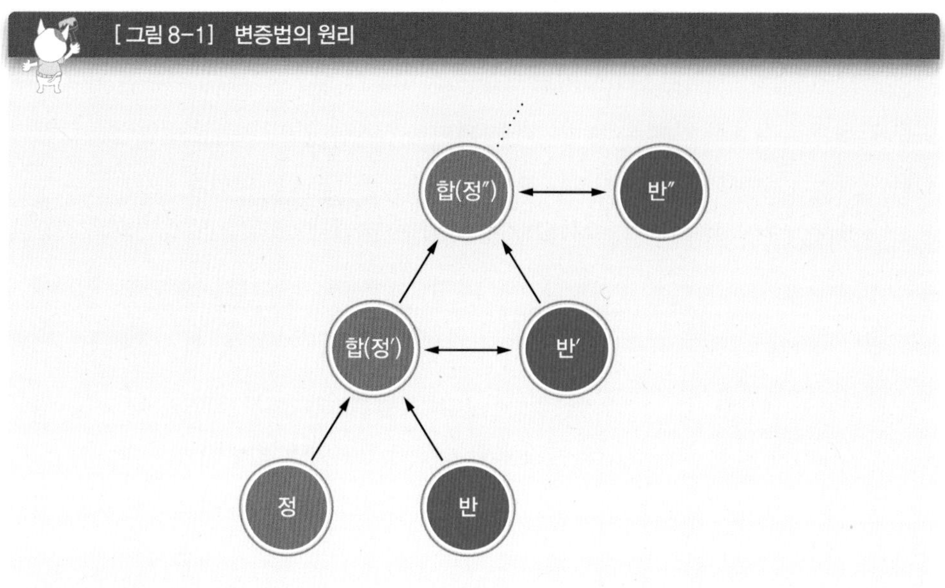

(3) 찬반양론법

찬반양론법(Dialectical Inquiry)은 1110년경, 피에르 아벨라르(Pierre Abelard, 1079~1142)가 논점들에 대해 전거(典據)를 들면서 찬성론이나 반대론을 펴는 논쟁들을 정리하는 데 관심을 둔 사상가로서, 자신의 영향력 있는 〈찬성과 반대 Sic et Non〉에서 대단한 정확도와 능란한 응용력을 발휘하여, 논란이 되고 있는 신학적 주제들을 변증법적으로 다루어냈다.

찬반양론법은 리더가 공평한 입장에 서서 찬성 또는 반대의 의견을 발하도록, 또 논증(論證)을 가지고 자신의 의견을 보강하도록 출석자에 적용하는 방법을 말한다.

논제에 따라서는 일정한 제안에 대해 찬성이나 반대의 주장이 발생한다. 리더의 역할은 논제의 질문에 따라 제기된 문제에 대한 찬성 또는 반대의 의견을 하도록 하고, 그리고 그 논증을 가지고 자신의 의견을 보강하도록 출석자에 적용하는 일이다. 질문을 교묘하게 해서 찬성과 반대의 주장을 모두 제시하고 그룹이 그들의 주장을 평가해서 결론을 이끌어 낼 수 있도록 노력한다.

동성연애에 대한 생각을 찬반양론법을 이용하여 나누어보자.

찬성	반대
1.	
2.	
3.	
4.	

3. 악마의 변호인

집단의사결정 방법 중 한 가지로 악마의 변호인(Devil's Advocacy) 또는 '지명 반론자법'이라고 불리는 방법이다. 천주교에서 성인(saint)으로 추대된 각 후보에 대해 교회가 엄격한 심사를 거쳐서 성인으로서 적격이 아닌 이유를 실증적 자료를 통하여 주장하는 데에서 유래되었다.

집단을 둘로 나누어 한 집단이 제시한 의견에 대해서 반론자로 지명된 집단의 반론의 듣고 토론을 벌여 본래의 안을 수정하고 보완하는 일련의 과정을 거친 후 최종 대안을 도출하는 방법이다. 지명반론자는 집단일 필요는 없고 집단 내 2~3명 정도가 반론자의 역할을 담당해도 된다. 반론자들은 고의적으로 본래 안의 단점과 약점들을 지적해야 한다. 이러한 과정을 거쳐 선택된 안은 생각할 수 있는 여러 상황에 대한 대응방안까지를 포함하고 약점을 보완하게 되므로 좀 더 강력하고 현실적용성이 높아진다. 이 방법의 일반적 과정은 다음과 같다. ① 의사결정에 참여한 집단을 둘로 나누든가 집단구성원 중 몇 명을 택하여 지명반론자로 임명한다. ② 한 집

단이 먼저 문제해결에 대해 수렴된 의견을 제시한다. ③ 수렴된 의견을 지명반론집단 또는 지명반론자에게 설명을 한다. ④ 지명반론집단에서는 이에 대한 반론을 제시한다. ⑤ 제시된 이견을 바탕으로 최선의 해결책을 찾을 수 있도록 계속 토론을 한다. ⑥ 이와 같은 절차는 최종안이 나올 때까지 계속된다.

Level up Mission

안락사에 대한 생각을 악마의 변호인을 이용하여 나누어보자.

찬성의견	반대의견
1.	
2.	
3.	
4.	

악마의 변호인이 효과를 거두려면?

가톨릭교회에서 사용된 이 방법은 그로부터 500여 년이 지난 오늘날 다른 의견을 권장하기 위해서 사실상 많은 리더들이 사용하고 있다. 즉, 다수의 의견에 반대하는 사람을 선정하거나 영입하는 방법이다. 그런데 이 방법이 무작정 통하는 것이 아님을 2012년 찰런 네메스(Charlan Jeanne Nemeth)는 'Minority Influence Theory'라는 제목의 논문을 통해 밝힌 바 있다.

네메스의 연구에서 착안한 한 연구에서 독일의 기업 경영자들과 정부의 고위 관료들 200여 명에게 생산 시설을 해외로 이전할 회사의 대표를 맡도록 하고, 그들에게 두 나라(페루와 케냐라고 하자)를 제시하고, 관련된 자료를 읽게 한 후 한 나라를 선택하게 했다. 페루를 선호한 사람들은 마찬가지로 페루를 선택한 다른 두 명과 함께 한 집단을 만들게 하고, 각 나라에 대해 더 구체적인 정보를 담은 10여 개의 자료를 보게 했다. 자료의 절반은 페루를, 나머지 절반은 케냐를 추천하는 내용이었지만, 그들은 자료를 모두 읽을 시간이 없었다. 조사 결과, 페루를 선호한 실험 대상자들은 페루를 추천한 자료를 26%나 더 많이 읽은 것으로 나타났다. 이는 심리학자들이 말하는 확증 편향(confirmation bias) 현상이다. 즉, 사람은 자신에게 어떤 선호도가 있을 때, 자신의 선호도를 뒷받침해주는 정보만 받아들이고 자신의 의견에 반박하는 정보는 무시한다는 것이다. 그렇다면 같은 집단 구성원 가운데 한 사람을 무작위로 선정해 악마의 변호인 역할을 하게 하면 편향성에 변화가 있을까? 그 사람의 역할은 페루를 선호하는 다수의 의견을 반박하면서 페루의 단점을 규명하고, 다수가 내린 가정에 의문을 던지는 일이다.

악마의 변호인이 있는 경우, 실험 대상자들은 이전보다는 좀 더 균형잡힌 시각을 지니게 되었다. 그들은 케냐를 추천하는 자료보다 페루를 추천하는 자료를 2% 더 많이 읽었다. 그러나 악마의 변호인의 주장은 그들의 생각을 바꾸는 데는 역부족이었다. 실험 대상자들은 읽을 자료들을 고루 선택함으로써 표면적으로는 악마의 변호인의 의견을 존중하는 척했지만, 본래 지니고 있던 선호도에 대한 확신은 겨우 4% 하락했다. 확증 편향에 사로잡힌 그들은 자신의 의견을 뒷받침하는 주장을 더 설득력 있다고 받아들이고, 그렇지 않은 주장은 평가 절하했다. 다수의 편견을 극복하려면 다수의 의견을 뒷받침하는 자료가 아니라 반박하는 자료를 더 많이 읽어야 한다.

악마의 변호인을 지정하는 방법이 효과가 없다면 어떤 방법이 효과가 있을까? 연구자들은 페루를 선호한 실험 대상자 2명과 한 팀이 될 사람을 달리 선정했다. 페루를 선택한 사람 중에 케냐를 변호할 사람을 선정하는 대신, 실제로 케냐를 선호한 사람을 세 번째 구성원으로 선정했다. 그랬더니 집단들은 다수의 선호도를 뒷받침하는 자료보다 반박하는 자료를 14%나 더 많이 선택했다. 그리고 그들이 자신의 본래 선택에 대해 지닌 확신이 15% 감소했다.

악마의 변호인을 지정하는 방법도 유용하지만, 그들을 찾아내면 훨씬 더 효과가 크다. 내부에서 반박하는 역할을 하도록 누군가를 지정하면 그 사람은 단순히 그 역할을 하는 척하게 된다. 여기서 두 가지 문제가 발생한다. 그렇게 지정된 사람은 소수 의견을 더 강력하고 일관되게 주장하지 않고, 집단 구성원들도 그 사람의 주장을 진지하게 받아들이지 않는다. 이에 대해 네메스는 다음과 같이 설명한다.

"반대를 위한 반대는 효과가 없다. 반대하는 척하는 것, 이를테면 역할을 하는 척하는 것도 효과가 없다. 진실을 추구하기 위해서라든지, 최고의 해결책을 찾기 위해서가 아니라 다른 어떤 이유 때문에 악마의 변호인 역할을 할 경우에는 효과가 없다. 그러나 반대하는 사람이 진정성이 있다고 여겨지면 생각이 활성화된다. 생각이 분명해지고 대담해진다." 옛말에 이런 말이 있다. 성공의 비결은 진정성이다. 진정성을 가장할 수 있으면 다 된 셈이다. 그러나 실제로 진정성을 가장하기란 쉽지 않다. 악마의 변호인이 최대한 효과를 거두려면, 악마의 변호인 자신이 자기가 내세우는 주장을 진심으로 확신해야 한다. 그리고 집단도 그가 정말로 확신을 갖고 주장한다고 믿어야 한다.

네메스의 한 실험에서, 진정성 있는 반론자가 포함된 집단은 집단 내에서 지목한 악마의 변호인이 포함된 집단보다 문제에 대한 해결책을 48% 더 많이 내놓았고 해결책도 질적으로 훨씬 우수하다는 결과가 나왔다. 악마의 변호인이 다수 의견에 공감한다는 사실을 그 집단이 알고 있었는지, 또는 그 사람의 실제 생각이 무엇인지 확실히 몰랐는지에 상관없이 이런 결과가 나왔다. 게다가 악마의 변호인이 진정으로 소수의 시각을 믿는 사람이라고 해도, 그가 지정된 악마의 변호인이라고 집단의 구성원들에게 알리기만 해도 변호인의 설득력이 충분히 약화되었다. 지정된 반론자는 사람들로 하여금 의구심을 품게 만들지만, 진정성 있는 반론자는 사람들로 하여금 자신의 견해에 대해 의구심을 갖게 만든다. 지정된 반론자는 진정한 반론자에 비해 효과가 떨어지지만, 반론자에게 보호막을 만들어주기 때문에 솔깃한 방법이기는 하다. 소수 의견을 가진 사람의 입장에서는 기존 체제에 진정으로 반론을 제기하는 것에 대해 불안감을 느낄 수 있다. 하지만 단순히 악마의 변호인 역할을 한다고 주장하면 집단의 비판이나 적대감으로부터 자신을 보호할 수 있다.

그러나 네메스의 실험은 이런 주장을 반박한다. 지정된 반론자와 비교해볼 때 진정한 반론자가 집단 구성원을 훨씬 더 분노하게 만들기는커녕 오히려 집단 구성원들은 그를 약간 더 좋아했다. 진정한 반론자는 적어도 원칙을 지키는 사람이니까 말이다.

[출처] '악마의 변호인'이 효과를 거두려면... | 작성자 솔개 http://confusingtimes.tistory.com/384

4. 어항식 토의법

한 집단이 토의하는 것을 다른 집단이 어항을 보는 듯 토의과정을 자세히 관찰하는 토의법이다. 시간적 여유가 되면 참가한 두 집단의 역할을 바꾸어 준다. 어항식 토의는 집단 토의에서 토의기술 이외에도 관찰기술이나 내용지식의 구축을 돕는다. 학생들이 토의 참여자로서 자신들의 수준이나 자질에 관해 생각하도록 할 수 있다.(Baloche 등, 1993)

[그림 8-2] 어항식 토의법(Fishbowl)

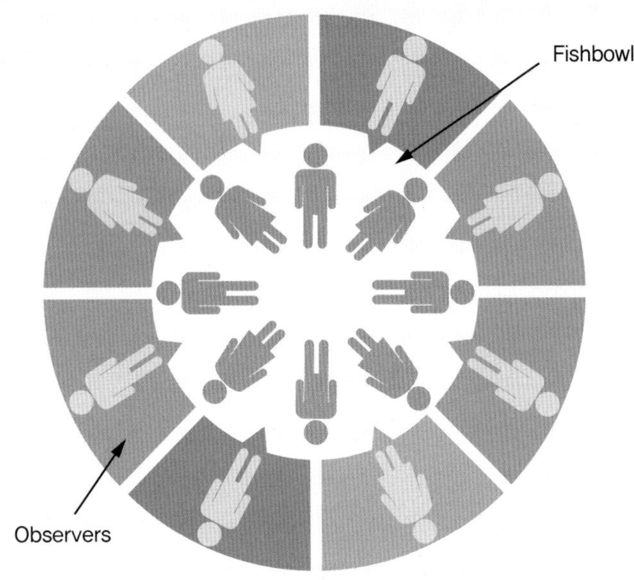

- 방법은 한 가지 주제에 대해서 안쪽에 앉은 사람이 먼저 토의를 진행해 나간다.
- 바깥쪽에 서있는 사람은 발언 카드를 한 장씩 들고 있다가 제시할 의견이 있을 때 발언 카드를 내려놓으며 의견을 말한다.
- 제한 시간이 지나면 안과 밖에 있는 사람들을 바꾸어서 토론을 진행한다.

이 방법은 장기나 바둑에서 훈수를 두는 것과 같은 효과가 있다. 훈수는 더 잘 보이게 마련인데 안쪽에 앉아 있는 사람들의 의견을 비판적 시각으로 바라보면서 더 합리적인 의견을 제시할 수 있다는 장점이 있다.

학습평가 Quiz

1. 다음 주어진 진행절차를 따르는 토의법은 무엇인가?

> • 학생들이 두 개의 원을 지어 앉도록 하고, 내부 원에 앉은 학생과 외부 원에 앉은 학생을 짝지어 준다.
> • 내부 원에 앉은 학생들에게 사고를 불러일으키는 토의 질문(discussion question)을 제시한다.
> • 내부 원의 토의가 진행될 때, 외부 원에 앉은 학생들은 내부 파트너의 토의 행위를 노트한다.
> • 내부 원에 앉은 학생들의 토의 이후에는 외부 원에 앉은 학생들이 자기의 파트너에게 구성적 피드백을 제공한다.
> • 파트너는 자리를 교환해서 앉고, 새로운 질문을 제시한다.

① 악마의 주장법(devil's advocate method)
② U형 토론 포럼(U-debate forum)
③ 어항식 토의(fish bowl)
④ 의회식 토론(parliamentary debate)
⑤ 국가 토론 토너먼트(National Debate Tournament : NDT)

2. 비판적 사고를 개발하기 위해서는 (　　　), (　　　)가 필요하다.

3. 다음 중 비판적 사고를 방해하는 것으로서, 사물을 바라보는 편협적인 시각을 의미하는 것은?

① 문제의식　② 독창성　③ 고정 관념　④ 객관성

4. 비판적인 사고를 갖추기 위해서는 주변에서 발생하는 사소한 일을 그냥 지나치지 않는 것이 중요하다. 사소한 의문에서 시작해서 "만유인력의 법칙"이란 위대한 발견을 한 사람은?

① 아르키메데스　② 갈릴레오 갈릴레이　③ 아이작 뉴턴　④ 알프레드 노벨

5. 다음 진술의 (　　)에 알맞은 말을 넣으시오.

> 비판적 사고 개발 태도는 고정관념이나 편견을 가지고 있어서는 안 되며, 문제의식을 갖고 (　　　　)을 통하여 비판적 사고를 개발하여야 한다.

① 발상의 전환　② 지각의 폭을 넓힘　③ 정보의 개방성　④ 사물에 대한 정확한 파악

학습내용 요약 Review (오늘의 Key Point)

1. 비판적 사고를 개발하기 위해서는 어떤 현상에 대해서 문제의식을 가지고, 고정관념을 버려야 한다.

2. 찬반양론법은 리더가 공평한 입장에 서서 찬성 또는 반대의 의견을 발하도록, 또 논증을 가지고 자신의 의견을 보강하도록 출석자에 적용하는 방법을 말한다.

3. 악마의 변호인법은 집단을 둘로 나누어 한 집단이 제시한 의견에 대해서 반론자로 지명된 집단의 반론을 듣고 토론을 벌여 본래의 안을 수정하고 보완하는 일련의 과정을 거친 후 최종 대안을 도출하는 방법이다.

4. 어항식 토의법은 한 집단이 토의하는 것을 다른 집단이 어항을 보는 듯 토의과정을 자세히 관찰하는 토의법이다.

문제처리 능력과 실행단계

Contents

3
PART

문제처리 능력과 문제인식

Contents

1. 문제처리 능력
2. 문제인식의 의미와 절차
3. 문제 도출의 의미와 절차

Learning Objectives

1. 문제처리 능력의 개념과 절차를 설명할 수 있다.
2. 문제인식의 의미와 절차에 대해 설명할 수 있다.
3. 문제 도출의 의미와 절차에 대해 설명할 수 있다.

9
Chapter

S사의 문제처리 과정

커피를 판매하는 전 세계적인 프랜차이즈인 S사는 1999년 국내에 입점한 이후 줄곧 국내 커피업계 1위로 선두를 달리고 있었다. 그런데 최근 몇 년 사이에 회사의 매출이 급격히 줄어들고 국내 토종 프랜차이즈들에게 그 자리를 위협받고 있다. 엎친데 덮친 격으로 타 커피점보다 비싼 가격에 S사 커피를 마시면 '된장녀'라는 조롱을 받기까지 하는 등 대책이 시급한 상황이다. 이에 S사는 이러한 문제를 해결하기 위하여 전략회의를 열게 되었다.

판매담당자는 "우리 커피는 그동안 고급스러운 커피의 대표주자로 업계 선두를 달리고 있었습니다. 그런데 지금은 국내 새롭게 런칭 된 C사와 E사에게 그 자리를 위협받고 있습니다. 국내 토종브랜드처럼 가격을 인하하는 것이 좋을 것 같습니다."라고 주장했다. 그러자 매장담당자가 "그렇지만 우리 회사는 아직 업계 1위입니다. 국내 저렴한 커피전문점을 따라 가격을 인하한다는 것은 명품 커피회사의 자존심상 허락되지 않습니다."라며 반박을 했다.

이후 몇 분간의 논의가 이어진 후 S사는 문제를 해결하기 위한 문제처리 팀을 구성하고 해결방안에 대하여 모색하게 되었다. 그 결과 다음과 같은 결론이 제시되었다.

- 소비자들이 S커피에 발길을 멀리하기 시작한 것은 국내 토종 브랜드들이 각종 국내 사회공헌과 같은 애국심 마케팅과 S커피에 대한 된장녀 인식으로 인한 심리적인 요인이 크다.
- S커피의 가격인하가 장기적으로 보았을 때 판매 상승에 큰 도움을 주지는 못한다.
- S커피를 마시면 그 돈의 일부를 국내 결식아동을 위하여 기부를 하고 개인컵을 가져왔을 때 가격의 일부를 할인해 주는 제도를 도입한다면, 구매자에게 환경오염방지와 사회공헌을 한다는 인식을 심어주고 가격이 비싸다는 고정관념을 없애 줄 것이다.
- SNS를 통하여 개인컵 할인과 사회공헌, 기존 된장녀에 대한 인식을 바꾸어 줄 새 제도에 대한 적극적인 홍보 마케팅을 실시하고 한 달 후 고객 설문조사를 통하여 이에 대한 평가를 실시한다.

1. 다음 중 빈칸에 들어갈 알맞은 말은 무엇인가?

> (　　　　　　)이란 목표와 현상을 분석하고, 이 분석결과를 토대로 문제를 도출하여 최적의 해결책을 찾아 실행, 평가, 처리해 나가는 일련의 활동을 수행하는 능력이라 할 수 있다

2. 다음 중 문제해결 절차에 들어가지 않는 것은?

① 문제 도출　　② 원인 분석
③ 해결안 개발　　④ 수렴적 사고

3. 다음 중 SWOT분석의 요소가 아닌 것은?

① 강점　　② 약점
③ 미래요인　　④ 위협요소

1. 문제처리 능력

문제처리 능력이란 목표와 현상을 분석하고, 이 분석결과를 토대로 문제를 도출하여 최적의 해결책을 찾아 실행, 평가, 처리해 나가는 일련의 활동을 수행하는 능력이라 할 수 있다. 이러한 문제처리 능력은 문제해결 절차를 의미하는 것으로, 일반적인 문제해결 절차는 다음 그림과 같이 문제인식, 문제 도출, 원인 분석, 해결안 개발, 실행 및 평가의 5단계를 따른다.

[그림 9-1] 문제해결 절차

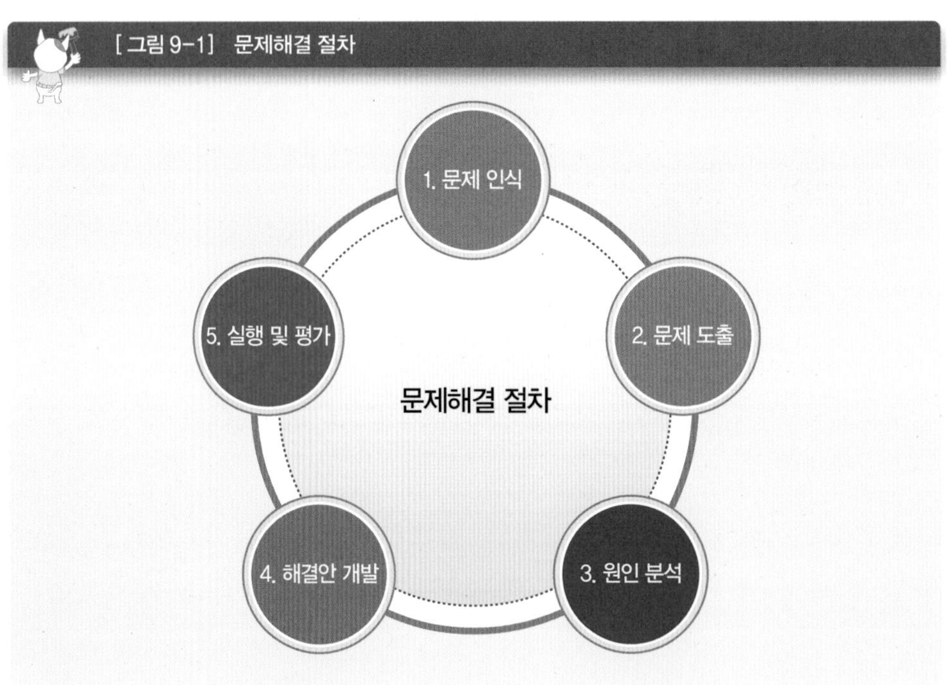

① 문제인식

해결해야 할 전체 문제를 파악하여 우선순위를 정하고, 선정문제에 대한 목표를 명확히 하는 단계

② 문제 도출

선정된 문제를 분석하여 해결해야 할 것이 무엇인지를 명확히 하는 단계

③ 원인 분석

파악된 핵심문제에 대한 분석을 통해 근본 원인을 도출하는 단계

④ 해결안 개발

문제로부터 도출된 근본 원인을 효과적으로 해결할 수 있는 최적의 해결방안을 수립하는 단계

⑤ 실행 및 평가

해결안 개발을 통해 만들어진 실행계획을 실제 상황에 적용하는 활동으로, 당초 장애가 되는 문제의 원인들을 해결안을 사용하여 제거하는 단계

Level up Mission

직업생활 또는 사회활동을 하는 동안 누구나 매일 크고 작은 문제들에 직면하게 되고 이를 처리하는 과정을 거칠 것이다. 그러나 때로 성공적으로 문제를 해결하기도 하고, 반대로 문제를 더 악화시키거나 문제해결을 하지도 못한 경험도 하게 될 것이다.

지금까지 업무를 추진하면서 자신이 겪은 문제 중 성공적으로 해결한 경우와 그렇지 않은 경우, 그 문제와 이유를 작성해 보자.

성공적으로 문제를 해결한 경우

- 문제 : __________
- 문제의 원인 : __________
- 문제를 성공적으로 해결한 이유 : __________

성공적으로 문제를 해결하지 못한 경우

- 문제 : ______________________________
- 문제의 원인 : ______________________________

____

- 문제를 성공적으로 해결한 이유 : ______________________________

____

2. 문제인식의 의미와 절차

문제해결 과정 중 가장 먼저 해야 될 일은 해결해야 할 문제를 인식하는 일이다. 그러나 문제를 인식하기 위해서는 현상에 만족하지 않고 전향적인 자세로 개선을 하고자 하는 문제의식과 의욕이 있어야 한다.

사 례

전 세계 휴대폰 시장의 맹주였던 핀란드의 노키아는 한때 세계 휴대폰 시장점유율이 40%까지 육박하는 선도 기업이었다. 핀란드 국내총생산(GDP)의 25%를 노키아 한 기업이 차지한 적도 있었다. '노키아가 망하면 핀란드가 망한다.'는 말이 나올 정도로 노키아는 2010년까지 휴대폰 시장에서 독보적인 지배력을 유지했다. 하지만 스마트폰 트렌드를 제대로 파악하지 못하면서 삼성전자와 애플에 완전히 밀려났다.

노키아 경영진은 2009년 애플 아이폰이 출시될 당시 돌이킬 수 없는 실수를 저질렀다. 아이폰의 등장으로 휴대폰 패러다임이 스마트폰 시대로 넘어가는 혁명이 일어났지만 오히려 자신들이 장악해 온 일반폰(피처폰)의 생산라인을 늘리는 악수를 둔 것이다. 노키아의 오판에 따른 대가는 혹독했다.

2010년부터 일반폰 시장이 급격히 감소하자 뒤늦게 스마트폰 생산에 뛰어들었지만 이미 애플과 삼성의 벽을 넘기에는 역부족이었다. 결국 지난해는 핀란드 본사 건물을 매각하고 올해 말까지 1만명의 직원을 감원하는 대규모 구조조정을 단행했다. 지난해 전 세계 스마트폰 시장에서는 대만 HTC, 중국 화웨이, LG전자 등에도 밀리면서 7위권까지 추락했다.

코닥도 노키아와 유사한 사례다. 1881년 설립된 코닥은 1960～1970년대 미국에서 지금의 구글, 애플과 같은 가장 선망받는 기업이었지만 시대의 변화에 적응하지 못하면서 비참한 최후를 맞았다. 지난 2011년 1월 파산보호 신청을 한 데 이어 비용 절감을 위해 지난해 디지털 카메라와 휴대용 비디오카메라(캠코더), 디지털 사진 액자 사업까지 손을 뗐다.

코닥의 몰락은 아이러니컬하게도 자신들이 최초로 개발한 디지털 카메라 때문이었다. 코닥은 지난 1975년 최초로 디지털 카메라를 개발했지만 필름 산업에 집착한 것이 패인이 됐다. 130년의 역사 동안 휴대용 카메라를 개발하고 달에서 촬영한 첫 사진을 전 세계에 전달하는 등 큰 족적을 남겼지만 결국 디지털 환경에 적응하지 못하면서 경영위기에 이르게 됐다.

세계 게임 시장을 호령했던 닌텐도도 스마트폰과 모바일 게임 시장의 급성장에 제대로 대처하지 못하면서 지난 2011년 30년 만에 적자 경영으로 돌아섰다

국내에서는 2000년대 중후반까지 대표적인 온라인 토종 커뮤니티였던 아이러브스쿨을 들 수 있다.

아이러브스쿨은 우리 사회 특유의 인맥 추구 문화와 맞아떨어지면서 전국에 동창회와 친구 찾기 열풍을 일으키며 폭발적인 호응을 얻었지만 PC기반에서 모바일로 발 빠르게 대응하지 못하면서 추락의 길을 걸었다.

[출처] 파이낸셜 뉴스, 김승호 최갑천 기자

문제를 인식하기 위해서는 발생된 문제 상황에 대해서 고객, 자사, 경쟁사의 환경을 분석하고, 분석 결과를 토대로 해결해야 할 과제들을 도출하는 일이 필요하다. 최근 자신이 수행하고 있는 업무 상황에서 겪은 문제를 생각해보고, 다음 빈칸을 작성해 봄으로써, 문제인식의 중요성을 생각해보자.

최근 수행했던 업무 중 발생했던 문제는?

자신이 겪었던 문제가 발생하게 된 주변 환경을 고객, 자사, 경쟁사로 구분해서 분석해보자.

① 고객의 요구

② 자사의 상황

③ 경쟁사의 상황

자신이 겪었던 문제에 대한 고객, 자사, 경쟁사에 대한 환경 분석 결과 해결해야 하는 문제는?

(1) 문제인식의 의미와 절차

문제인식은 문제해결 과정 중 "what"을 결정하는 단계로, 해결해야 할 전체 문제를 파악하여 우선순위를 정하고, 선정문제에 대한 목표를 명확히 하는 절차를 거치며, 환경 분석, 주요 과제 도출, 과제 선정의 절차를 통해 수행된다.

[그림 9-2]

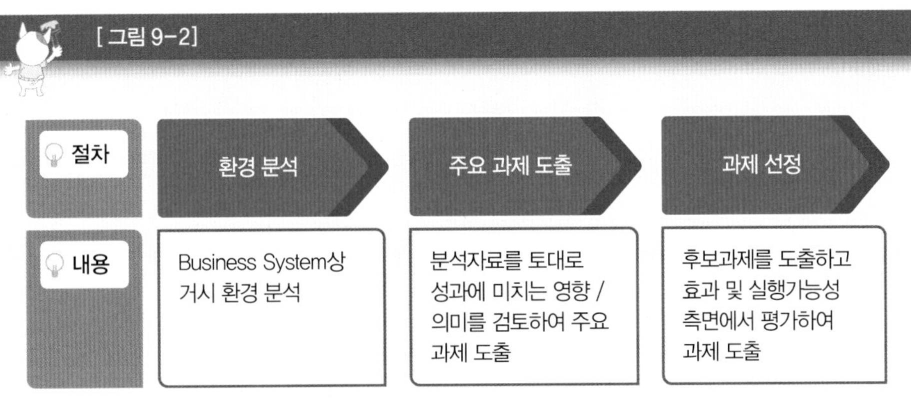

절차
환경 분석
주요 과제 도출
과제 선정
내용
Business System상 거시 환경 분석
분석자료를 토대로 성과에 미치는 영향 / 의미를 검토하여 주요 과제 도출
후보과제를 도출하고 효과 및 실행가능성 측면에서 평가하여 과제 도출

(2) 환경 분석

문제가 발생하였을 때, 가장 먼저 고려해야 하는 점은 환경을 분석하는 일이다. 예를 들어 "A상품의 판매 이익이 감소하고 있다"라는 현상이 발견되었다고 한다면, "A상품의 판매 이익을 개선하는 것이 가능할까"라는 것이 주요 과제가 된다. 이때 주요 과제를 해결하는데 있어서 가장 먼저 실시되는 것이 환경 분석이 된다. 환경 분석을 위해서 주로 사용되는 기법으로는 3C 분석, SWOT 분석 방법이 있을 수 있다.

① 3C 분석

사업 환경을 구성하고 있는 요소인 자사, 경쟁사, 고객을 3C라고 하며, 3C에 대한 체계적인 분석을 통해서 환경 분석을 수행할 수 있다.

3C 분석에서 고객 분석에서는 "고객은 자사의 상품 · 서비스에 만족하고 있는지", 자사 분석에서는 "자사가 세운 달성목표와 현상 간에 차이가 없는지"를, 경쟁사 분석에서는 "경쟁기업의 우수한 점과 자사의 현상과 차이가 없는지"에 대한 질문을 통해서 환경을 분석하게 된다.

[그림 9-3]

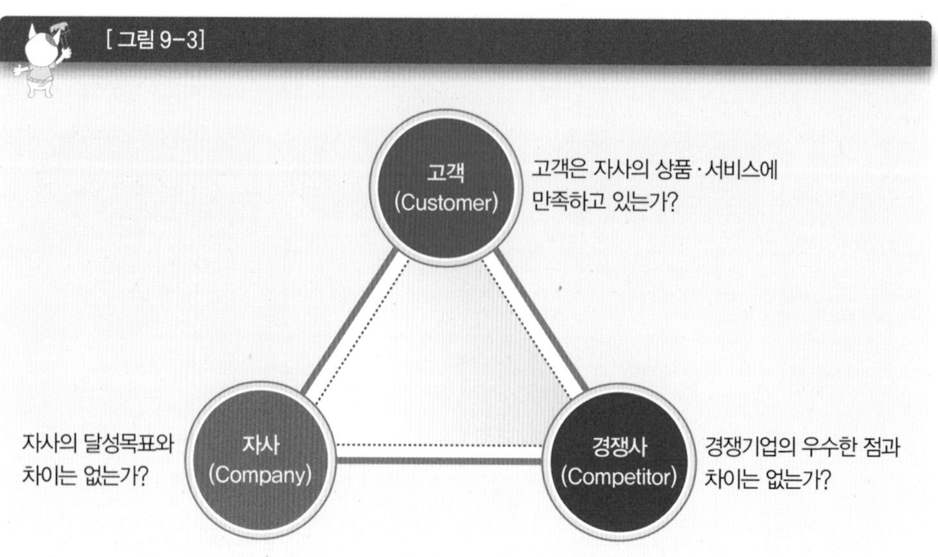

② SWOT 분석

SWOT 분석은 기업 내부의 강점, 약점과 외부환경의 기회, 위협요인을 분석 평가하고, 이들을 서로 연관지어 전략을 개발하고 문제해결 방안을 개발하는 방법이다.

[그림 9-4] SWOT 분석

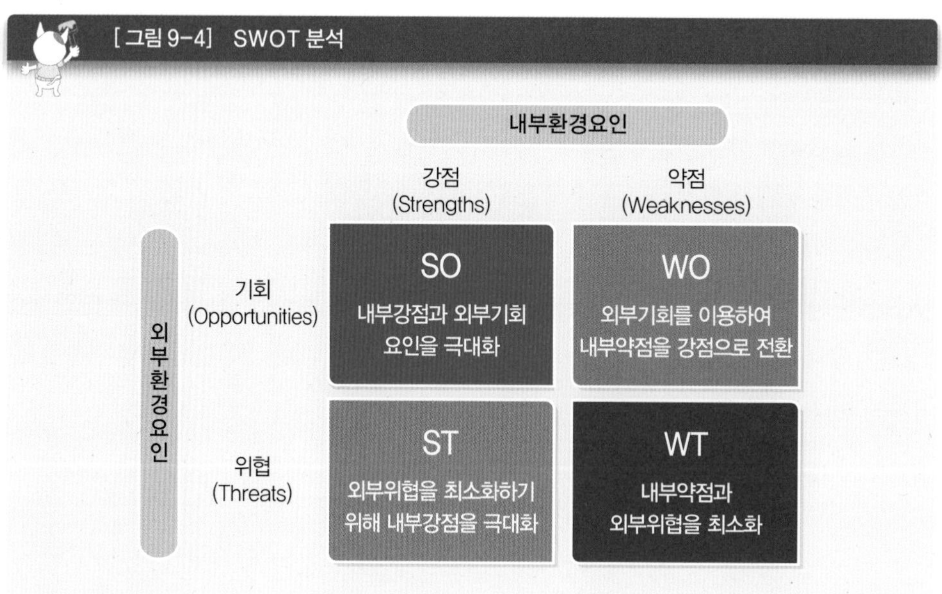

내부환경요인
강점
(Strengths)
약점
(Weaknesses)
외부환경요인
기회
(Opportunities)
위협
(Threats)
SO
내부강점과 외부기회
요인을 극대화
WO
외부기회를 이용하여
내부약점을 강점으로 전환
ST
외부위협을 최소화하기
위해 내부강점을 극대화
WT
내부약점과
외부위협을 최소화

SWOT 분석은 내부환경요인과 외부환경요인의 2개의 축으로 구성되어 있다. 내부환경요인은 자사 내부의 환경을 분석하는 것으로, 분석은 다시 자사의 강점과 약점으로 분석된다. 외부환경요인은 자사 외부의 환경을 분석하는 것으로, 분석은 다시 기회와 위협으로 구분된다. 내부환경요인과 외부환경요인에 대한 분석이 끝난 후에 매트릭스가 겹치는 SO, WO, ST, WT에 해당되는 최종 분석을 실시하게 된다.

③ SWOT 분석 방법

㉠ 외부환경요인 분석(Opportunities, Threats)

ⓐ 자신을 제외한 모든 것(정보)을 기술한다.

ⓑ 좋은 쪽으로 작용하는 것은 기회, 나쁜 쪽으로 작용하는 것은 위협으로 분류한다.

ⓒ 언론매체, 개인 정보망 등을 통하여 입수한 상식적인 세상의 변화 내용을 시작으로 당사자에게 미치는 영향을 순서대로, 점차 구체화한다.

ⓓ 인과관계가 있는 경우 화살표로 연결한다.

ⓔ 동일한 data라도 자신에게 긍정적으로 전개되면 기회로, 부정적으로 전개되면 위협으로 나눠어진다.

ⓕ 외부환경분석에는 SCEPTIC 체크리스트를 활용하면 편리하다.

• social(사회), • competition(경쟁), • economic(경제), • politic(정치),

• technology(기술), • information(정보), • client(고객)

㉡ 내부환경요인 분석(Strength, Weakness)

ⓐ 경쟁자와 비교하여 나의 강점과 약점을 분석한다.

ⓑ 강점과 약점의 내용 : 보유하거나, 동원 가능하거나, 활용 가능한 자원(resources)

ⓒ 내부환경분석에는 MMMITI 체크리스트를 활용할 수도 있지만, 반드시 적용해서 분석할 필요는 없다.

• Man(사람), • Materia (물자) • Money(돈) • Information(정보),

• Time(시간), • Image(이미지)

④ 전략 수립 방법

내부의 강점과 약점을, 외부의 기회와 위협을 대응시켜 기업의 목표를 달성하려는 SWOT 분석에 의한 발전전략의 특성은 다음과 같다.

㉠ SO전략 : 외부환경의 기회를 활용하기 위해 강점을 사용하는 전략 선택
㉡ ST전략 : 외부환경의 위협을 회피하기 위해 강점을 사용하는 전략 선택
㉢ WO전략 : 자신의 약점을 극복함으로써 외부환경의 기회를 활용하는 전략 선택
㉣ WT전략 : 외부환경의 위협을 회피하고 자신의 약점을 최소화하는 전략 선택

(3) 주요 과제 도출

환경 분석을 통해 현상을 파악한 후에는 분석결과를 검토하여 주요 과제를 도출해야 한다. 과제 도출을 위해서는 한 가지 안이 아닌 다양한 과제 후보안을 도출해내는 일이 선행되어야 한다. 주요 과제 도출은 다음 그림과 같은 sheet를 이용해서 하는 것이 체계적이며 바람직하다.

구분	요소 1	요소 2	요소 3
환경			
고객			
경쟁사			
자사			

과제안	
	1.
	2.
	3.
	4.

주요 과제 도출에 있어서 과제안을 작성할 때는 과제안 간의 수준은 동일한지, 표현은 구체적인지, 주어진 기간 내에 해결가능한 안들인지를 확인해야 한다.

(4) 과제 선정

과제 선정은 과제안 중 효과 및 실행 가능성 측면을 평가하여 우선순위를 부여한 후 가장 우선순위가 높은 안을 선정하며, 우선순위 평가 시에는 과제의 목적, 목표, 자원현황 등을 종합적으로 고려하여 평가한다. 과제 선정은 다음 그림과 같은 sheet를 활용함으로써 효과적으로 이루어질 수 있다.

과제안	평가기준 1	평가기준 2	평가기준 3	평가기준 4	평가기준 5
과제안 1					
과제안 2					
과제안 3					
과제안 4					

[그림 9-5] 과제안 평가기준

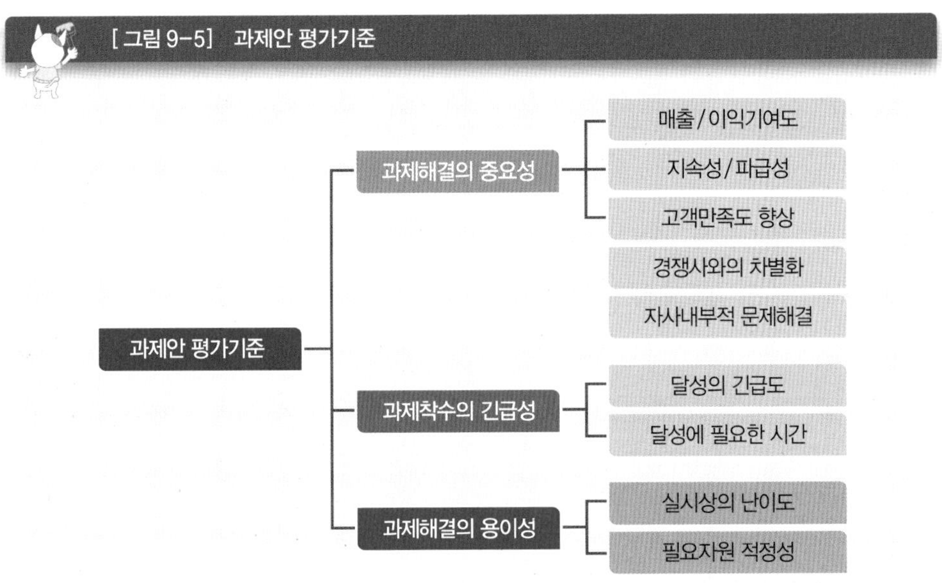

특히 과제안에 대한 평가기준은 과제해결의 중요성, 과제착수의 긴급성, 과제해결의 용이성을 고려하여 여러 개의 평가기준을 동시에 설정하는 것이 바람직하다. 또한 과제

해결의 중요성에 대한 평가기준은 매출/이익 기여도, 지속성/파급성, 고객만족도 향상, 경쟁사와의 차별화, 자사 내부적 문제해결 등이 있으며, 과제 착수의 긴급성에 대한 평가기준으로는 달성의 긴급도와 달성에 필요한 시간 등이 이용될 수 있다. 과제해결의 용이성에 대한 평가기준은 실시상의 난이도, 필요자원 적정성 등이 있다.

3. 문제 도출의 의미와 절차

어떤 이들은 직면한 문제가 어떻게 구성되어 있는지를 제대로 파악하지 못하고 조급하게 해결하려는 경향이 있다. 문제를 효과적으로 해결하기 위해서는 문제의 구조에 따라 세분화하여 문제 도출하는 것이 필요하다. 그럼 문제를 세분화는 어떻게 이루어질 수 있을까?

문제를 인식한 후에는 선정된 문제를 분석하여 해결해야 할 것이 무엇인지를 명확히 하는 문제 도출 단계를 거치게 된다. 다음은 문제 도출 과정을 한 컨설팅 업체에 의뢰한 K사 사례이다. 사례를 읽고 문제를 도출해 나가는 과정이 무엇인지를 생각해 보자.

사례 : 문제 안에 문제가 있다.

막걸리를 판매하는 K사는 최근 자사의 이익이 감소하고 있는 문제 상황에 직면하게 되었다. K사는 이익감소라는 문제를 타결하기 위하여 사내의 모든 부서장이 참가하는 긴급회의를 개최하였다. 판매 부서에서는 판매량을 높이기 위하여 유명연예인을 모델로 채용하여야 한다고 주장하였고 개발부서에서는 기존의 노후한 이미지에서 벗어나기 위해 청년층에 인기를 끌 수 있는 다양한 맛의 신제품을 개발하여야 한다고 주장하였다. 또한 생산부서에서는 막걸리의 단점인 짧은 유통기한을 커버할 만한 제품개발이 필요하다고 주장하였다. 몇 시간의 회의가 진행된 후에 논의된 아이디어들을 모두 수집하였지만, 아이디어의 양에 비하여 뚜렷한 대안을 세울 수 없었다. 그래서 고민 끝에 문제해결을 전문으로 하는 컨설팅 업체에 문제 도출을 의뢰하였다. 컨설팅 업체의 실무담당자는 회의에 참석하여 아이디어들을 작은 아이디어들로 분해하기 시작하였다. K사의 막걸리 판매율을 개선하기 위해서 가격상승과 기존의 막걸리이미지를 타파할 만한

신제품개발과 홍보라는 과제들이 선정되었으며, 신제품의 주 타깃을 어느 연령대로 할 것인지, 신제품의 컨셉을 어떻게 잡을 것인지, 홍보의 대상을 누구로 할 것인지에 대한 문제가 도출되었다. 또한 가격상승을 위해 단순히 가격만 올릴 것인지, 새로운 원재료를 첨가하여 가격을 올릴 것인지 등에 대한 세부 문제가 도출되었다. 이를 통해 K사가 할 수 있는 모든 대안들이 도출되었다.

문제를 도출하기 위해서는 해결해야 하는 문제들을 다룰 수 있는 작고 세분화된 문제들로 쪼개 나가는 과정이 필요하다. 이를 통해서 문제의 내용이나 해결안들을 구조화할 수 있다. 다음 그림은 이러한 문제 도출 과정을 "A상품의 판매이익을 개선하는 것이 가능한가?"라는 문제로부터 세부 문제들을 찾아나가는 과정을 나타낸 것이다. 최근 자신이 수행하고 있는 업무 상황에서 겪은 문제들을 [그림 9-6]처럼 세부 문제로 구조화해 보자.

[그림 9-6] 문제의 구조화

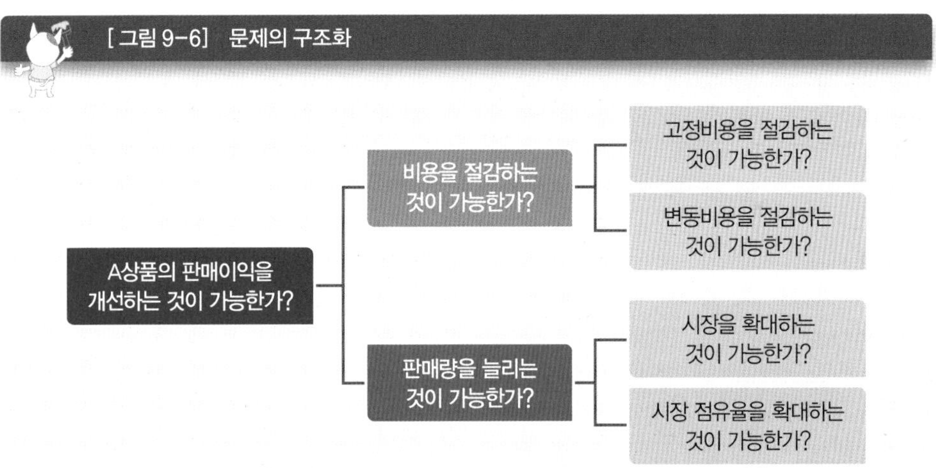

(1) 문제 도출의 의미와 절차

문제 도출은 선정된 문제를 분석하여 해결해야 할 것이 무엇인지를 명확히 하는 단계로, 현상에 대하여 문제를 분해하여 인과관계 및 구조를 파악하는 단계이다. 이러한 문제 도출은 문제 구조 파악, 핵심문제 선정의 절차를 거쳐 수행된다.

[그림 9-7]

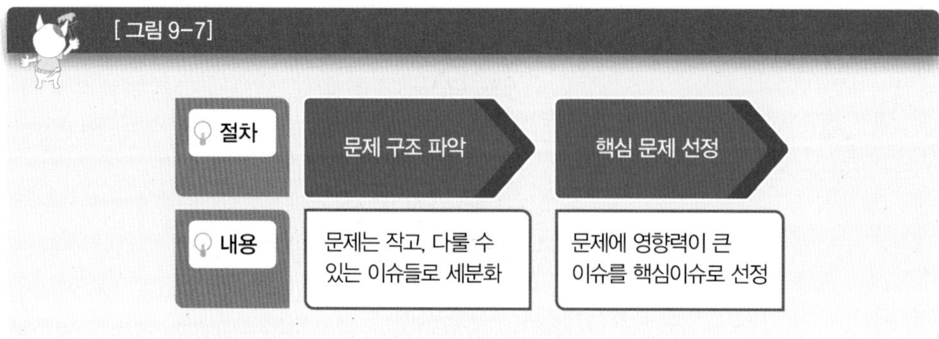

(2) 문제구조 파악

전체 문제를 개별화된 세부 문제로 쪼개는 과정으로 문제의 내용 및 미치고 있는 영향 등을 파악하여 문제의 구조를 도출해내는 것이다. 문제 구조 파악에서 중요한 것은 본래 문제가 발생한 배경이나 문제를 일으키는 메커니즘을 분명히 해야 한다. 또한 문제 구조 파악을 위해서는 현상에 얽매이지 말고 문제의 본질과 실제를 봐야 하며, 한쪽만 보지 말고 다면적으로 보며, 눈앞의 결과만 보지 말고 넓은 시야로 문제를 바라봐야 한다.

(3) Logic Tree

이러한 문제 구조 파악을 위해서는 아래 그림과 같은 Logic Tree 방법이 사용된다.

Logic Tree 방법은 문제의 원인을 깊이 파고든다든지 해결책을 구체화할 때 제한된 시간 속에 넓이와 깊이를 추구하는데 도움이 되는 기술로, 주요 과제를 나무모양으로 분해, 정

[그림 9-8] 문제 구조 파악을 위한 Logic Tree

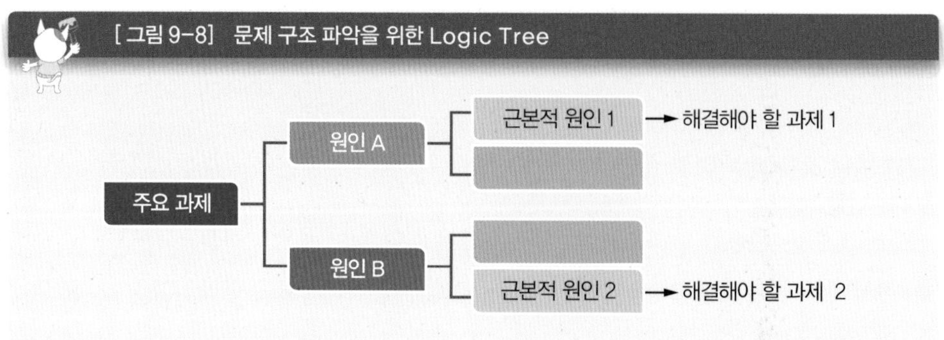

리하는 기술이다. 이러한 Logic Tree를 작성할 때에는 다음과 같은 점을 주의해야 한다.

- 전체 과제를 명확히 해야 한다.
- 분해해가는 가지의 수준을 맞춰야 한다.
- 원인이 중복되거나 누락되지 않고 각각의 합이 전체를 포함해야 한다.(즉, MECE 하게 분기해야 한다. 앞 그림에서는 원인 A와 원인 B는 중복되지 않으면서 '원인 A + 원인 B = 주요과제'라는 수식을 충족해야 한다는 것이다.)

① Logic Tree의 이점

Logic Tree의 이점은 논리적인 사고력이 증진된다는 점이다. 논리력은 유사한 말로 체계적 사고라고 쉽게 설명할 수 있다. 논리력은 복잡한 것을 체계적이고 간결한 구조로 정리하여 상대에게 전달하는 것이기 때문에 이해가 쉽고 오랜 기간 기억이 되는 장점이 있다. 또 다른 이점으로는 과제 해결력의 향상을 꼽을 수 있다. 과제의 모든 모습이 정리되어 보이기 때문에 전체상을 쉽게 파악할 수 있고, 요소간의 관계성도 명확해지며, 우선순위 판단도 용이한 장점이 있다.

② Logic Tree의 종류

㉠ What Tree는 과제의 전체 구성 요소를 알아보거나 체크리스트를 작성할 때 사용한다.

㉡ Why Tree는 과제나 문제의 원인이나 이유를 찾을 때 사용한다.

㉢ How Tree는 과제나 문제에 대해서 해결 대안을 찾을 때 사용한다.

[그림 9-9] Logic Tree의 종류

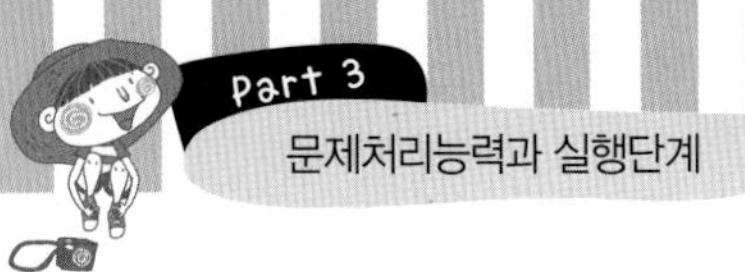

학습평가 Quiz

1. 다음은 문제인식 절차를 나타낸 것이다. 각 절차를 순서에 맞게 배열하시오.

( ) → ( ) → ( )

① 과제 선정 ② 환경 분석 ③ 주요 과제 도출

2. 다음 중 환경 분석의 방법으로 사업 환경을 구성하고 있는 자사, 경쟁사, 고객에 대한 분석방법은?

① SWOT 분석 ② 3C 분석 ③ 목표 분석 ④ 심층면접 분석

3. 기업 내부의 강점, 약점과 외부환경의 기회, 위협요인을 분석 평가하고 이들을 서로 연관지어 전략을 개발하고 문제해결 방안을 개발하는 방법은?

① SWOT 분석 ② 3C 분석 ③ MECE 사고 ④ SMART 기법

4. 다음 진술의 ( )에 알맞은 말은 무엇인가?

문제해결 과정 중 가장 먼저 해야 될 일은 해결해야 할 문제를 인식하는 일이다. 그러나 문제를 인식하기 위해서는 현상에 만족하지 않고 전향적인 자세로 개선을 하고자 하는 ( )과 ( )이 있어야 한다.

① 문제인식 ② 문제의식 ③ 문제해결 능력
④ 문제처리 능력 ⑤ 의욕, 목표, 방법, 기술

5. 다음은 내부의 강점과 약점을, 외부의 기회와 위협을 대응시켜 기업의 목표를 달성하려는 SWOT 분석에 의한 발전전략의 수립 방법을 나열한 것이다. 관계가 있는 것끼리 짝지으시오.

- SO전략 • 자신의 약점을 극복함으로써 외부환경의 기회를 활용하는 전략
- ST전략 • 외부환경의 기회를 활용하기 위해 강점을 사용하는 전략
- WO전략 • 외부환경의 위협을 회피하기 위해 강점을 사용하는 전략
- WT전략 • 외부환경의 위협을 회피하고 자신의 약점을 최소화하는 전략

학습내용 요약 Review (오늘의 Key Point)

1. 문제처리 능력이란 목표와 현상을 분석하고 이 분석결과를 토대로 문제를 도출하여 최적의 해결책을 찾아 실행, 평가, 처리해 나가는 일련의 활동을 수행하는 능력이라 할 수 있다.

2. 문제해결의 절차는 '문제인식 → 문제 도출 → 원인 분석 → 해결안 개발 → 실행 및 평가'이다.

3. 문제인식은 문제해결 과정 중 "wha"을 결정하는 단계로, 해결해야 할 전체 문제를 파악하여 우선순위를 정하고, 선정문제에 대한 목표를 명확히 하는 절차를 거치며, 환경 분석, 주요 과제 도출, 과제 선정의 절차를 통해 수행된다.

4. 문제 도출은 선정된 문제를 분석하여 해결해야 할 것이 무엇인지를 명확히 하는 단계로, 현상에 대하여 문제를 분해하여 인과관계 및 구조를 파악하는 단계이다. 이러한 문제 도출은 문제 구조 파악, 핵심문제 선정의 절차를 거쳐 수행된다.

5. 문제 구조를 파악하는 방법으로는 Logic Tree가 있으며, 이는 문제의 원인과 해결안 모두를 도출할 수 있는 도구이다.

원인 분석

Contents

1. 원인 분석의 의미와 절차
2. 원인 분석 기법

Learning Objectives

1. 원인 분석의 의미와 절차를 설명할 수 있다.
2. 문제의 원인을 분석하기 위한 Logic Tree를 작성할 수 있다.
3. 특성요인도의 개념을 설명할 수 있다.

10
Chapter

이야기 속으로 ...

문제를 도출한 후에는 파악된 핵심문제에 대한 분석을 통해 근본 원인을 찾기 위한 원인 분석 단계를 거치게 된다. 다음은 직원 이직률이 높은 문제의 원인을 분석하기 위한 S대리의 활동에 대한 사례이다. 사례를 읽고 원인을 분석하는 과정이 무엇인지를 생각해보자.

이직률과 근무형태의 상관관계

A항공사는 여직원의 비율이 80%인 항공사로 주로 비행기에 탑승하여 비행하는 여승무원의 비율이 특히 높은 편이다. 지난 수년간 여승무원의 퇴사율과 이직률이 높은 수치를 기록하자 A항공사는 곤란한 상황에 빠졌다. A항공사는 이러한 문제를 해결하기 위하여 인사팀의 S대리에게 이러한 문제를 조사하고 해결방안을 찾아보라는 과제를 주었다. S대리는 우선 관련 데이터를 수집하고 분석한 결과 이직률이 주로 출산한 여승무원과 신입 여승무원 사이에서 가장 많다는 것을 알게 되었다. 이를 통해 다음과 같은 원인들을 도출하게 되었다.

1. 출산을 한 여승무원에게 출산휴가 기간이 충분하지 않음.
2. 기혼 여승무원의 비행스케줄에 장거리 구간이 많이 포함되어있음.
3. 신입 여승무원들이 엄격한 직급체제로 스트레스를 받아 적응하지 못함.
4. 여승무원이 남승무원에 비해 승진기회가 낮음.

S대리는 이 중 가장 핵심적인 원인을 찾기 위하여 승무원들의 커뮤니티에 가입하여 비공개 설문조사를 실시하고, 퇴사한 직원들에게 전화조사를 실시하였다. 그 결과 출산한 여승무원의 장거리 스케줄에 대한 부담감과 신입 여승무원들에게 엄격한 직급체제가 가장 큰 원인임을 알 수 있게 되었다.

직업인들은 직면한 문제를 확실히 알고 있더라도, 그 문제의 원인이 무엇인지를 파악하지 못한다면, 이에 따른 해결방안을 마련하는데 어려움을 겪게 된다. 그렇다면 문제가 발생하였을 때 원인은 어떻게 찾아낼까? 이번 장에서는 다양한 원인 분석 방법들을 알아보자.

1. 다음 중 빈칸에 들어갈 알맞은 말은 무엇인가?

> (　　　　)는 문제를 세분화 해가면서 문제의 원인과 대안을 찾을 수 있는 기법이다. 이 기법은 기법의 구조가 생선의 머리와 뼈처럼 보이기 때문에 Fish Bone DIagram(Ishikawa Diagrams)으로 알려져 있으며, 품질관리 분야에 널리 이용되고 있다.

2. 다음 중 원인을 분석하는데 사용되는 기법은 무엇인가?

① What Tree　② Why Tree
③ How Tree　④ When Tree

3. 다음 중 원인 분석의 절차에 해당되지 않는 것은?

① 이슈 분석　② 데이터 분석
③ 원인 파악　④ 과제 선정

1. 원인 분석의 의미와 절차

원인을 분석하기 위해서는 문제 상황에 대한 원인들을 모두 조사한 후, 주요 원인들로 범주화하는 과정이 필요하다. 이는 근본적인 원인을 찾아나가는 핵심적인 방법으로, 해결방안을 결정하기 위해서 수행해야 하는 절차이다. 다음은 한 부서 내에서 발생한 문제들의 원인들을 모두 찾아내서 기록한 것이다. 이러한 원인들을 종합하여, ① 시설 및 장비 문제, ② 인력 문제, ③ 재정 문제의 3가지 문제로 구분하였다. 각 원인들은 어떤 문제의 원인인지를 (　　) 안에 해당하는 문제의 번호를 적어보자.

1. 냉난방 상 문제가 발생하였다.	(　　)
2. 요금 청구 절차가 정확하지 않다.	(　　)
3. 직원들이 업무 절차에 익숙하지 못하다.	(　　)
4. 소음이 너무 심하다.	(　　)
5. 업무가 바쁜 시간에는 인력이 충분하지 않다.	(　　)
6. 수출부진으로 신상품을 개발할 비용이 부족하다.	(　　)

(1) 원인 분석의 의미와 절차

원인 분석은 파악된 핵심문제에 대한 분석을 통해 근본 원인을 도출해 내는 단계이다. 원인 분석은 Issue 분석, Data 분석, 원인 파악의 절차로 진행되며, 핵심이슈에 대한 가설을 설정한 후, 가설 검증을 위해 필요한 데이터를 수집, 분석하여 문제의 근본 원인을 도출해 나가는 것이다.

(2) Issue 분석

이슈 분석은 핵심이슈 설정, 가설 설정, output 이미지 결정의 절차를 거쳐 수행된다.

① 핵심이슈 설정

현재 수행하고 있는 업무에 가장 크게 영향을 미치는 문제로 선정하며, 사내외 고객 인터뷰 및 설문조사, 관련 자료 등을 활용하여 본질적인 문제점을 파악하는 방법으로 수행된다.

② 가설 설정

핵심이슈가 설정된 후에는 이슈에 대해 자신의 직관, 경험, 지식, 정보 등에 의존하여 일시적인 결론을 예측해보는 가설을 설정한다. 가설 설정은 관련 자료, 인터뷰 등을 통해 검증할 수 있어야 하며, 간단 명료하게 표현하고, 논리적이며 객관적이어야 한다.

③ Output 이미지 결정

가설 설정 후에는 가설검증계획에 의거하여 분석결과를 미리 이미지화한다.

(3) Data 분석

데이터 분석은 데이터 수집계획 수립, 데이터 수집, 데이터 분석의 절차를 거쳐 수행된다. 데이터 수집 시에는 목적에 따라 데이터 수집 범위를 정하고, 일부를 전체로 해석할 수 있는 자료는 제외해야 한다. 또한 정량적이고 객관적인 사실을 수집하고, 자료의 정보원을 명확히 해야 한다. 데이터 수집 후에는 목적에 따라 수집된 정보를 항목별로 분류 정리한 후 "what", "why", "how" 측면에서 의미를 해석해야 한다.

(4) 원인 파악

원인 파악은 이슈와 데이터 분석을 통해서 얻은 결과를 바탕으로 최종 원인을 확인하는 단계이다. 원인 파악 시에는 원인과 결과 사이에 패턴이 있는지를 확인하는 것이 필요하며, 이러한 원인의 패턴은 다음과 같다.

[그림 10-1] 원인분석의 절차

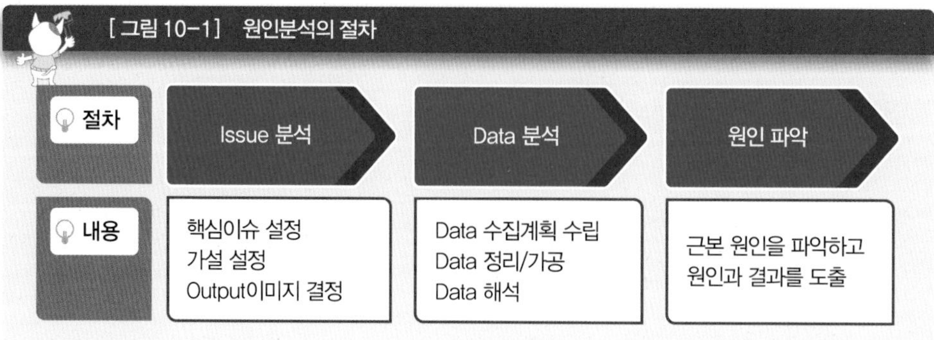

① 단순한 인과관계

원인과 결과를 분명하게 구분할 수 있는 경우로, 어떤 원인이 앞에 있어 여기에서 결과가 생기는 인과관계를 의미하며, 소매점에서 할인율을 자꾸 내려서 매출 share가 내려가기 시작하는 경우가 이에 해당한다.

② 닭과 계란의 인과관계

원인과 결과를 구분하기가 어려운 경우로, 브랜드의 향상이 매출확대로 이어지고, 매출확대가 다시 브랜드의 인지도 향상으로 이어지는 경우가 이에 해당한다.

③ 복잡한 인과관계

단순한 인과관계와 닭과 계란의 인과관계의 두 가지 유형이 복잡하게 서로 얽혀 있는 경우로, 대부분의 경영상 과제가 이에 해당한다.

2. 원인 분석 기법

(1) Why Logic Tree를 활용한 원인 분석

9장에서 배운 Logic Tree는 근본 원인을 찾아가는 Why Logic Tree 와 해결방안을 도출해 내는 How Logic Tree로 이루어져 있다.

[그림 10-2] Why Logic Tree & How Logic Tree

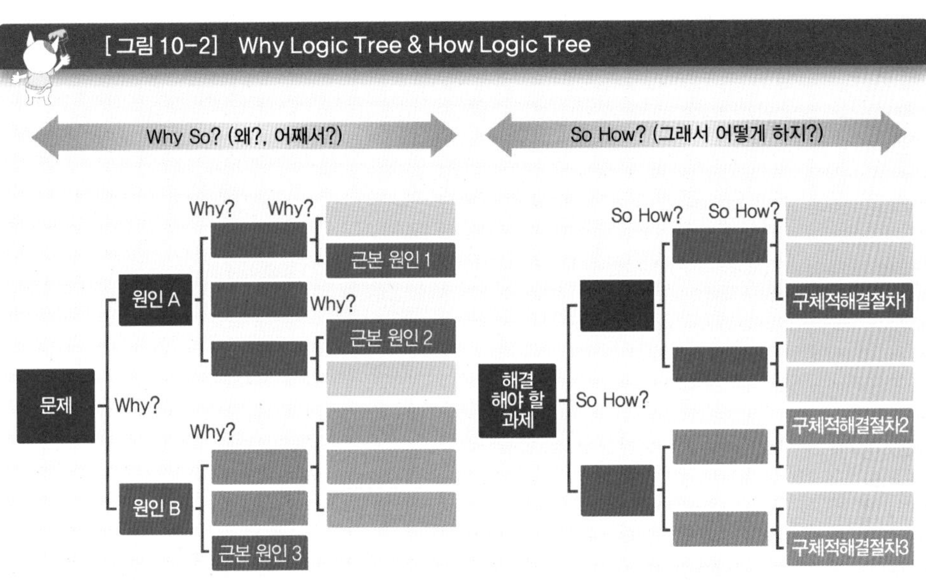

사 례

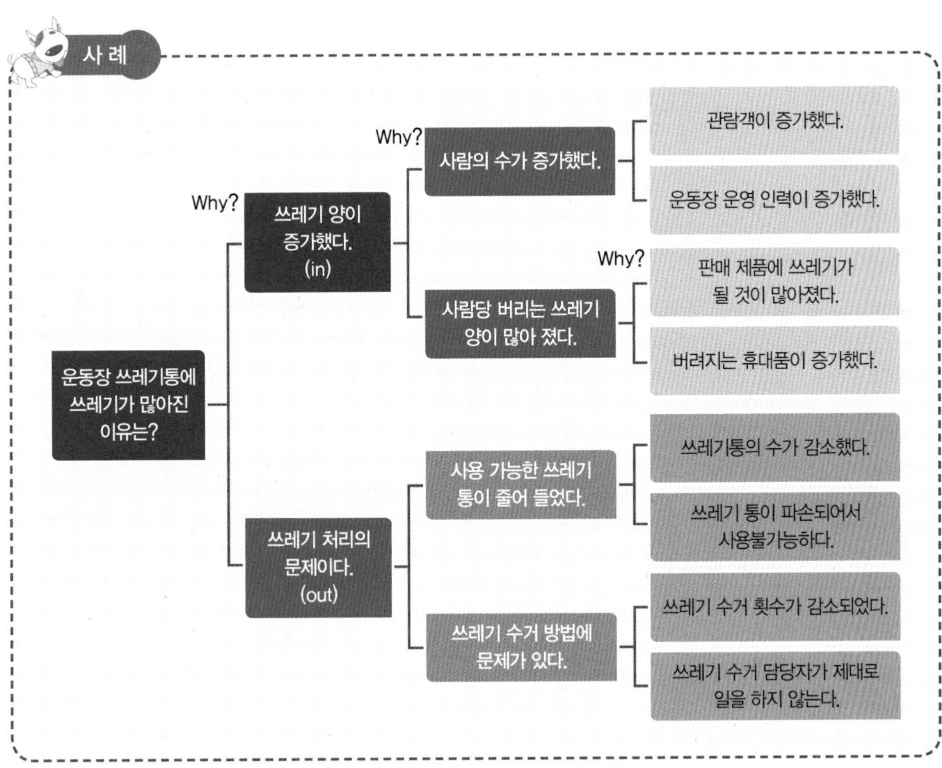

앞의 사례는 운동장 쓰레기통에 쓰레기가 많아진 이유에 대해 Why Logic Tree를 활용해 원인을 찾아가고 있다. 이때 유의할 점은 로직 트리를 분기해 나아갈 때 가급적 MECE하게 분기해야 한다는 점이다. 아무렇게나 가지를 치는 게 아니라 MECE하게 가지를 치는 것이 핵심이다.

[그림 10-3] 원인 분석을 위한 MECE한 로직 트리

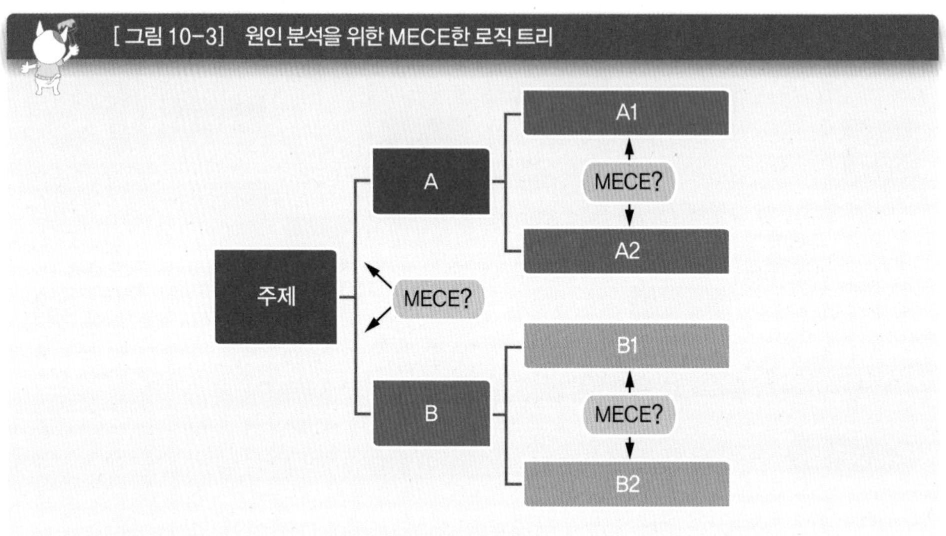

문제해결에서 가장 중요한 한 가지를 꼽으라면 필자는 원인 분석을 꼽고 싶다. 주어진 문제에 대해 근본적인 원인에 접근하면 생각보다 손쉽게 해결방안을 구할 수 있기 때문이다. 보통 문제해결에 실패하는 경우를 들여다 보면 근본적인 원인에 도달하지 못한 채 해결방안을 구하려 하기 때문이다. 아래 사례를 통해 원인 분석의 중요성을 알아보자.

사 례

어느 기업 사원과 인터뷰를 한 적이 있었는데 자기 팀이 업무효율이 떨어지는 가장 큰 원인은 팀장이 팀원과 소통하지 않으려 한다는 것이었다. 기특하게도 그 팀은 업무효율을 높이기 위해 팀장님과의 소통방안을 마련하였다. 팀장님과의 주기적 면담을 의무화 하고 매주 회식자리를 마련하였다. 하지만 팀장님과 자주 만날수록 관계만 더 불편해 질뿐이었다. 팀장님은 갈수록 예민해졌고 팀원들을 더욱 불편하게 만들었다.

문제해결 세미나를 통해 원인 분석을 해 본 결과 팀장님이 소통하지 않는 것은 현상에 지나지 않았고 더 근본적인 원인이 있는 것으로 나타났다. 팀장님은 윗 상사인 상무이사와 팀원들 사이에서 극도의 스트레스를 받고 있는 것이 드러났다. 상무이사는 과중한 업무를 지시하고 이를 팀장이 팀원들에게 지시하면 팀원들은 근무시간 엄수를 외치며 자신들의 권리를 주장하였다. 팀원들은 팀장이 상무이사에게 자신들의 요구를 전달하기 원하지만 요즘처럼 경쟁이 심한 경영환경에서 근무시간을 엄수해가면서 경쟁우위를 차지하기란 쉽지 않은 일이다. 팀장은 위 아래 모두의 사정을 이해하지만 팀원들은 자신의 눈 앞에 놓인 과중한 업무와 야근에 불만이 쌓일 뿐이다.

결론적으로 팀 업무효율이 떨어지는 근본적인 원인은 팀장의 소통부족 뿐만 아니라 팀원들의 위기의식 부족으로 인한 보신주의가 원인으로 나타났다. 이에 대한 해결방안으로 팀원들에게 현실을 직시할 수 있는 세미나와 교육으로 위기의식을 심어주었고 그로 인해 자발적인 업무참여가 일어나 팀의 업무효율도 높일 수 있었다.

Why Logic Tree를 활용하여 원인 분석을 해 보시오.

- 최근 체중이 5킬로 증가한 이유는? (레벨 3 이상의 Why Logic Tree를 그려 보시오.)

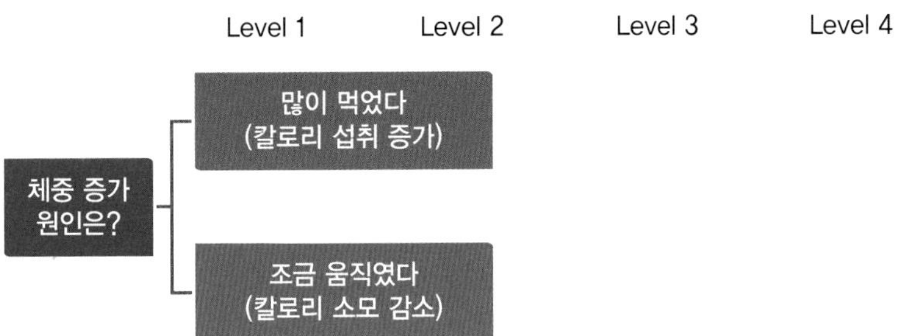

Tip 우선 반대개념인 (+)칼로리 섭취, (−)칼로리 소모를 MECE로 사용한다. 칼로리 섭취 증가는 양과 질로 구분한다. 양은 횟수나 식사량과 관련이 있고, 질은 고칼로리 여부와 관련이 있을 것이다. 칼로리 소모 감소는 자신의 직접적 요인과 환경적 요인으로 구분 지을 수 있을 것이다. 직접적 요인은 성격이나 태도로 나눌 수 있고, 환경적 요인은 근무환경의 변화나 업무형태의 변화 등으로 나눌 수 있을 것이다.

(2) 특성요인도(Cause–Effect Diagram)를 활용한 원인 분석

Cause-Effect Diagram은 문제를 세분화 해가면서 문제의 원인과 대안을 찾을 수 있는 기법이다. 이 기법은 기법의 구조가 생선의 머리와 뼈처럼 보이기 때문에 Fish Bone DIagram(Ishikawa Diagrams)으로 알려져 있으며, 품질관리 분야에 널리 이용되고 있다. 이 기법을 사용할 때 여러 부서의 팀원들이 참여한 브레인스토밍 방법을 이용하면 문제의 인과관계와 원인을 쉽게 분석할 수 있다.

이 기법은 여러 부서가 관련한 복잡한 문제와 전략적 문제의 원인과 해결방안을 찾는 데 유용하다.

- 생산성 향상방안 분석
- 신제품 개발의 실패 분석
- 제품의 품질 향상 방안
- 신규 사업의 성공요소 분석

적용단계

① 의사결정자의 문제, 시간, 장소를 큰 종이의 한쪽에 문제를 쓰고, 큰 수평선을 긋는다. 이 선이 생선의 척추(backbone)처럼 문제의 중심이 된다.

② 각 요소에 대해서 생선의 뼈처럼 하나씩 그려가면서 문제와 관련한 중요한 요소(factor)를 찾아내고, 이름(label)을 붙인다. 각 요소는 문제와 관련한 사람, 시스템, 장비, 원자재, 외부환경요인들이 될 수 있다.

③ 각 요소들의 선에 작은 선을 붙여 가면서 각 요소에 관련된 원인들을 찾아내고, 원인들을 연결시켜 간다. 만약에 원인이 크다면 작은 선을 그려서 작은 원인들을 찾아가면 된다.

④ 이처럼 문제와 관련한 요소 및 원인을 찾아서 그림을 그리면서 문제의 원인을 찾아내고, 추가조사가 필요한 부분을 찾아낸다.

[그림 10-4]는 병원에서 발생하는 고객불만요인을 분석한 특성요인도이다. 시설과 관련된 하드웨어, 사람과 관련된 휴먼웨어, 병원 시스템과 관련된 소프트웨어, 기타 이렇게 4

[그림 10-4] 병원의 고객불만 요인 특성 요인도

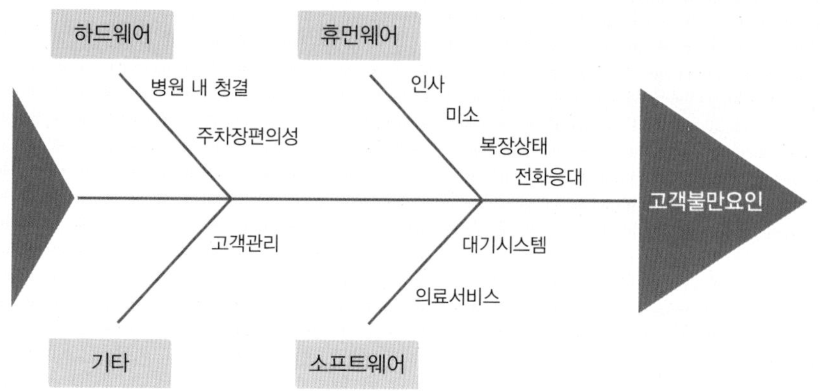

[그림 10-5] 수학 포기자 발생 원인 특성요인도

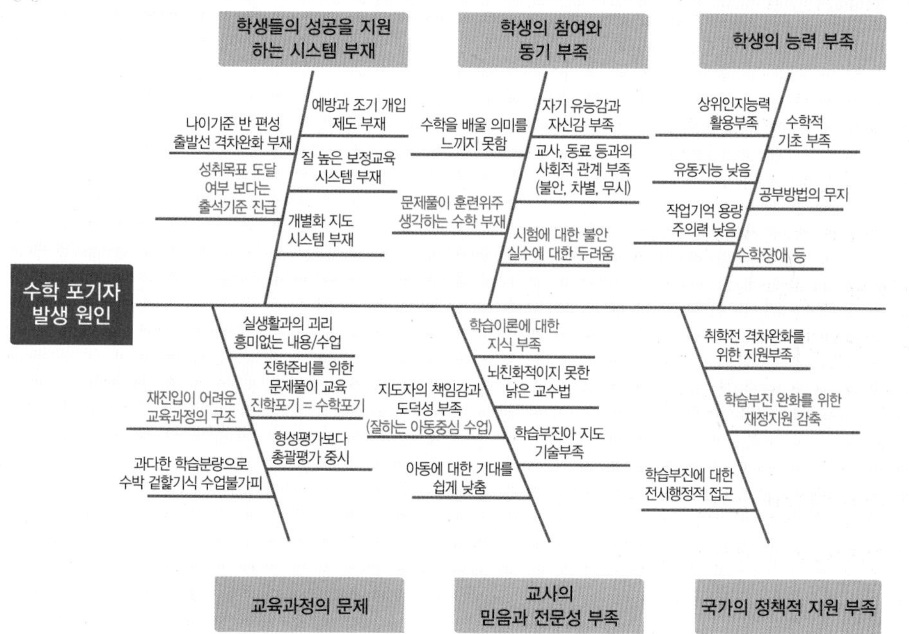

가지로 분류해서 각각의 분야에서 원인을 찾아가고 있다. 보통 휴먼웨어와 소프트웨어는 같은 카테고리로 보기도 한다.

[그림 10-5]는 수학 포기자 발생 원인을 분석한 특성요인도이며, 보는 바와 같이 물고기의 머리 부분은 오른쪽이나 왼쪽 어디든 관계가 없다.

① S 호텔 레스토랑의 음식 맛이 균일하지 않은 이유를 아래의 특성요인도를 활용하여 분석해 보시오.

S 호텔 레스토랑에는 최근 들어서 맛에 대해서 불평하는 고객이 있다. 단골 고객에게 물어보니 보통은 맛이 있는데 가끔 맛이 떨어질 때도 있다고 한다. 특히 볶음요리에서 많은 차이가 나는 것 같다고 한다. 즉, 맛이 균일하지 않다는 것이다. 맛이 떨어졌다든가 맛이 없다든가 하면 쉽게 그 원인을 찾을 수 있는데 오히려 맛이 들쑥날쑥하니 더 문제이다. 그래서 유심히 볶음요리를 요리할 때 관찰을 하여도 예전과 큰 차이 없이 요리하고 있다. 먼저 팬을 충분히 달군 후에 연기가 나기 직전에 기름을 넣고 재빨리 재료를 넣고 짧은 시간 내에 조리한다. 특히 고기나 생선 등 가공식품은 가열 시간이 길수록 질겨지기 때문에 조리 시간을 짧게 하도록 주의시키고 있음에도 불구하고 맛이 균일하지 않으니 걱정이다.

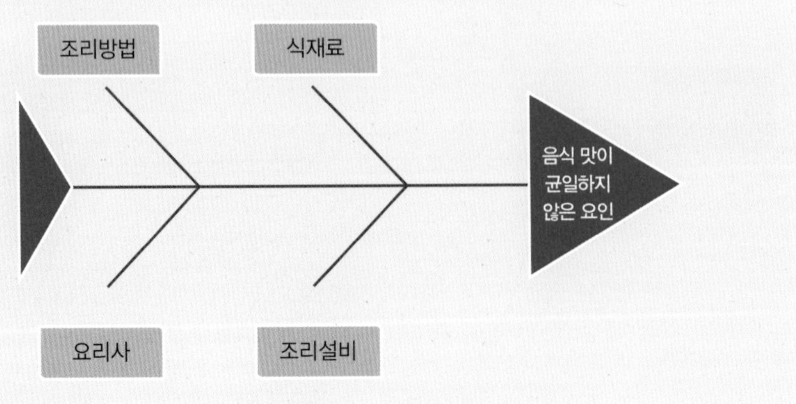

② K 병원 고객이 줄어드는 이유를 특성요인도를 사용하여 분석하시오.

K 병원은 아파트 단지 근처에 위치하고 있어서 늘 적지 않은 환자들이 방문을 한다. 병원 건물은 지은지 좀 돼서 아주 깔끔하지는 않지만 내부 인테리어 공사가 얼마 전에 마무리 되어서 실내 환경은 청결하고 깔끔한 느낌을 주고 있다. 특히 몇몇 진료과의 장비들은 최신식으로 들여와서 의료의 질을 높이는데 도움이 되고 있다. 그런데 요사이 병원 방문 환자수가 많이 줄었다. 조사해 보니 약 20% 정도 줄었는데 경영진은 왜 그런지 이유를 알지 못하고 있다.

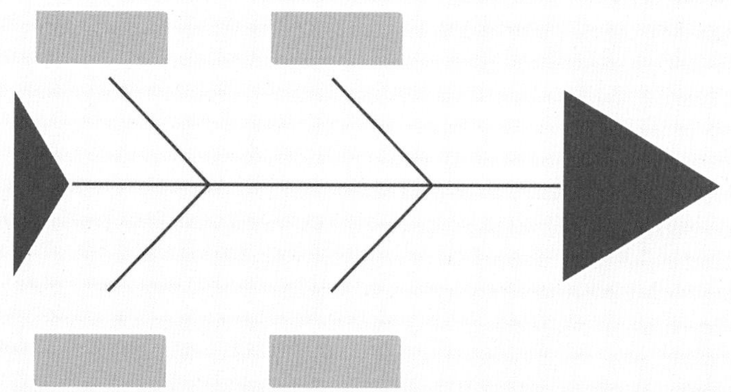

Tip 보통 이런 경우에는 3C의 측면에서 분석한다. Customer는 고객이나 시장 측면이고, Company는 병원 내부에 개선할 사항이 있다고 바라보는 관점이다. Competitor는 새로운 경쟁자가 생겼는지 아니면 기존의 경쟁자가 더 나은 경쟁력을 갖추었는지에 대해서 접근하면 될 것이다.

학습평가 Quiz

1. 파악된 핵심문제에 대한 분석을 통해 근본 원인을 도출해 내는 단계를 ( ) 단계라고 한다.

2. 다음은 원인 파악 시에 나타날 수 있는 원인과 결과 사이의 패턴과 그에 대한 설명이다. 서로 관련이 있는 것끼리 짝지으시오.

단순한 인과관계 •		• 원인과 결과를 구분하기 어려운 경우
닭과 계란의 인과관계 •		• 원인과 결과를 분명하게 구분할 수 있는 경우
복잡한 인과관계 •		• 2가지 유형이 서로 얽혀 있는 경우

3. 원인 분석의 절차 중 Data 분석 내용으로 옳지 않은 것은?

① Data 해석
② Data 설정
③ Data 수집계획 수립
④ Data 정리/가공

4. Issue 분석 중 가설 설정을 하는 조건으로 옳지 않은 것은?

① 창의적이어야 한다.
② 논리적이며 객관적이어야 한다.
③ 관련 자료, 인터뷰 등을 통해 검증할 수 있어야 한다.
④ 간단명료하게 표현하여야 한다.

5. 특성요인도에 대해 설명하시오.

학습내용 요약 Review (오늘의 Key Point)

1. 원인 분석은 파악된 핵심문제에 대한 분석을 통해 근본 원인을 도출해 내는 단계이다. 원인 분석은 Issue 분석, Data 분석, 원인 파악의 절차로 진행되며, 핵심이슈에 대한 가설을 설정한 후, 가설 검증을 위해 필요한 데이터를 수집, 분석하여 문제의 근본 원인을 도출해 나가는 것이다.

2. 이슈 분석은 핵심이슈 설정, 가설 설정, output 이미지 결정의 절차를 거쳐 수행된다.

3. 데이터 분석은 데이터 수집계획 수립, 데이터 정리/가공, 데이터 해석의 절차를 거쳐 수행된다.

4. 원인 파악은 이슈와 데이터 분석을 통해서 얻은 결과를 바탕으로 최종 원인을 확인하는 단계이다.

5. 원인 분석은 문제해결 과정에서 아주 중요한 단계이며, 그 기법은 why logic tree를 활용한 기법이나 특성요인도가 있다.

문제 해결안 개발방법

Contents

1. 해결안 개발의 중요성
2. 해결안 개발의 의미와 절차
3. 해결안 도출과 최적안 선정

생각해봅시다

1. 양날의 검 휴리스틱
2. 디자인 씽킹
3. 집단의사결정(Group Decision Making)

Learning Objectives

1. 해결안 개발의 중요성을 설명할 수 있다.
2. 해결안 개발의 의미와 절차를 제시할 수 있다.
3. 해결안 도출과 최적안 선정에 있어서의 기준을 제시할 수 있다.

11
Chapter

이야기 속으로 ...

"나는 왜 이성친구가 없을까?"
"왜 취업이 왜 이토록 안 되는 걸까?"
"도대체 왜 이렇게 돈이 모이지 않는 걸까?"

우리의 삶은 이처럼 수많은 문제로 둘러싸여 있고 인생은 이러한 문제해결의 과정이라고 해도 과언이 아니다. 하루의 일상만 돌아봐도 메뉴 결정과 같은 사소한 것부터 평생을 함께 할 배우자를 만나는 중대한 결정까지 끊임 없는 의사결정의 순간을 맞이한다.

마찬가지로 조직을 운영하는 상황도 자세히 살펴보면 문제해결을 위한 과정이라고 볼 수 있다.

"왜 매출이 떨어지는 걸까?"
"왜 불만고객이 늘었을까?"
"왜 경쟁사에 우리 제품이 1위를 빼앗겼을까?"

위와 같이 조직이 해결해야 하는 모든 문제 상황에는 원인이 존재하게 마련이다.
그렇다면 문제해결에 대한 대안이 딱 하나일 때와 여러 가지의 대안이 있을 때 우리의 행동은 어떻게 달라질까? 대안이 있다면 우리는 더 좋은 것을, 그리고 그 중 가장 좋은 해결책을 선택할 수 있을 것이다.

11장에서는 해결안 개발의 중요성과 해결안 개발을 위한 절차를 통해 최적의 해결안을 찾는 과정에 대해서 알아본다. 그리고 해결안을 구상하는 과정에서 활용할 수 있는 휴리스틱과 디자인 싱킹, 집단 의사결정에 대한 내용을 흥미롭게 정리했다. 지금까지 배워온 문제해결을 위한 지식을 활용해 이제 눈앞의 상황을 근사하게 해결할 아이디어를 얻어보자.

1. 해결안 개발을 위해서 우선적으로 시행해야 하는 것은?

① 가설 검증　　② 문제점 도출
③ 회의　　④ 여러 해결책 도출

2. 문제해결의 과정 중 해결안 도출, 해결안 평가와 최적안 선정의 절차로 진행된 것은 어떤 단계인가?

① 최적안 선정　　② 해결안 개발
③ 문제인식　　④ 가설 검증

3. 해결한 평가와 최적안 선정 시에 고려해야 할 사항이 아닌 것은?

① 문제　　② 원인
③ 의지　　④ 방법

1. 해결안 개발의 중요성

문제로부터 다양한 원인을 분석한 후에는 근본 원인을 효과적으로 해결할 수 있는 다양한 해결안을 개발하고, 개발된 해결안 중 최선의 것을 선택하는 것이 필요하다. 다음은 다양한 해결안 중 최선의 해결안을 선택했을 경우와 원인 분석 결과에 따라 한 가지 해결안만을 도출한 경우, 어느쪽이 더 좋은 결과를 가져왔는지 보여주는 사례이다. 아래의 글을 읽고 해결안을 개발해 나가는 과정이 과연 무엇인지 생각해보자.

사 례

D 레스토랑은 최근 왜 특정 이메일을 받은 고객들이 다른 고객보다 더 자주 매장에 식사를 하러 오는지에 대해 의문을 가졌다. 두 달간의 측정과 분석과정을 토대로 문제의 원인은 광고 이메일 안에 사용된 색상과 디자인, 그리고 고객들이 이메일을 받은 간격과 관계가 있는 것으로 조사되었다.

이에 대한 해결방안을 만들기 위해 팀 회의가 열렸을 때 A팀에서는 분석된 원인을 바탕으로 고객들에게 더 화려한 색상과 디자인의 광고메일을 매월 마지막 주 일요일에 보내면 된다는 해결안을 제시했다.

하지만 B팀은 색상의 종류, 디자인, 이메일을 받은 간격에 따라 개별적으로 다양한 해결안을 개발해서 아이디어 회의를 했고, 그 결과 고객의 연령과 성별에 따라 원하는 색상과 이메일을 받길 원하는 시기가 다름을 발견했다. 이같은 결론을 통해 여러 색상과 디자인, 이메일 발송 시기에 대한 다양한 해결안을 제시했다.

얼마간의 시간이 지난 뒤 이메일마케팅에 따른 음식점 내방 정도를 조사한 결과, A팀에서 발송한 이메일을 받은 고객보다, B팀의 이메일을 받은 고객들의 방문횟수나 객 단가가 훨씬 높은 것이 밝혀졌다. 그리고 이러한 결과가 나오게 된 이유는 B팀이 다양한 해결안 중에서 중요도와 실현가능성을 고려해서 최적의 해결안을 제시하고 선택했기 때문으로 나타났다.

Insight

앞의 사례는 문제해결 과정 중 해결안 개발 단계의 의미와 절차에 대한 내용이다.

한 가지 해결안만을 선택했을 때와, 다양한 해결안 중 중요도와 실현가능성을 고려해 최선의 해결안을 도출한 경우 어느 팀의 성과가 더 높은지는 자명하다.

따라서 해결안 개발 단계에서 도출된 원인에 따라 최대한 많은 대안을 도출하고 평가해 최적의 해결안을 찾아내는 것이 중요하다.

이처럼 해결안을 개발하기 위해서는 먼저 문제 상황에 대한 여러 가지 해결책을 도출하는 것이 필요하다. 도출된 해결책 중에서 중요성과 실현가능성을 고려한 평가를 통해 어떤 해결안을 최종적으로 채택할 것인가를 선택하게 된다. 최근 자신이 진행하고 있는 업무 상황에서 겪은 문제점을 어떻게 해결했는지 과정을 되짚어보고, 아래의 빈칸을 채워보자.

해결안 개발 단계 수행

1. 최근 수행했던 업무 중 발생한 문제는?

2. 문제를 해결하기 위해 고려했던 해결안들은?

 ①

 ②

 ③

3. 문제해결을 위해서 최종적으로 선택한 해결안은 무엇인가?

4. 여러 가지 대안 중 그 해결안을 선택한 이유는?

2. 해결안 개발의 의미와 절차

해결안 개발은 문제로부터 도출된 근본 원인을 효과적으로 해결할 수 있는 최적의 해결방안을 수립하는 단계이다. 해결안 개발은 해결안 도출, 해결안 평가와 최적안 선정의 절차로 진행되며, 이러한 해결안 개발 단계의 절차는 그림과 같다.

[그림 11-1] 해결안 개발 단계의 절차

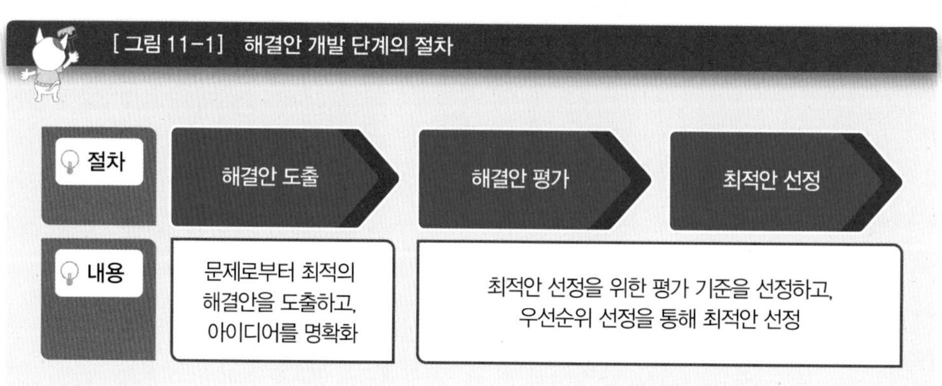
절차
해결안 도출
해결안 평가
최적안 선정
내용
문제로부터 최적의 해결안을 도출하고, 아이디어를 명확화
최적안 선정을 위한 평가 기준을 선정하고, 우선순위 선정을 통해 최적안 선정

3. 해결안 도출과 최적안 선정

해결안 도출은 근본 원인을 어떤 시각과 방법으로 제거할 것인지에 대한 독창적이고 혁신적인 아이디어를 도출하고, 같은 해결안을 그룹핑하는 과정을 통해 해결안을 정리하는 과정으로 아래와 같은 절차를 거쳐 진행된다.

- 근본 원인으로 열거된 내용을 어떤 방법으로 제거할 것인지 명확히 함.
- 독창적이고 혁신적인 방안을 도출함.
- 전체적인 관점에서 해결의 방향과 방법이 잘 된 것을 그룹핑
- 최종 해결안을 정리

이와 같이 해결안이 도출되면 해결안 평가와 최적안 선정은 문제(what), 원인(why), 방법(how)을 고려해서 해결안을 평가하고 가장 효과적인 해결안을 선정해야 한다. 해결안 선정을 위해서는 중요도와 실현가능성을 고려해 종합평가를 내린다. 채택 여부를 결정하는 과정 시에는 아래와 같은 sheet를 이용할 수 있다.

해결책	중요도		실현가능성			종합평가	채택여부
	만족도	문제해결	개발기간	개발능력	적용가능성		
해결책 1							
해결책 2							
해결책 3							
해결책 4							

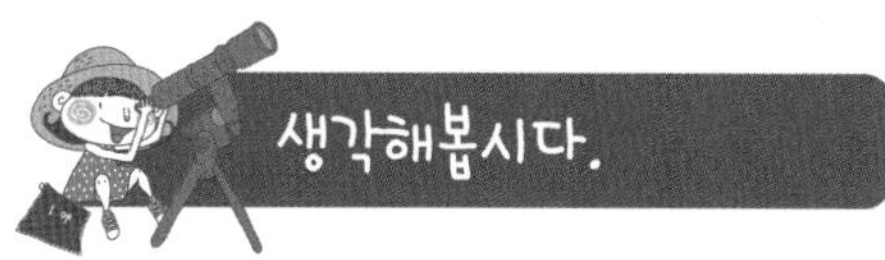

양날의 검 휴리스틱

휴리스틱은 어떤 사안 또는 상황에 대해 엄밀한 분석에 의하기보다 제한된 정보만으로 즉흥적 · 직관적으로 판단 · 선택하는 의사결정 방식을 의미한다. 합리적 의사결정을 위해서는 시간과 정보가 필요하다. 하지만 때로는 판단을 서둘러야 하거나, 경우에 따라 판단 오류가 수반하는 비용이 그리 크지 않을 때도 있다. 신중한 검토가 불가능하거나, 또는 굳이 필요하지 않은 상황에서 우리는 어떻게 의사결정을 내릴까?

필립 코틀러의 명저 Marketing Management에 다음과 같은 구절이 나온다.

Consumers often take "mental shortcuts" called heuristics or rules of thumb in the decision process. 소비자들은 종종 휴리스틱 또는 직감(어림짐작, 눈대중, 즉흥적 판단 등으로 설명될 수 있음)이라고 부를 수 있는 "정신적 지름길"을 택한다.

사람들은 자신이 부딪히는 모든 상황에서 체계적이고 합리적인 판단을 하려고 노력하지는 않는다. 어느 음식점에서 식사할지, 물건을 살 때 어떤 브랜드의 제품을 살지, 새로운 사람을 만났는데 그 사람이 어떤 사람인지 등을 생각할 때 모든 정보를 종합적으로 판단하려고 한다면, 인지적으로 상당한 부담을 느끼게 될 것이다. 그래서 휴리스틱(heuristic)은 시간이나 정보가 불충분하여 합리적인 판단을 할 수 없거나, 굳이 체계적이고 합리적인 판단을 할 필요가 없는 상황에서 자신의 경험에 의해 나름의 즉흥적인 판단을 내리는 것을 말한다.

휴리스틱은 큰 노력 없이도 빠른 시간 안에 대부분의 상황에서 만족할 만한 정답을 도출해 낸다는 점에서 경제적인 의사결정 방식이라는 장점을 갖고 있지만 그만큼 오류 가능성도 커서, 때로는 터무니없거나 편향된 결과를 가져오기도 한다. 사람들이 대표적으로 사용하는 휴리스틱에는 다양한 종류가 있으며 가용성 휴리스틱(availability heuristic), 대표

성 휴리스틱(representativeness heuristic), 기준점 효과와 조정(anchoring and adjustment), 감정 휴리스틱(affect heuristic) 등으로 구분된다.

의사결정 휴리스틱

① 가용성 휴리스틱(Availability heuristic)

가용성 휴리스틱(availability heuristic)이란 어떤 사건이 발생한 빈도를 판단할 때 그 사건에 대한 객관적인 정보를 활용하기보다는, 사건에 관한 구체적인 예를 얼마나 떠올리기 쉬우냐에 따라 그 발생의 빈도를 판단하는 것을 말한다(Tversky & Kahneman, 1973). 즉, 구체적인 예가 친숙하고 생생하며 기억에 남을 만하고 시간적으로 가까운 것일수록 떠오르기 쉽기 때문에, 이에 근거하여 훨씬 강력하게 나의 의사결정에 영향을 미칠 것이라는 이론이다.

예
- 최근의 사건, 주변의 사건 등 나와 관련이 큰 사건에서 받는 정보에 의해 크게 영향 받음.
- 세월호 참사 이후 선박 이용자 급감
- 항공기 테러 이후 항공 이용률 하락
- 이주일 폐암 별세 후 전국적인 금연
- 할리우드 영화를 많이 본 사람들의 생각: 흑인은 폭력적

② 대표성 휴리스틱(Representative heuristic)

특정 상황에 놓였을 때, 미리 저장된 대표적인 이미지를 떠올려 판단의 근거로 삼음.

예
- 초록색 유리병에 담긴 액체는 무엇일까?
- 신생아의 옷이 파란색이면 아기의 성별은?

③ 고정 및 조정 휴리스틱(Anchor and adjustment heuristic)

먼저 접한 정보를 나중에 접한 정보보다 더 강하게 받아들이는 것을 말한다. Anchor라는 말은 닻을 내린다는 뜻으로, 닻을 내려 기준점을 먼저 찍은 후 그 점을 기준으로 약간의 조정에 들어간다는 의미이다.

예
- 첫인상의 중요성

④ 감정 휴리스틱(affect heuristic)

흔히 사람들은 인간이 합리적이고 이성적으로 판단한다고 여기지만, 인간은 감정에 따라 판단을 하는 일이 많다. 이를 감정 휴리스틱이라고 한다(Finucane, Alhakami, Slovic, & Johnson, 2000).

공이 10개 들어 있는 A항아리에 검은 공이 1개가 들어 있고, 공이 100개 들어 있는 B항아리에는 검은 공이 8개가 들어 있다. 검은 공을 뽑으면 상품을 준다고 할 때, 확률적으로 보면 A항아리를 선택하는 것(10%)이 B항아리를 선택하는 것(8%)보다 확률이 높지만, 많은 사람들은 B항아리를 선택하는 것으로 나타났다. 이는 사람들이 확률에 근거하여 판단하는 것이 아니라 감정적으로 판단했기 때문이다(Denes-Raj & Epstein, 1994). 다시 말해, 눈에 보이는 검은 공의 숫자에 반응해 1개만 들어 있는 항아리보다는 8개가 들어 있는 항아리를 선택하는 것이다.

디자인 씽킹

"어떻게 혁신해야 하는가?
결국은 생각의 틀을 바꿔야 한다.
'최고의 해답' 하나를 입증하기 위해 논리적이고 합리적으로 분석하던
비즈니스 씽킹에서 '더 나은 해답'을 향해 반복적으로 시도하는
디자인 씽킹으로 사고를 전환해야 하는 것이다."

[출처] 디자인 씽킹, 경영을 바꾸다 (진 리드카. 팀 오길비 2016)

점점 더 높은 삶의 질을 추구하는 현대의 소비자들에게는 제품의 품질이나 기술수준보다 디자인과 브랜드가 더욱 중요해지고 있다. 단순하면서도 직관적인 디자인으로 전 세계적인 열풍을 이끌어냈던 아이폰의 창조자 스티브 잡스는 "디자인은 제품이나 서비스의

연속적인 외층에 표현되는 인간 창조물의 영혼이다."라 말했다. 이 말이 의미하는 바는 이제 인간은 단순한 신체적, 물질적인 만족만을 요구하는 게 아니라 영혼의 만족까지도 요구한다는 것이며, 디자인이 그러한 욕구를 충족시킬 수 있다는 것이다.

이처럼 디자인의 중요성이 점차 커지면서 많은 기업이 디자인에 관심을 기울이기 시작했다. 처음엔 단순히 제품의 외양에만 적용되던 디자인이 이제는 '고객을 만족시킬 수 있는 모든 것'에 적용되고 있다. 즉 제품 개발 단계뿐만이 아니라 제품의 기획, 마케팅, 관련 서비스 등 전 과정에 걸쳐 디자이너들의 감수성과 사고방식이 적용되고 있다는 것이다. 이것이 바로 디자인적 사고, 즉 디자인 씽킹(Design Thinking)이다.

(1) 통합적인 사고에서 나오는 디자인 씽킹

디자인 씽킹은 디자이너들이 무엇인가를 디자인하며 문제를 풀어가던 사고방식대로 사고하는 방법이다. 디자이너들은 기술적으로 구현할 수 있고, 현실적으로 이윤도 남기는 동시에 고객을 만족시킬 수 있는 방법을 창의적이고 혁신적으로 생각해낸다. 이를 위해서는 사용자와 깊이 공감할 수 있는 감수성과 비즈니스적인 전략적 사고가 둘 다 필요하다.

따라서 캐나다 토론토 대학의 로저 마틴(Roger Martin) 교수는 자신의 책 「디자인 씽킹(Design Thinking)」에서 디자인 씽킹이 직관적 사고나 분석적 사고의 한쪽이 아니라 이에 대해 통합적으로 접근하는 사고법이라고 하였다.

또한 로저 마틴은 그의 저서 「생각이 차이를 만든다」에서 "통합적 사고란 상반되는 두 아이디어 사이의 긴장을 건설적으로 이용하여 하나를 선택하느라 다른 하나를 버리는 양자택일 방식 대신, 두 아이디어의 요소를 모두 포함하면서도 각 아이디어보다 뛰어난 새로운 아이디어를 만들어 창의적으로 긴장을 해소하는 능력이다."라고 정의했다. 다시 말하면 통합적 사고란 새로운 해결책을 찾기 위해 서로 상충되는 아이디어와 상충되는 조건을 모두 이용하는 능력을 말한다. 로저 마틴은 디자인 씽킹이 이러한 통합적인 사고로부터 시작된다고 강조한다.

(2) 사용자와의 공감을 이끌어내는 디자인 씽킹

디자인 씽킹은 미래의 사용자와 공감(empathy)하는 것에서 시작된다. 사용자가 무엇을 원

하는지, 그들의 생활에 무엇이 필요한지, 또 그들이 어떤 점을 좋아하고 싫어하는지 등을 속속들이 듣고, 느끼고, 이해한 바를 원동력으로 삼아 행하는 혁신이 디자인 씽킹인 것이다.

즉, 디자인 씽킹이란 인간 중심 디자인(human-centered design) 방법론이라 정의할 수 있다. 이를 위해서는 공감을 하고 문제의 맥락에 접근하려는 능력, 예술과 기술을 결합하여 통찰을 만들어 내는 창조력, 그리고 복잡성을 조화롭게 하는 문제해결 능력이 필요하다.

(3) 분산과 수렴 단계를 거친 디자인 씽킹

디자인 씽킹은 수렴(집중적 사고)과 분산(확산적 사고)의 두 단계로 나뉜다. 수렴(convergence)은 문제에 대해 최선의 해(optimal solution)를 구하는 것이고, 분산(divergence)은 하나의 주제에 대해서 다양한 아이디어를 제공하는 것이다. 하나의 원리보다는 여러 원리의 교차점에서 혁신적인 아이디어가 나오기 때문이다.

분산적 사고를 한다고 해서 자동으로 창의성이 만들어지는 것은 아니나, 창의적인 결과를 얻기 위해서는 분산적 사고가 필수적이다. 분산적인 사고는 질문을 다각도로 해석하는 방법을 제시하여, 하나의 문제에 대해서도 다양한 답을 생각해 볼 수 있는 능력을 키워주고, 수평적 사고를 확장해 준다.

디자인 씽킹에 수렴과 분산, 즉 집중적 사고와 확산적 사고가 적용되는 방식으로 '다이아몬드'라는 방식이 있다. 처음에는 브레인스토밍 등을 통하여 생각을 다양하게 확장하여 여러 개의 선택지를 만든 후, 현실적인 제약 사항을 고려하여 선택지 중에 하나를 선택

[그림 11-2] 디자인 씽킹적 사고

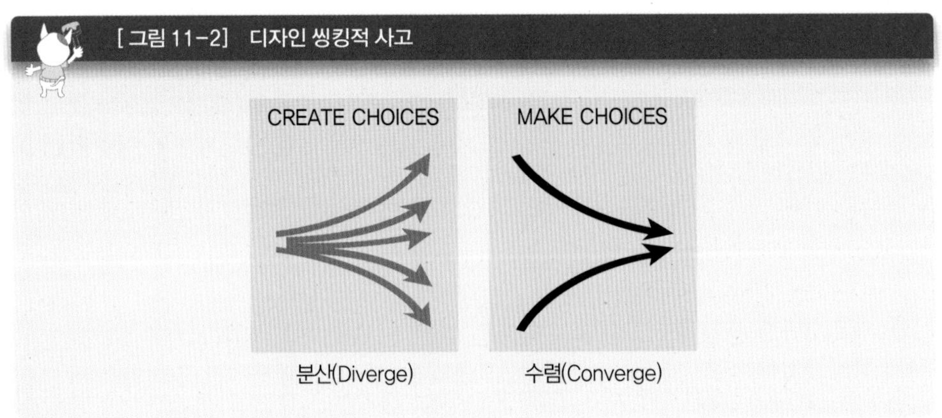

한 다음, 이후에 이를 다듬어 나가는 것이다. 이러한 방식은 디자이너들의 평소 작업 방식(다양한 시안을 준비한 뒤, 선정된 시안을 계속 다듬어 나가는 방식)과 일치한다.

결국 디자인 씽킹이란 분산적 사고를 통하여 실현가능한, 심지어 불가능한 경우까지도 포함하여 다양한 해를 만든 다음, 수렴적 사고를 통하여 최선의 해를 찾아내는 과정인 것이다.

사례 : 불확실한 미래 가치를 시각화하는 디자인 씽킹

디자인 씽킹의 성공적인 사례로 아마존닷컴을 들 수 있다. 아마존닷컴의 설립자 제프 베조스(Jeff Bezos)는 인터넷 시대가 도래하자 인터넷을 통해 무엇을 팔 수 있을까 고민하다가 결국 책을 팔기로 한다. 그러나 당시만 해도 인터넷 서점이라는 선례도 없을뿐더러, 사업 모델에 대한 검증조차 없었다. 그런데도 베조스는 투자자들을 설득하는 데 성공한다. 그는 프레젠테이션에서 바로 '미래'를 보여주었고, 투자자들의 신뢰를 얻을 수 있었다.

[그림 11-3] 아마존 인터넷 홈페이지

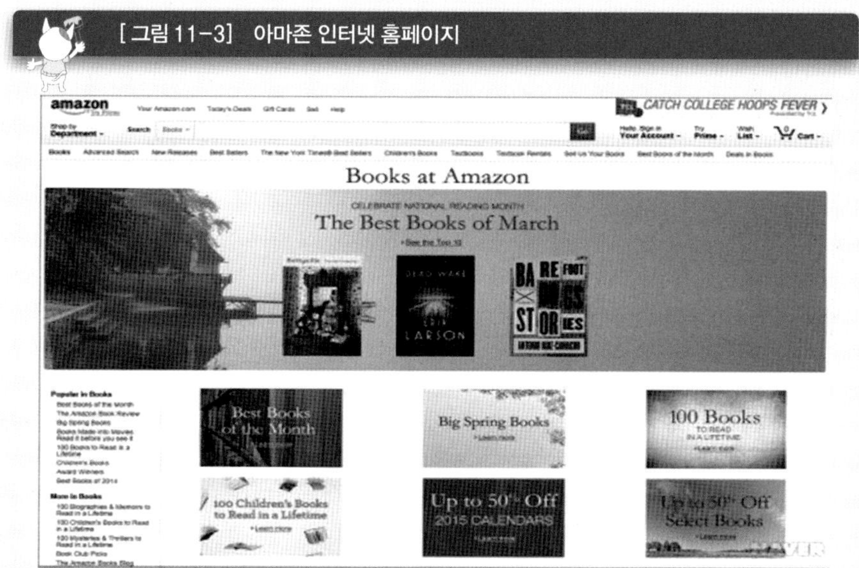

아마존의 성공 사례에서 보듯이 미래 가치가 불확실한 아이디어이지만 그 경제성과 성장 가능성에 사람들이 위험도 기꺼이 감수하면서 움직였고, 그 최고의 결과물이 디자인 씽킹을 통해 도출될 수 있었다. 따라서 디자인 씽킹은 '지식의 융합을 통해서 불확실한 미래 가치를 과감하게 시각화하는 것'이라고 재정의할 수 있다.

[출처] 네이버 지식백과] 디자인 씽킹이란?
[창의융합 프로젝트 아이디어북, 2015. 6. 10., 한빛아카데미(주)]

집단의사결정(Group Decision Making)

집단의사결정(Group Decision Making)은 의사결정의 주체가 각 개인이 아닌 집단에 있다. 오늘날의 대부분 조직에서는 경영활동을 수행하는데 있어서 개인의 결정보다는 집단의 힘을 모아서 의사결정을 한다. 집단에 의해 도출된 의사결정은 주로 각 개인이 도출해낸 개별 결정들과는 다르다. 집단에 의해 문제가 정의되고, 대안이 제시되며, 각 개인이 가지고 있는 정보의 공유 및 교환의 과정을 통하여 최종 해결책이 도출된다. 즉, 집단의사결정은 구성원들이 다수결, 설득, 참여 등을 통해 상호 합의에 의해 이루어지는 의사결정이다. 공동목표, 연대감, 상호작용 등과 같은 집단의 특성을 중시하며, 이것은 집단의사결정에 영향을 미친다. 집단의사결정의 가장 큰 특징은 문제해결에 이르는 시간은 길지만 정확도가 높으며, 더 창의성이 높은 정보를 얻을 수 있다는 것이다.

(1) 집단의사결정의 중요성

① 사회가 복잡해지고 전문화되면서 의사결정의 문제는 많은 전문가들의 능력을 요구하기 때문에 조직에서는 의사결정에 있어서 집단의사결정을 중요하게 생각한다.

② 사회의 추세가 민주주의와 참여를 지향하게 되면서 의사결정의 결과에 영향을 받는 사람들을 의사결정 과정에 참여시켜야 한다는 이념을 갖고 있다.

③ 집단의사결정과 관련하여 창의성의 개발, 참여에 대한 만족, 실행의 편의성 등의 이유로 집단의사결정을 선호한다.

④ 사회적으로 정당성과 책임을 요구하기 때문에 최고의사결정자가 면피용으로 의사결정을 하기도 한다.

(2) 집단의사결정의 장점

① 보다 정확한 정보와 지식

의사결정에 있어서 인원수에 따르는 정보처리 과정을 비교한 의사결정에 있어서 핑크(Fink, 1963)와 헤어(Hare, 1976) 등의 연구가 있다. 이들 연구에 의하면 개인이 갖는 인지능력의

[그림 11-4] 집단의사결정의 장단점

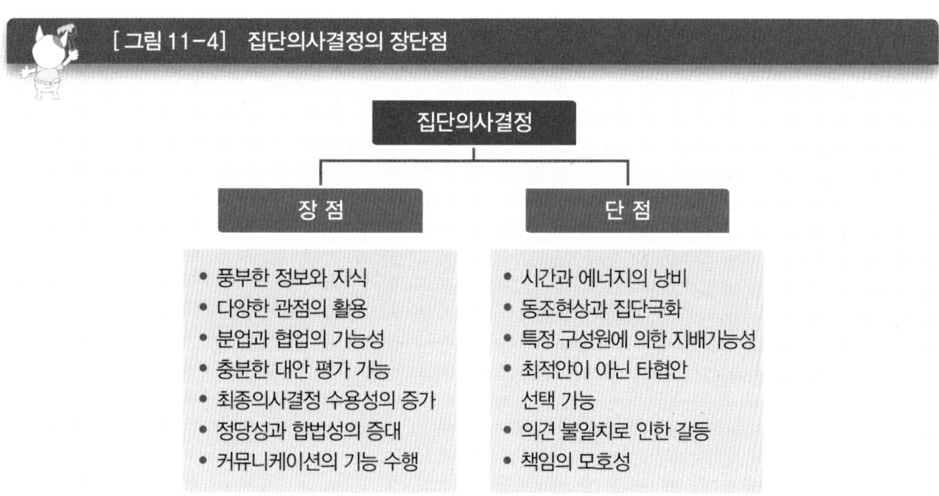

집단의사결정
장 점
단 점
• 풍부한 정보와 지식
• 다양한 관점의 활용
• 분업과 협업의 가능성
• 충분한 대안 평가 가능
• 최종의사결정 수용성의 증가
• 정당성과 합법성의 증대
• 커뮤니케이션의 기능 수행
• 시간과 에너지의 낭비
• 동조현상과 집단극화
• 특정 구성원에 의한 지배가능성
• 최적안이 아닌 타협안 선택 가능
• 의견 불일치로 인한 갈등
• 책임의 모호성

제한성, 보유하고 있는 정보나 정보처리 능력의 제한성 등을 고려하면 개인보다 집단이 더 많은 정보를 가질 수 있다. 즉, 아무리 경력이 많은 의사결정자라고 하더라도 오류를 범할 수 있으며, 의사결정 과정은 상당한 양의 정보를 고려해야 하기 때문에 중요한 정보를 망각할 수도 있다. 하지만 집단 구성원들이 정보를 공유한다면 개인의 편견이나 무지로 발생하는 오류를 최소화 할 수 있고, 정보에 대한 망각 또한 줄어들게 된다. 이렇게 집단의사결정을 하게 되면 이전보다 더 개선되고 정확한 정보를 활용해 결과를 낼 수 있다.

② 다양한 관점 제시

일반적으로 집단은 한 사람에 비하여 문제를 여러 각도에서 볼 수 있다. 여러 관점에서 문제를 검토하기 위해서는 집단 구성원의 성별과 나이, 그리고 인종 등의 다양성을 요구할 수 있다. 이렇게 형성된 다양한 관점은 새로운 정보를 창출하고 그로 인한 시너지 효과가 나타난다. 따라서 배경이 동질적인 개인으로 구성된 집단보다는 이질적인 개인으로 구성된 집단이 더욱 다양한 정보를 창출하는 경향이 있다. 이렇게 다양한 구성원들이 가지고 있는 지식과 정보를 활용하면, 더 보완된 결론을 얻을 수 있다.

③ 최종 의사결정 수용성의 증가

많은 의사결정의 경우 최종적인 의사결정이 내려진 이후에도 실패할 가능성이 있다.

그 이유는 집단이 최종 해결책을 받아들이지 않기 때문이다. 그러나 집단 구성원 자신이 의사결정의 전 과정에 참여하게 되면 최종 문제해결책을 수용할 가능성이 커진다. 의사결정 참여자들은 의사결정 내용에 대해 다른 사람의 문제로 보기 보다는 문제해결에 대해 책임감을 가지기 때문이다. 몇몇 개인이 내린 결정을 통보받을 때 보다 의사결정 참여자들은 문제해결책을 더 수용하려는 의지가 높고 실행에 협조적이다.

④ 합법성 증가

다수의 의사소통을 거쳐 합의에 의해 도출된 최종해결책이 개인이 결정한 해결책 보다 더 정당성이 있고 합법적인 것으로 인정이 된다.

(3) 집단의사결정의 문제점

집단 사고(Groupthink)의 개념

어빙 재니스(Irving Janis, 1918년 5월 26일 ~ 1990년 11월 15일)는 집단의사결정이 끔찍한 결과를 불러온 5가지 역사적 사례(피그만 침공, 38선 이북의 북한 침공, 진주만 사건, 월남전 확전, 워터게이트 사건)와 그렇지 않은 2가지(비 집단사고) 사례(마샬플랜, 쿠바 미사일 위기)를 연구하여 집단사고 개념을 제시하였다. 재니스는 집단사고를 집단 구성원들이 합리적인 결정을 할 수 없도록 하는 왜곡된 사고의 양식이라 하였다. 그는 집단사고를 집단 구성원들이 응집력이 강한 내집단에 주로 나타나며, 만장일치의 분위기가 팽배하여 다른 대안을 현실성 있게 평가하거나 비판적으로 판단할 수 없는 상황에 생기는 사고의 양식이라고 정의하였다. 집단사고 현상이 발생하는 동안에는 구성원들이 다른 사람들과 일치되려고 하기 때문에 다른 때 같으면 쉽게 피할 수 있는 실수나 오류를 범하게 된다고 보았다. 집단사고는 다른 말로 성급한 일치 추구 경향으로도 불린다. 일치 추구 경향은 집단의사결정에 바람직하게 작용할 수 있지만, 이것이 모든 중요한 대안들을 비판적으로 평가하기 전 성급하게 나타날 때에만 문제가 되기 때문에, 성급한이라는 수식어가 붙어 성급한 일치 추구 경향이라 한다.

① 집단의사결정의 부정적 현상

집단의사결정은 문제해결에 집단 구성원의 모든 자원을 활용하기 때문에 이르는 시간이 길지만 문제해결에서 의사결정의 질을 높일 수 있다는 장점이 있다. 하지만 집단의사결정에서는 개인적 요소보다도 집단 역학적 요소가 더 많이 작용하기 때문에 이로 인한 부정적인 결과들이 발생하기도 한다. 그 대표적인 현상이 집단 압력에 의한 동조현상과 집단극화현상이다.

② 동조현상(Conformity)

동조현상은 개인이 집단의 영향을 받은 결과 개인과 집단의 일치도가 증가된 경우의 행동을 의미한다(Allen, 1965). 이는 사회적 영향에 의한 것으로 설명할 수 있다. 개인은 집단의 압력 하에 자신의 행동과 생각을 집단의 기대에 맞추어 바꾸려 한다. 이러한 동조현상은 집단의 명시적인 압력이 없는 상태에서도 집단으로부터 받아들여지기 위하여 개인이 집단의 의견, 규범이라고 생각되는 것을 따른다. 솔로몬 애쉬(Solomon Asch, 1907년 ~ 1996년)가 1952년에 발표한 선분 길이에 대한 실험이 대표적인 동조현상에 대한 연구라 할 수 있다.

우리는 애쉬의 실험에서 익명성이 동조현상을 약화시킨다는 것을 알 수 있다. 크러치필드(Crutchfield, 1955)는 자신의 의견을 다수 집단 앞에서 공개적으로 말하는 것에 대한 압력을 줄이기 위해 익명성이 보장되는 새로운 실험을 고안했다. 실험 결과 애쉬(Asch, 1952)의 실험에 비해 크러치필드(Crutchfield, 1955)의 실험에서는 동조율이 낮았다. 또한, 동조현상은 개인주의보다 집단주의 문화에서 효과가 더욱 강하게 나타난다. 만장일치의 의견이 아닌 소수의 의견이 존재하는 집단인 경우, 어느 정도 자유로울 수 있다. 왜냐하면 소수 의견이 존재한다는 것은 집단 구성원들이 이견이 잘못된 개인의 생각으로 여기지 않고 좀 더 합리적으로 판단하여, 다수 의견의 압박이 분산되기 때문이다(Morris & Miller, 1975).

③ 집단극화(Group polarization)

집단극화(Group polarization)란 어떤 문제에 대해 집단의 개별 구성원들이 처음에 가지고 있던 견해의 평균 반응이 집단 논의를 하고 난 후에 더 극단적으로 치우치게 되는 집단의사결정의 일반적인 현상이다. 또한 논의를 하고 난 후의 집단의사결정은 개별 구성원들이 처음에 우세하게 지지하던 방향과 동일한 방향으로 더욱 극단적이게 된다는 것이 밝혀져 왔다(Isenberg, 1986). 집단극화는 집단을 이루는 개인의 태도가 보수적인 경우 집단토론을 거치면서 더 보수적이 되고, 모험적인 경우 더 모험적이 되는 경향을 말한다. 즉, 집단의사결정은 집단 내 구성원들이 자신들의 의견에 대하여 더 극단적으로 판단하도록 유도하여 개인이 처음에 가지고 있던 관점을 더욱 강화하고 높인다. 따라서 초기에 어떤 대안을 중간 수준으로 선호했다면 집단 토의 후 더 강하게 선호하는 반면에, 어떤 대안을 약하게 반대했다면 토의 후 더 강하게 반대하는 경향을 보인다.

(4) 집단의사결정의 기법

집단의사결정 시 위와 같은 문제점들이 발생할 수 있기 때문에 아래와 같은 효율적인 집단의사결정 기법들이 필요하다.(본서 3장~8장의 논리적, 창의적, 비판적 사고 장 참고)

- 브레인스토밍(Brainstorming)
- 브레인라이팅(Brainwriting)
- 명목집단법(Nominal Group Technique)
- 델파이 기법(Delphi Technique)
- 지명반론자법(Devil's Advocate Method)
- 시네틱스(Synetics)
- 변증법적 토의(Dialectical debate)

[출처] 위키백과 "집단의사결정 기법" 인용 및 참고

학습평가 Quiz

1. 다음 중 빈 칸에 들어갈 알맞은 말은 무엇인가?

> 해결안 개발 시에 도출된 해결책 중에서 ( )과 ( )을 고려해서 최종적인 해결안을 선택하도록 한다.

① 중요성 ② 긴급성
③ 실현가능성 ④ 경제성

2. 어떤 사안 또는 상황에 대한 엄밀한 분석보다 제한된 정보만으로 즉흥적 · 직관적으로 판단하고 선택하는 의사결정 방식은 어디에서 기인한 것인가?

① 의사결정 ② 휴리스틱
③ 문제해결 ④ 휴머니즘

3. 다음 중 해결안을 평가하고 채택할 때 실현 가능성의 평가 기준이 아닌 것은?

① 개발기간 ② 개발능력
③ 고객만족 ④ 적용 가능성

4. 다음의 빈칸에 들어갈 알맞은 단어는 무엇인가?

> 문제로부터 도출된 근본 원인을 효과적으로 해결할 수 있는 최적의 해결방안을 수립하는 단계를 ( )단계라고 한다.

5. 해결안 개발은 문제로부터 도출된 근본 원인을 효과적으로 해결할 수 있는 최적의 해결방안을 수립하는 것을 말한다. 해결안 개발 단계의 절차를 서술하시오.

학습내용 요약 Review (오늘의 Key Point)

1. 해결안 개발은 문제로부터 도출된 근본 원인을 효과적으로 해결할 수 있는 최적의 해결방안을 수립하는 단계이다. 해결안 개발은 해결안 도출, 해결안 평가와 최적안 선정의 절차로 진행된다.

2. 해결안 평가와 최적안 선정은 문제(what), 원인(why), 방법(how)을 고려해서 해결안을 평가하고 가장 효과적인 해결안을 선정해야 한다. 해결안 선정을 위해서는 중요도와 실현가능성을 고려해 종합평가를 내린다.

3. 휴리스틱은 어떤 사안 또는 상황에 대해 엄밀한 분석에 의하기보다 제한된 정보만으로 즉흥적 · 직관적으로 판단 · 선택하는 의사결정 방식을 의미한다. 휴리스틱은 큰 노력 없이도 빠른 시간 안에 대부분의 상황에서 만족할 만한 정답을 도출해 낸다는 점에서 경제적인 의사결정 방식이라는 장점을 갖고 있지만 그만큼 오류 가능성도 커서, 때로는 터무니없거나 편향된 결과를 가져오기도 한다.

4. 디자인 씽킹(Design Thinking)은 수렴(집중적 사고)과 분산(확산적 사고)의 두 단계로 나뉜다. 수렴(convergence)은 문제에 대해 최선의 해(optimal solution)를 구하는 것이고, 분산(divergence)은 하나의 주제에 대해서 다양한 아이디어를 제공하는 것이다. 하나의 원리보다는 여러 원리의 교차점에서 혁신적인 아이디어가 나오기 때문이다.
   분산적 사고를 한다고 해서 자동으로 창의성이 만들어지는 것은 아니지만, 창의적인 결과를 얻기 위해서는 분산적 사고가 필수적이다. 분산적인 사고는 질문을 다각도로 해석하는 방법을 제시하여, 하나의 문제에 대해서도 다양한 답을 생각해 볼 수 있는 능력을 키워주고, 수평적 사고를 확장해 준다.

5. 집단의사결정(Group Decision Making)은 집단 구성원들이 다수결, 설득, 참여 등을 통하여 상호 합의에 의해 이루어지는 의사결정이다. 공동목표, 연대감, 상호작용 등과 같은 집단의 특성을 중시하며, 이것은 집단의사결정에 영향을 미친다. 집단의사결정의 가장 큰 특징은 문제해결에 이르는 시간은 길지만 정확도가 높으며, 더 창의성이 높은 정보를 얻을 수 있다.

대안의 선택과 합리적인 의사결정

Contents

Learning Objectives

1. 문제해결과 의사결정의 의미와 중요성을 이해하고 말할 수 있다.
2. 전략적인 의사결정을 위한 프로세스를 활용할 수 있다.
3. 대안평가에 있어서 여러 가지 기법을 적용할 수 있다.

12
Chapter

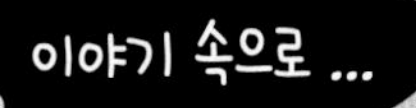

2011년 3월 발생한 일본 후쿠시마 원전 사고와 작년 11월 4일 발효된 온실가스 감축을 위한 파리협정 등 세계적으로 다양한 요인이 존재하는 가운데 국가마다 원전에 대한 입장이 다르게 나타나고 있다.

독일은 후쿠시마 사고 직후 2022년까지 탈원전을 완료하겠다고 발표했다. 반면, 영국은 후쿠시마 사고에도 불구하고 스트레스 테스트를 통해 원전의 안전성을 확인하고 2050년까지 원전 비중을 86%로 높일 방침이다. 일본은 후쿠시마 사고 직후 54기의 원전을 폐기 혹은 가동중지시켰으나 2012년말 아베 정부 출범 이후 5기의 원전을 재가동했다. 중국은 원전을 빠르게 늘리고 있다. 작년 3월 현재 운전 중인 33기의 원전 외에 22기의 원전을 추가 건설 중이며, 국산 원전설비 개발에도 박차를 가하고 있다. 도널드 트럼프 미국 대통령은 네바다주의 유카마운틴에 사용후 핵연료 처분장 건설 재개를 추진할 입장인 것으로 알려지고 있다.

우리의 경우는 어떤가. 정부의 제7차 전력수급기본계획에 따르면 원전설비는 2029년도까지 3만8329MW로 증설되어 전체 전력설비 용량에서 차지하는 비율이 28.2%로 높아질 전망이다. LNG 발전설비(24.8%)를 추월하는 수준이다. 그러나 이러한 계획이 순조롭게 달성될지는 미지수다. 사회적으로 반원전 분위기가 만만치 않으며, 특히 후쿠시마 사고와 경주 지진 등으로 원전에 대한 부정적 기류가 확산되고 있기 때문이다. 야권 대선주자를 중심으로 정치인들의 탈원전 주장도 늘고 있다.

하지만 솔직히 우리의 여건에서 원전을 대체할만한 전원이 존재하는가. 무엇보다 우리나라가 온실가스를 2030년에 시장전망치(BAU) 대비 37%(3억 1,500만톤) 줄이겠다고 한 국제적 공약을 어떻게 지킬 것인지를 생각해 봐야 한다. 원전은 우라늄 농축에서부터 폐로에 이르기까지 전 라이프사이클을 고려해도 온실가스를 거의 배출하지 않아 온실가스 감축에 가장 효과적이다. 미세먼지를 줄이는 대안으로서도 원전이 탁월하다.

경제성 측면에서도 원전의 발전단가는 석탄화력이나 LNG발전, 신재생에너지 등보다 낮다. 국제에너지기구(IEA)나 일본의 발전원가검증워킹그룹이 2015년에 발표한 보고서들을 보면 발전회사의 사적비용과 외부비용을 합한 사회적 비용 측면에서 보더라도 원전이 가장 싼 것으로 나타났다.

원전을 포기한다면 독일이나 후쿠시마 사고 이후 일본처럼 소비자가 전기요금 급등을 감수할 수밖에 없다. 태양광, 풍력 등 신재생에너지를 대안으로 확대시키면 바람직하겠지만 이들 전원은 아직 경제성이 떨어지고 안정적 전력공급 측면에서 문제를 안고 있다. 특히 신재생에너지는 전력공급의 불안정성에 대비에 백업 전원을 별도로 설치해야 하는 문제도 있다.

결국 우리가 선택할 수 있는 대안은 원전을 기저전원으로서 유지하되 안전성을 강화하는 것이다. 최근 상영된 '판도라'라는 영화에서처럼 만에 하나 안전성에 조금이라도 허점이 있다면 국토면적당 원전밀집도가 세계 최고 수준인 상황에서 국민이 치명적인 재앙을 당할 가능성을 배제하기는 어렵다.

그러기에 원전은 안전에 안전을 기해야 한다. 사소한 고장이 발생하더라도 이를 신속히 공개하고 이의 조치 상황을 국민에게 충분히 알리는 등 정보전달 체계를 제대로 확립해야 한다. 신뢰확보가 국민의 이해를 구하는 최고 요소이다.

[경제광장-온기운 숭실대 경제학과 교수] 脫원전 대안은 있는가

2017. 3. 9

위에서 보듯 모든 대부분의 문제 상황은 해결 방법에 있어서 여러 가지 대안을 찾게 된다. 12장에서 우리는 대안의 선택과 합리적인 의사결정에 대해 학습한다. 문제해결과 의사결정 프로세스, 전략적인 의사결정 수행 단계, 대안 평가 기법 등을 통해 보다 합리적으로 문제를 해결해 나가는 방법을 알아보도록 한다.

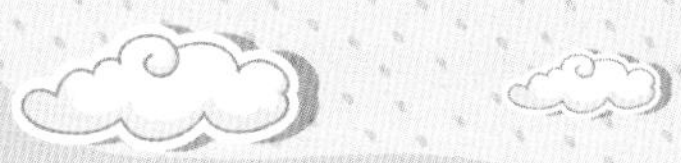

1. 다음은 무엇에 대한 설명인가?

문제해결 과정의 일부로서 특정의 문제를 해결하기 위한 여러 가지의 대체적 행동(alternatives) 가운데서 특정 상황에 비추어 가장 바람직한 행동과정을 선택하는 논리적인 과정이다.

① 의사결정 ② 창의적 사고
③ 비판적 사고 ④ 대안행동

2. 다음은 무엇에 대한 설명인가?

㉠ 의사결정의 주체, 즉 의사결정자의 지적 · 기술적 능력 및 경험, 가치관, 개성 등의 영향을 받음. ㉡ 조직구조의 특성, 즉 조직의 목표, 규범, 역할, 의사결정 경로 등의 영향을 받는다. ㉢ 조직이 처해 있는 환경, 즉 정치, 경제, 사회, 문화, 및 미래의 불확실성 정도에 영향을 받는다. ㉣ 수집된 정보의 내용에 의해 영향을 받는다.

① 대인관계에 영향을 미치는 요인 ② 의사결정에 영향을 마치는 요인
③ 대안개발에 영향을 미치는 요인 ④ 문제 분석에 영향을 미치는 요인

3. 다음 중 의사결정 프로세스에 해당하지 않는 것은?

① 문제인식 ② 대안개발
③ 실행 ④ 시장조사

1. 문제해결과 의사결정

(1) 문제해결을 위한 의사결정

우리의 삶은 수많은 문제해결과 의사결정으로 이루어져 있다. 문제해결의 본질이 바라는 목표와 현재 사이에 발생한 차이의 원인을 규명하고, 그 차이를 없앨 수 있는 가장 효과적이고 효율적인 방법을 제시해 실천에 옮기는 것이라면 의사결정은 문제해결 과정의 일부로서 특정의 문제를 해결하기 위한 여러 가지의 대체적 행동(alternatives) 가운데서, 특정 상황에 비추어 가장 바람직한 행동 과정을 선택하는 논리적인 과정이라 정의할 수 있다. 이때 선택의 기준은 "신뢰할 수 있는 정보에 의한 것인가?, 명확하게 문제를 해결할 수 있는 대안인가?, 논리구성이 명확한가?, 창의적이고 실행가능한 대안인가?" 등을 들 수 있다.

[그림 12-1] 문제해결과 의사결정의 3단계

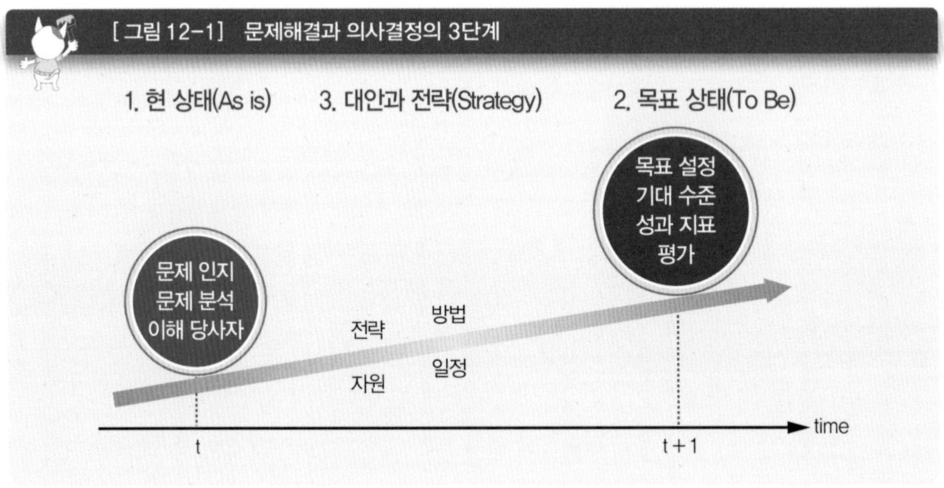

따라서 문제해결과 의사결정 능력은 경쟁력을 결정하는 핵심 요소로서, 사회 구성원 모두가 갖추어야 할 핵심 능력이다. 개인과 기업, 정부에 따라 달라지는 일상적 · 전략적 의사결정의 예는 [그림 12-2]와 같다.

[그림 12-2] 일상적 · 전략적 의사결정의 예

개인	• 일상적 의사결정 : 식사 메뉴, 출퇴근길, 교통수단의 선택 • 전략적 의사결정 : 진학, 취업, 결혼, 재테크, 창업 등
기업	• 일상적 의사결정 : 원자재 주문, 생산계획 수립, 고객 주문 처리, 제품 판매, 대금결제 등 • 전략적 의사결정 : 신제품 개발, 생산시설 확장, 해외시장 진출, 인사 시스템 개편 등
정부	• 일상적 의사결정 : 민원 처리, 세무 업무, 치안 활동 등 • 전략적 의사결정 : 행정 수도, 북한 핵, 부동산 정책, 교육 제도, 금융위기, FTA, 연금제도, 국방 시스템 구축 등

(2) 의사결정에 영향을 미치는 요인

① 의사결정은 의사결정의 주체, 즉 의사결정자의 지적 · 기술적 능력 및 경험, 가치관, 개성 등의 영향을 받는다.

② 의사결정은 조직구조의 특성, 즉 조직의 목표, 규범, 역할, 의사결정 경로 등의 영향을 받는다.

③ 의사결정은 조직이 처해 있는 환경, 즉 정치, 경제와 사회, 문화 그리고 미래의 불확실성 정도에 영향을 받는다.

④ 의사결정은 수집된 정보의 내용에 의해 영향을 받는다.

(3) 문제해결과 의사결정 유형에 따른 경쟁력

발생한 문제는 개인의 가치관과 조직의 상황에 따라 다른 방식으로 해결될 수 있다. 일반적으로 [그림 12-3]과 같이 의사결정의 유형과 의사결정 특성에 따라서 개인 및 기업의 경쟁력을 평가해 볼 수 있다.

- 전략적 의사결정이 많은 기업이 상대적으로 동적인 환경에 있을 가능성이 높다.
- 기회 탐색 유형의 의사결정이 많을수록 긍정적인 상황에 있을 가능성이 많다.
- 업무와 직급에 따라서 수행하는 의사결정의 유형과 특성이 다르다.

[그림 12-3] 문제해결과 의사결정 유형에 따른 경쟁력

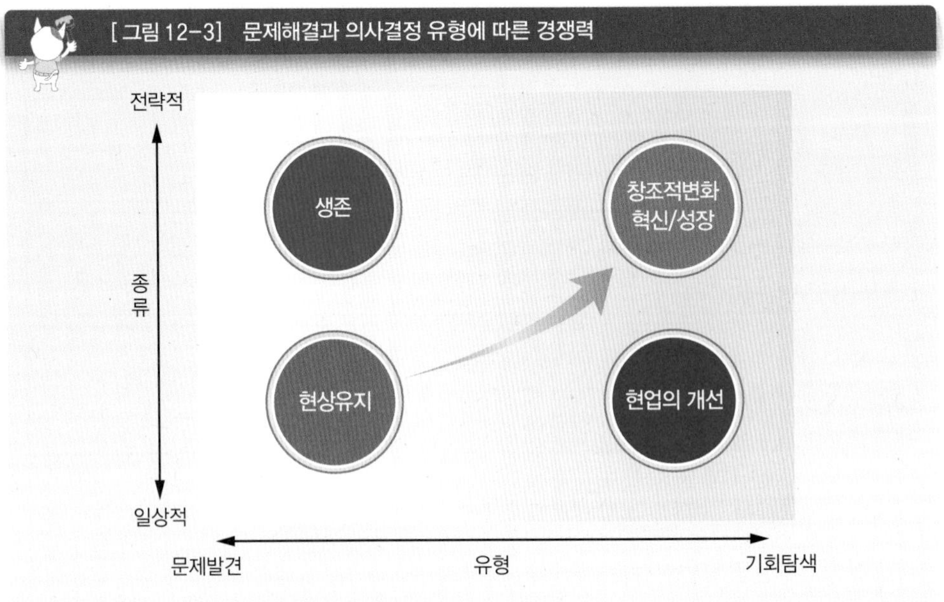

Q. 나와 우리 조직은 어떤 유형의 의사결정을 많이 수행하고 있을까?

(4) 의사결정 프로세스

[그림 12-4]와 같이 의사결정의 과정은 문제에 대한 인식으로부터 시작해서 문제에 대한 해결안의 시행에 이르는 문제해결(problem solving)이라고도 할 수 있다. 따라서 의사결정은 문제해결과 같은 맥락으로 볼 수 있다.

- Simon의 모델을 기초로 문제해결과 의사결정은 네 단계로 구성된다
- 의사결정은 문제해결의 한 영역이나 문제해결과 의사결정은 동일한 개념으로 사용된다.

Q. 나와 우리 조직은 문제해결과 의사결정을 체계적으로 수행하고 있을까?

[그림 12-4] 문제해결과 의사결정 프로세스

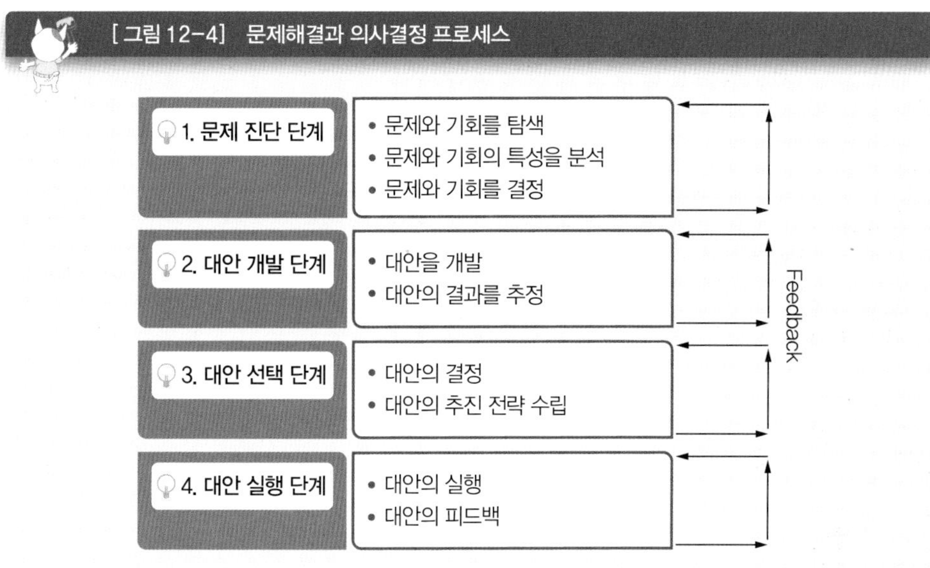
1. 문제 진단 단계
• 문제와 기회를 탐색
• 문제와 기회의 특성을 분석
• 문제와 기회를 결정
2. 대안 개발 단계
• 대안을 개발
• 대안의 결과를 추정
3. 대안 선택 단계
• 대안의 결정
• 대안의 추진 전략 수립
4. 대안 실행 단계
• 대안의 실행
• 대안의 피드백
Feedback

① 문제 탐색 및 환경요인 평가(탐색)

탐색(정보수집) 단계는 조직 내에 나타난 문제를 파악하고 이해하는 단계이다. 이 단계에서는 무엇이 문제이고, 왜 이러한 문제가 생기며, 이 문제가 어떤 영향을 미치는가를 이해한다. 문제를 파악하기 위해서는 조직 내부 및 외부의 환경을 지속적으로 모니터를 하여야 한다.

② 대안 개발(설계)

설계 단계는 문제를 해결할 수 있는 가능한 대안을 개발하고 분석하는 단계이다. 경우에 따라 대안이 이미 주어져 있는 경우도 있으며, 어떤 경우에는 완전히 새로운 대안을 개발하여야 한다.

③ 합리적인 안 선택(선택)

선택 단계는 가능한 대안 중 한 가지 대안을 선택하는 단계이다. 이 단계에서는 명시적이든 암묵적이든 대안을 선택하는 기준을 마련하고 기준에 따라 각 대안을 평가한다. 설계 단계에서 개발된 평가기준, 즉 은행의 경우 예상수익률, 위험도, 환금성 등의 평가기준에 따라 주식, 채권, 대출 대안 중에서 하나를 선택하여야 할 것이다.

④ 대안 수행(실행)

수행(실행) 단계는 선택된 대안을 실행하는 단계이다. 이 단계에서는 선택된 대안이 제대로 효과를 거두고 있는지를 검토하고, 그렇지 않으면 왜 그러한 문제가 생기는가에 대한 분석을 한다.

의사결정 단계에서 대안을 선택할 때에는 아래의 실행 단계에 따라 진행하도록 한다.

STEP 1	목적 명확화	의사결정의 목적이 무엇인지 분명히 기술한다.
STEP 2	선택 기준 설정	여러 가지 대안 중에서 최선의 대안 선택 기준을 만든다.
STEP 3	기준의 가중치 부여	각각의 기준에 가중치를 부여한다.
STEP 4	대안 마련 및 평가	여러 가지 방안을 세우고 평가한다.
STEP 5	위험요인 분석	실행 시 부정적 측면, 위험요소 등을 검토한다.
STEP 6	최종안 결정	선택기준, 가중치 등을 고려해 최종안을 선택한다.

[출처] https://prezi.com/qrvxdhgiojuz/presentation/ 인용 및 참고

(5) 의사결정자의 유형

문제해결과 의사결정은 큰 틀에서 아래의 두 기준으로 방향이 달라진다고 볼 수 있다.

① 의사결정자의 스타일(마음, 태도, 인간 관계,)에 따라

② 의사결정자의 환경(조직 문화, 정치적 힘, 평가와 보상, 전략)에 따라

(6) 의사결정의 유형

① 정형적 의사결정

반복적으로 발생하는 일상적인 문제, 즉 구조화된 문제에 관한 의사결정

② 비 정형적 의사결정

반복적이며, 구조화되지 않은 문제(unstructured problems)에 관한 의사결정

③ 전략적 의사결정

주로 기업의 외부문제, 즉 외부환경과의 관계에 관한 의사결정으로서 기업의 성격을 기본적으로 좌우하는 의사결정

[그림 12-5] 의사결정자의 유형

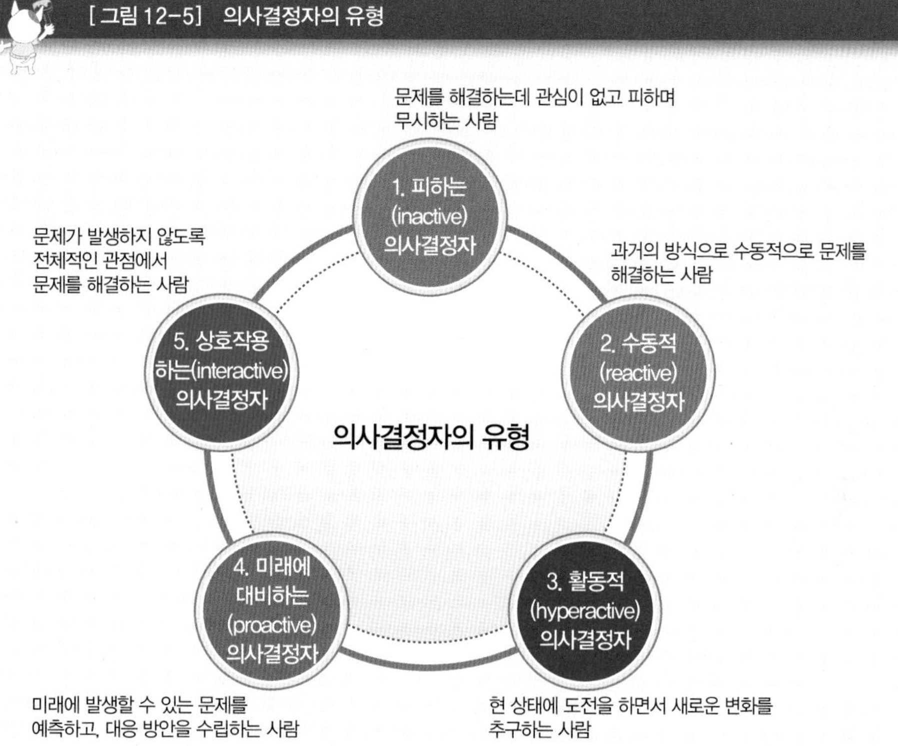
문제를 해결하는데 관심이 없고 피하며
무시하는 사람
1. 피하는
(inactive)
의사결정자
과거의 방식으로 수동적으로 문제를
해결하는 사람
2. 수동적
(reactive)
의사결정자
현 상태에 도전을 하면서 새로운 변화를
추구하는 사람
3. 활동적
(hyperactive)
의사결정자
미래에 발생할 수 있는 문제를
예측하고, 대응 방안을 수립하는 사람
4. 미래에
대비하는
(proactive)
의사결정자
문제가 발생하지 않도록
전체적인 관점에서
문제를 해결하는 사람
5. 상호작용
하는(interactive)
의사결정자
의사결정자의 유형

④ 관리적 의사결정

전략적 의사결정을 구체화하기 위하여 조직의 제 자원을 조직화하는 것과 관련된 의사결정

⑤ 업무적 의사결정

전략적, 관리적 의사결정을 보다 구체화하기 위하여 기업의 제 자원의 변환과정의 효율을 최적화 하는 것과 관련된 의사결정

⑥ 확실성(certainty) 하의 의사결정

의사결정자가 주어진 각 대체안 중에서 어느 하나를 선택할 경우 어떤 결과가 나타날 것인가에 대하여 사전에 측정할 수 있고, 정확히 알 수 있는 상황

⑦ 위험(risk) 하의 의사결정

각 대체안을 선택하였을 때, 그 예측결과가 실현될 확률을 알고 있는 상황 하의 의사결정

⑧ 불확실성(uncertainty) 하의 의사결정

대체안의 결과의 일부 또는 전부에 대하여 알 수는 있지만, 그 결과가 일어날 확률을 전혀 알 수 없는 상황 하의 의사결정

2. 기업의 의사결정

(1) 기업의 전략적 의사결정 수행 단계

개인의 의사결정도 중요하지만 기업의 의사결정은 그 중요성이 상상 이상으로 크다. 많은 조직원을 책임지는 기업의 경영진과 실무자들은 업무에 있어서 매순간 후회없는 결정을 내리기 위해 고심한다. 다음은 기업의 전략적 의사결정 수행 단계에 대한 설명이다.

① 올바른 문제(right decision)를 찾아내야 한다.

환자의 병을 치료할 때 가장 중요한 출발점이 정확하고 빠르게 병을 찾아내는 것인 것처럼, 모든 전략적 의사결정에서 올바른 문제를 찾아내는 것은 매우 중요하다. 문제를 정

[그림 12-6] 전략적 의사결정 수행 단계

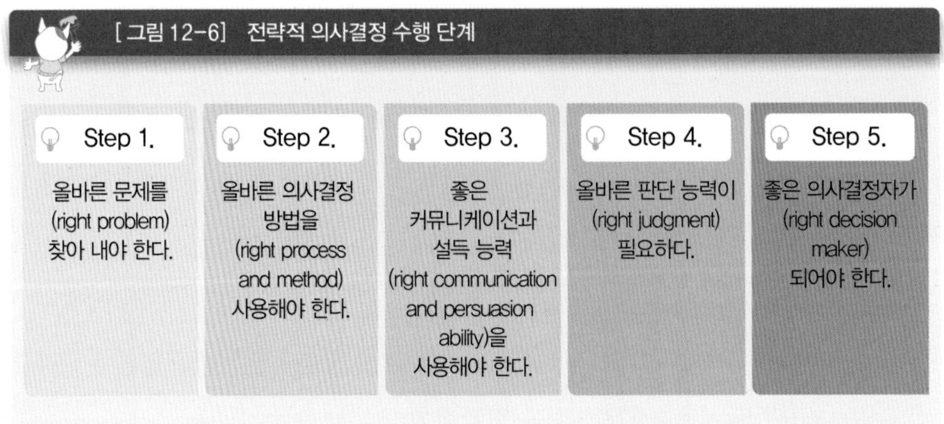

Step 1.
올바른 문제를 (right problem) 찾아 내야 한다.
Step 2.
올바른 의사결정 방법을 (right process and method) 사용해야 한다.
Step 3.
좋은 커뮤니케이션과 설득 능력 (right communication and persuasion ability)을 사용해야 한다.
Step 4.
올바른 판단 능력이 (right judgment) 필요하다.
Step 5.
좋은 의사결정자가 (right decision maker) 되어야 한다.

확하게 찾아내지 못하면 아무리 좋은 대안을 개발해도 결과는 쓸모가 없을 뿐만 아니라 비용과 시간 낭비만 있게 된다. 나아가서는 문제를 해결하는 시점을 놓치거나 기회를 놓쳐서 문제를 악화시키거나 경쟁력을 잃을 수도 있다. 따라서 의사결정자는 열린 마음으로 기업 내부와 외부환경 변화를 체계적으로 분석해 남들보다 먼저 정확하게 올바른 문제를 찾아내야 한다.

② 올바른 의사결정 방법(right decision process and method)을 사용해야 한다.

환자의 병을 정확하게 진단한 후에는 효과적인 치료 방법으로 치료해야 한다. 마찬가지로 기업의 전략적 의사결정을 잘 수행하기 위해서는 좋은 의사결정 프로세스와 의사결정 방법을 따라야 한다. 의사결정 프로세스와 방법이 좋지 못하면 좋은 결과를 얻기 힘들기 때문에 의사결정 프로세스, 분석 기법, 분석 능력이 우수해야 한다.

③ 좋은 커뮤니케이션과 설득 능력(right communication and persuasion ability)을 가지고 있어야 한다.

전략적 의사결정은 많은 이해 당사자들이 관여되어 있으며, 이들의 관점은 매우 다양하다. 이들은 문제 진단, 대안 개발, 대안 선택, 대안 실행까지 모든 과정에 관여되어 있기 때문에 의사결정 전 과정에 이해 당사자를 설득하고 함께 가는 능력이 매우 중요하다. 이 같은 능력 없이는 모두가 만족하는 좋은 결과를 얻어 내기가 어렵다.

④ 올바른 판단 능력(right judgment)이 필요하다.

의사결정 프로세스, 기법, 정보 시스템이 우수하다고 해도 의사결정에서 가장 중요한 것은 의사결정자의 판단 능력이다. 예를 들어서, 여러 문제 중에서 어떤 문제를 먼저 해결해야 하는지, 여러 대안 중에서 어떤 대안이 가장 우수한지, 어떻게 실행 계획을 수립해서 추진할 것인지 등 의사결정 모든 중요한 부분에서 의사결정자의 올바른 판단 능력이 무엇보다 중요하다.

⑤ 기업의 관점에서 의사결정하는 좋은 의사결정자(right decision maker)가 되어야 한다.

기업에서 의사결정을 할 때 보통 본인의 입장에서, 혹은 자신의 부서의 입장에서 판단을 내리는 경우가 많은데, 이러한 모습은 기업 전체적 관점이나, 장기적 관점에서 좋은 결과를 가져다 준다고 보기 어렵다. 개인이나 부서는 기업 전체 목표를 달성하는 시스템의 구성요소로서 존재하는 것이기 때문에 기업 전체적인 관점에서 의사결정을 해야 한다. 기업의 관점에서 의사결정을 한다는 것은 단순히 의사결정을 잘하는 것을 넘어서 기업의 비전 및 목표, 전략, 업무 프로세스, 문화와 조직을 이해하고, 그에 기초를 두고 의사결정을 하는 좋은 의사결정을 의미한다. 이처럼 기업이 무엇을 향해서 어떻게 가고 있는지를 이해하는 바탕에서 의사결정을 한다면 보다 나은 결과를 얻을 수 있고, 장기적으로 기업 경쟁력 향상에 크게 기여할 수 있을 것이다.

(2) 경영 환경 변화에 따른 문제해결과 의사결정 능력

경영방식의 변화에 따라 문제를 해결하고 의사를 결정하는 환경도 변해가고 있다. 이럴 때 전략적으로기업의 문제를 해결하기 위해서는 앞에서 본 [그림 12-7]과 같은 능력이 요구된다.

[그림 12-7] 경영 환경 변화에 따른 문제해결과 의사결정 능력

경영 환경의 변화

- 국제화, 정보화, 창의성
- 기술 발전, 사이클 단축
- 급변과 복잡, 비선형
- 융합과 다양, 무한 경쟁
- 변화와 혁신, 파괴와 창조
- 지속 가능 경영, 위험 관리, 권한 위임

문제해결과 의사결정의 환경 변화

- 새로운 문제와 기회가 증가
- 영향과 중요성이 커지고 있음.
- 이해당사자가 증가
- 문제들간에 상호 의존성 증가
- 복잡성, 불확실성, 위험이 높아지고 있음
- 모두가 실시간 문제해결과 의사결정을 해야 함

전략적 의사결정과 문제해결 능력

- 외부 및 내부 환경 변화를 빠르게 인지하고 분석하는 능력
- 창의적 아이디어를 개발하는 능력
- 아이디어를 체계적으로 추진하는 능력
- 동태적 환경에 대비하고, 위기를 관리하는 능력
- 팀 워크와 리더십 능력
- 창조적 파괴와 혁신, 위기를 기회로 만드는 능력

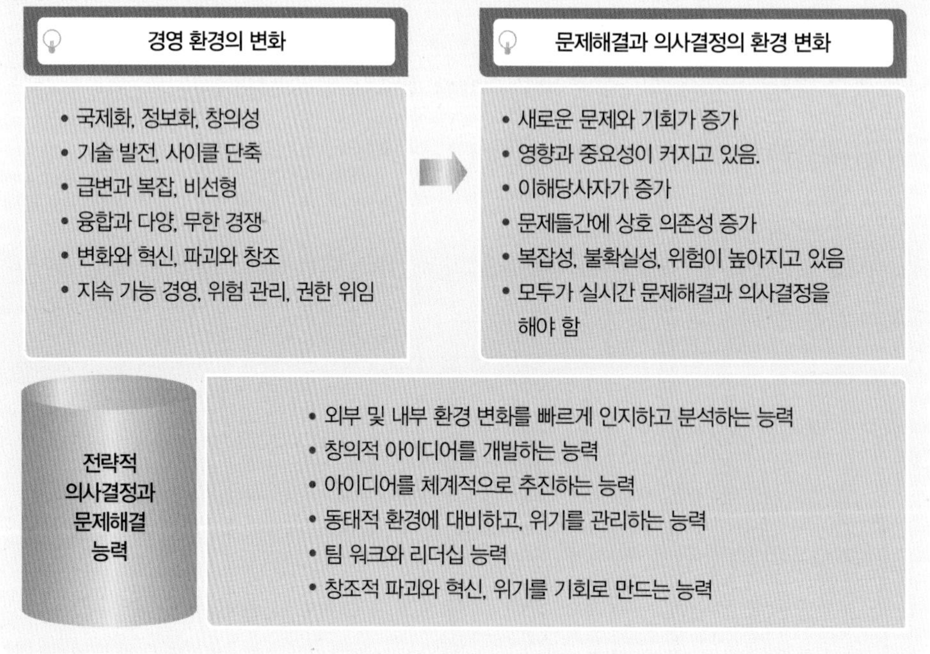

3. 대안 평가 기법

(1) PMI 기법(Plus/Minus/Interesting Analysis)

① 개념

- PMI 기법(PMI Analysis)은 Plus/Minus/Interesting Analysis의 약자로서 대안의 좋은점과 나쁜점, 관심사를 찾아내고, 이를 점수화해서 대안의 타당성을 평가하며, 대안을 실행에 옮기기 전에 선택한 대안이 의사결정 상황을 얼마나 개선할 수 있는지를 분석하기 위한 기법이다.
- 이 기법은 대안의 결과를 계량화하기 힘들고 정성적인 요소로 특정되는 대안을 비교평가하는 데 유용하다.

활용 사례) 기업의 인수 합병, 신규 산업 진출, 본사 이전 문제 등

② 적용 단계

[그림 12-8] PMI 기법

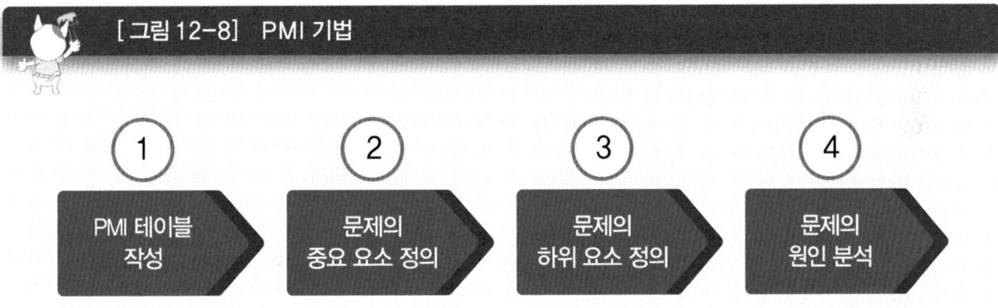

③ 활용 사례

지방에서 병원을 운영하고 있는 병원원장은 서울로 본원을 옮길 것을 구상 중

Plus	Minus	Interesting
정보수집 용이 (+5)	높은 임대료 (−6)	네트워크 구축 가능성 (+1)
우수 인력 확보 (+5)	지방 거주 직원의 반대 (−5)	환자 수 증가 (+2)
편리한 교통편 (+4)	작은 사무실 (−5)	손쉬운 문화생활 (+3)
	풍경이 삭막함 (−2)	
	소음공해 (−3)	
+14	−21	+6

(2) 의사결정 나무 기법(Decision Tree Analysis)

① 개념

- 의사결정 나무 기법(Decision Tree Analysis)은 대안을 추진했을 때 발생하는 확률과 성과를 측정해서 대안의 기대 이익을 추정하는 기법이다.
- 이 기법은 문제의 대안을 분석하는 데 유용하며, 대안 평가 시에 가장 널리 이용하고 있는 방법 중의 하나이다. 대안의 결과의 발생 확률과 그에 따른 성과를 계량적으로 측정하기 때문에 대안을 객관적으로 분석할 수 있는 장점을 가지고 있다.

활용 사례) 신제품 개발 분석, 해외시장 진출 등

② 적용 단계

[그림 12-9] 의사결정 나무 기법

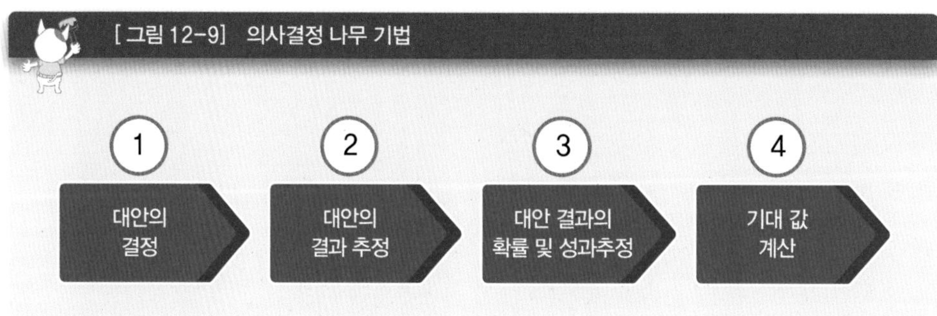

[그림 12-10] 의사결정 나무 기법 활용 사례

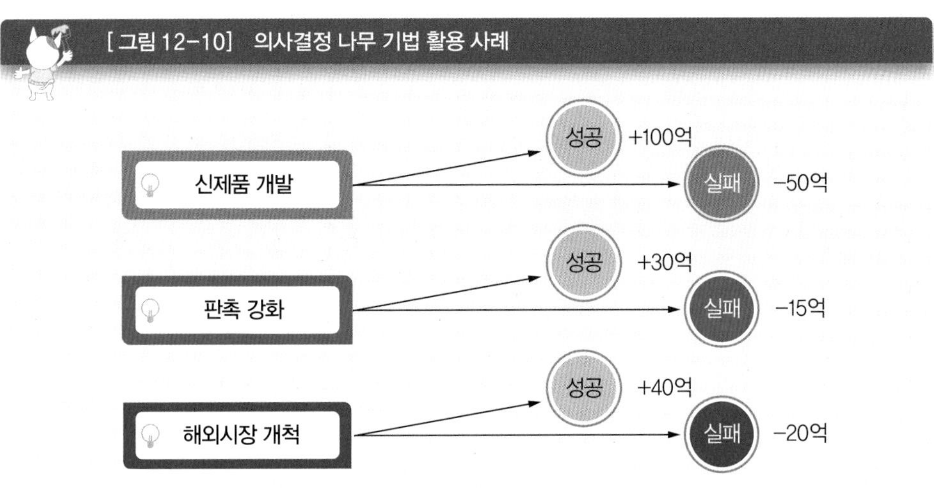

(3) 이해당사자 대차대조표 기법(Personal Balance-Sheet)

① 개념

- 이해당사자 대차대조표 기법(Personal Balance-Sheet)은 모든 의사결정에는 여러 이해당사자가 있다는 전제 하에 각 이해당사자가 얻는 이익과 손실을 비교해서 대안을 평가하는 것이다.
- 이 기법은 복잡한 의사결정에 관련한 여러 이해당사자들의 입장을 분석하고 평가할 때 유용하게 이용된다.

  활용 사례) 인수합병, 공장이전 문제, 조직구조 개편

② 적용 단계

[그림 12-11] 이해당사자 대차대조표 기법

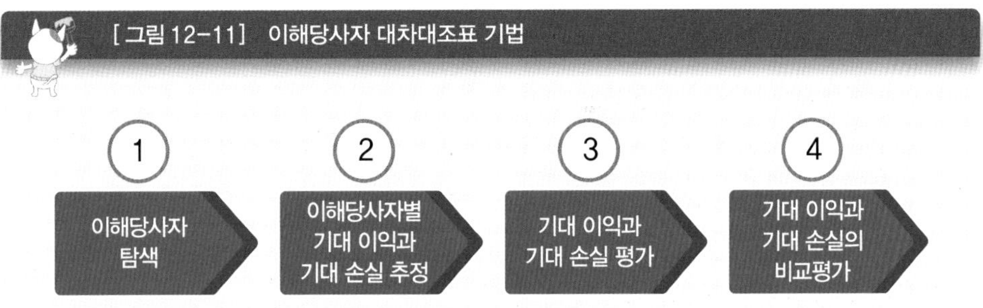

③ 활용 사례

신 모델의 부족과 판매가 부진한 국내 자동차 회사 D가 국내 시장에 진출하려는 한 외국 자동사회사로부터 인수 합병안을 제시받아 D 회사의 경영진이 이를 검토 중인 상황

구분	주주		경영진		직원	
	기대 이익	기대 손실	기대 이익	기대 손실	기대 이익	기대 손실
합병 안함		기업가치 감소 주가 하락	단기적 경영권 유지	기업 경쟁력 약화 장기적 경영권 상실	단기적 구조 조정 없음	장기적 직장의 불안정성 증대
합병 함	기업가치 증대 주가 상승		기업경쟁력 강화 일부 경영진 승진	경영권 상실	장기적 직장 안정	일부직원 구조 조정 월급 감봉

4. 대안 선택 기법

대안 비교

(1) 짝 비교 기법(Paired Comparison)

① 개념

- 짝 비교 기법(Paired Comparison)은 객관적 자료가 부족한 상황에서 대안을 짝으로 비교함으로써 어느 대안이 상대적으로 우수한지를 정성적으로 찾는 방법이다.
- 이 기법은 한정된 자원을 동시에 필요로 하는 여러 대안을 비교할 때 유용하며, 변형된 형태의 비교평가 기법이 많다.

활용 사례) 경쟁전략의 선택, 승진 후보의 비교 평가, 제품 디자인 선택

② 적용 단계

[그림 12-12] 짝 비교 기법

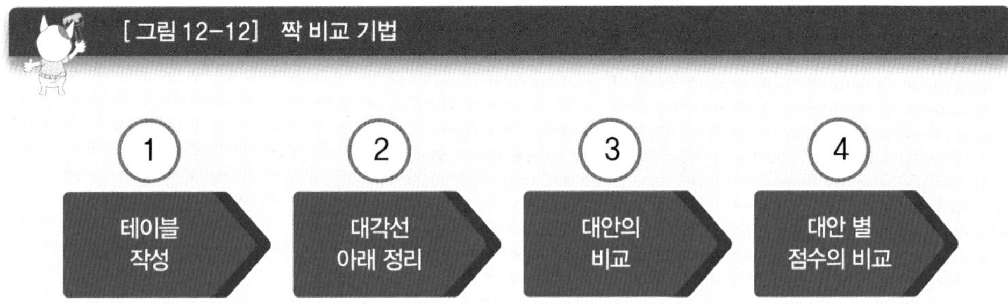

③ 활용 사례

병원이 사업 확장을 추진 중이다. 해외 시장 진출, 국내 시장 강화, 고객 서비스 강화, 품질 향상의 네 종류의 전략적인 대안을 비교 검토중인 상황

[1안]

구분	해외시장 개척(A)	국내시장 강화(B)	고객 서비스 강화(C)	품질 향상(D)
해외시장 개척(A)	X			
국내시장 강화(B)	X	X		
고객 서비스 강화(C)	X	X	X	
품질향상(D)	X	X	X	X

[2안]

구분	해외시장 개척(A)	국내시장 강화(B)	고객 서비스 강화(C)	품질향상(D)
해외 시장 개척(A)	X	A, 2	C, 1	A, 1
국내 시장 강화(B)	X	X		B, 1
고객 서비스 강화(C)	X	X	X	C, 2
품질 향상(D)	X	X	X	X

(2) 가정 표면화 기법(Assumption Surfacing)

① 개념

- 가정 표면화 기법(Assumption Surfacing)은 대안이 가지고 있는 가정을 분석해서 가정의 관점에서 대안을 비교 평가하는 기법이다.
- 이 기법은 각 대안에 관련되어 있는 이해 당사자들의 가정을 분석해서 타당성을 분석하고, 상황에 따라서 새로운 대안을 개발하는 것이 가능하다.

활용 사례) 신규시장 진출, 신제품 개발, 시스템 개선

② 적용 단계

[그림 12-13] 가정 표면화 기법

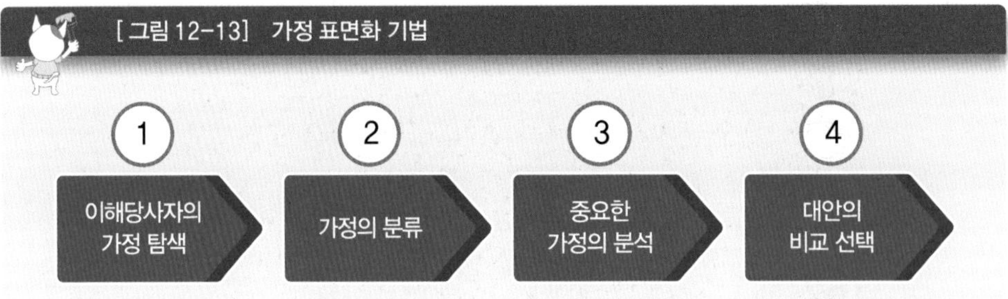

③ 활용 사례

국내 경기 침체에 따라 대형 백화점의 매출이 크게 감소하는 추세이며, 이에 따라 백화점 대표는 국내의 지방에 새로운 매장을 건설하는 대안과 중국이나 인도 등 해외에 매장을 건설하는 대안을 고려 중이다.

1. 두 개의 팀으로 나누어 각 팀에 각각 대안을 할당
2. 각 팀은 대안에 관련한 이해당사자들을 찾고 그들에 대한 이해와 목표, 기대수준을 분석
   - 국내의 지방에 건설하자는 대안 : 지방 고객들, 기존 지방 백화점
   - 해외에 건설하자는 대안 : 해외고객, 영업사원, 기존 해외 백화점
3. 각 대안에서 가장 중요한 이해당사자는 고객이고, 중요한 가정은 고객이 이 회사가 원하는 수준의 제품을 구매해 줄 수 있을 것이라 기대함.

4. 최근 고객들의 구매 패턴이 백화점이 아닌 대형 할인점과 온라인 쇼핑으로 변하고 있기 때문에 이해당사자인 고객에 대한 가정이 너무 위험한 것으로 분석됨. 고객에 대한 분석이 부족하다는 것을 인식하고 두 가지 대안을 재검토 할 것을 요청.
5. 이해당사자들의 가정 관점에서 비교 평가해 본 결과, 개발한 대안들이 잘못 될 수 있다는 것을 알 수 있음.

(3) 2차원 그리드 기법(Two Dimensional Grids)

① 개념

- 2차원 그리드 기법(Two Dimensional Grids)은 대안의 평가 기준을 여러 개의 2차원 그리드로 만들어서 대안을 시각적으로 평가하는 기법이다.
- 이 기법은 대안을 그림과 도표로 표현해서 시각화 하기 때문에 여러 구성원들의 의견과 생각을 공유하고 수렴해서 대안을 평가하고 선택하는데 유용하다.

활용 사례) 제품 디자인 선택, 경쟁전략의 선택, 승진 후보의 평가

② 적용 단계

[그림 12-14] 2차원 그리드 기법

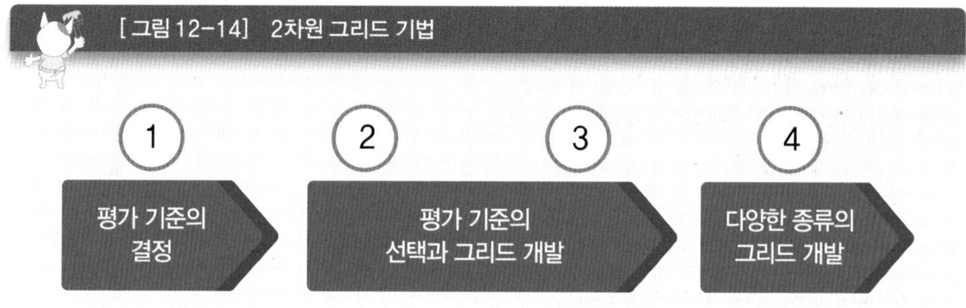

③ 활용 사례

전자회사가 사업을 확장하려고 하는데, 해외시장 진출, 국내시장 강화, 고객 서비스 강화, 품질 향상의 네 종류의 전략적인 대응을 검토 중이다.

대안평가 기준으로 수익률 불확실성, 타 사업부서와 시너지 등을 선정해 2차원으로 비교분석하였다.

[그림 12-15] 2차원 그리드 기법 활용 사례

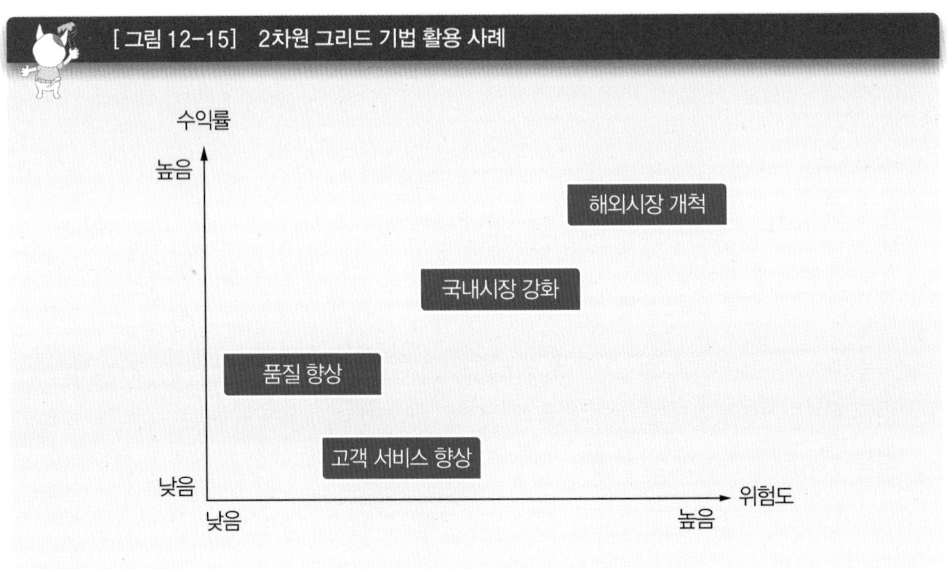

대안 결정

(1) What if 분석(What if Analysis)

① 개념

- What if 분석(What if Analysis)은 의사결정 환경, 의사결정 변수, 변수들의 관계, 제약조건의 네 가지 요인의 변화에 따라서 대안의 결과가 어떻게 변화(What if)하는지를 분석해서 대안의 타당성을 분석하는 기법이다.
- 이 기법은 복잡한 대안을 다양한 각도에서 심층적으로 분석하는 데 유용하다.

활용 사례) 생산시설의 확대, 신제품 개발, 추가 매장 설립, 신규 사업의 타당성

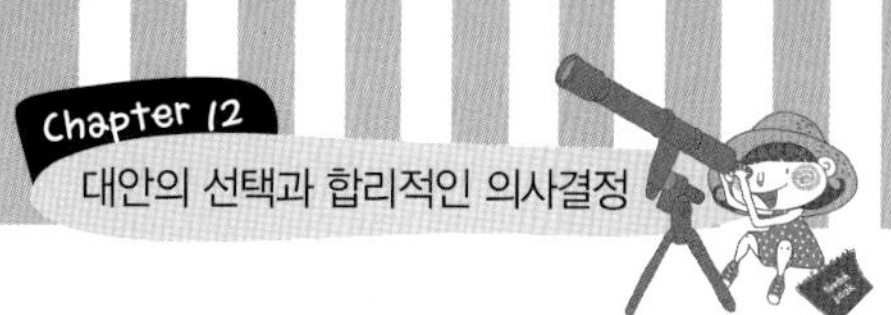

② 적용 단계

[그림 12-16] What if 적용 단계

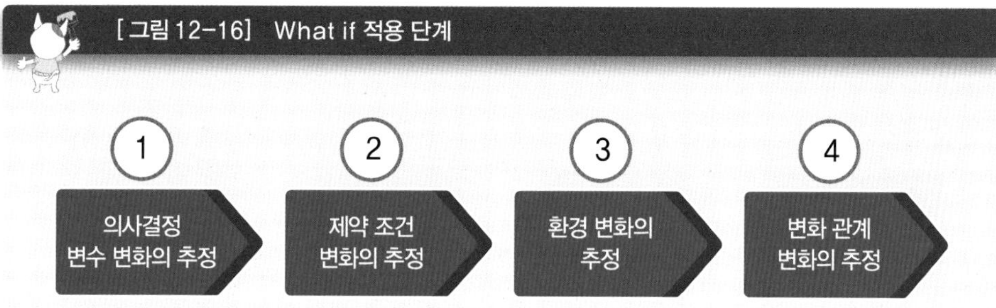

③ 활용 사례

병원이 사업 확장을 추진 중이다. 해외시장 진출, 국내시장 강화, 고객 서비스 강화, 품질 향상의 네 종류의 전략적인 대안을 비교 검토 중인 상황

핸드폰 단말기 제조회사에서 최근 판매량 증가에 따라 생산시설을 확대할 수 있는 대안으로, 현 공장의 증설과 신규공장 건설을 검토 중에 있다. 기본적인 경제성 분석 결과 두 대안 모두 타당성이 있는 것으로 판명된 상태이다.

1. 의사결정의 변수의 변화 : 2교대 라인을 투입/생산시설과 생산프로세스를 변화시키면 어떻게 될까?
2. 제약 조건의 변화 : 투자예산이 줄어들 경우/인건비가 증가하면 어떻게 될까?
3. 환경 변화 : 현재 가정하고 있는 수요의 감소/수요가 증가하면 어떻게 될까?
4. 변수들간의 관계 변화 : 원가 구조의 변화/생산수율(원재료 또는 주된 원재료 투입량에 대한 제품 생산량의 백분율)이 변화하면 어떻게 될까?

(2) 여섯 생각 모자 기법(Six Thinking Hats)

① 개념

- 여섯 생각 모자 기법(Six Thinking Hats)은 선택한 대안을 일상적으로 수행하는 사고 방식을 벗어나 서로 다른 여섯 가지 측면에서 대안을 조명하고 분석하는 기법이다.

② 적용 단계

[그림 12-17] 여섯 생각 모자 기법 (Six Thinking Hats) 적용 단계

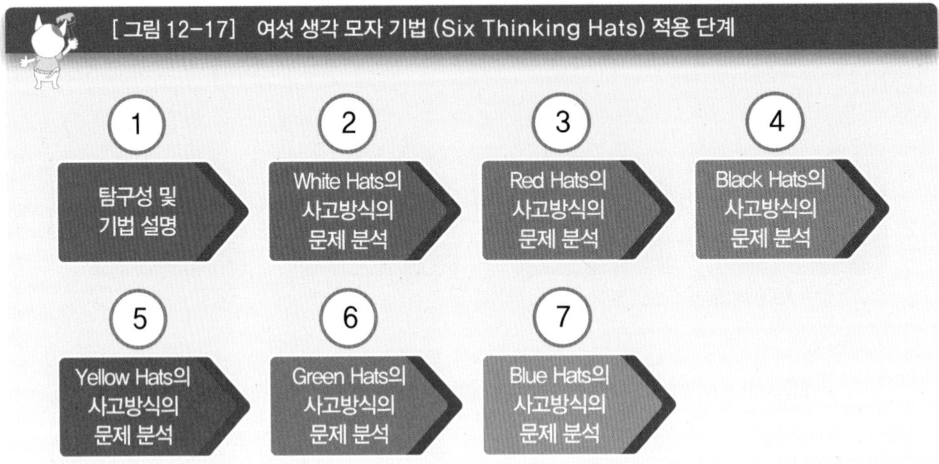

③ 활용 사례

중견 건설회사의 대표는 신규 오피스 건물을 지을 것인지를 검토 중이다. 회사의 사활이 걸린 중요한 문제이기 때문에 경영진과 임원들이 대안을 다시 한 번 분석 중이다.

1. White Hats의 사고방식 : 오피스 건물의 재고 분석, 경제상황, 오피스 건물 완공 시 수요가 증대될 것으로 분석
2. Red Hats의 사고방식 : 건물의 외양이 불만족스러워 디자인에 대한 검토가 필요하다는 의견 제시
3. Black Hats의 사고방식 : 경기 전망에 대한 정부의 오보 등으로 인해 장기간 미분양 사태가 발생할 가능성이 많다고 분석
4. Yellow Hats의 사고방식 : 경기가 호전되기 시작하고, 오피스 건물과 같은 시설 선호 추세에 따라 프로젝트가 성공할 것이라는 긍정적 의견 제시
5. Green Hats의 사고방식 : 건물의 기능을 다양화하고, 예술적인 요소를 가미해 건물의 가치를 높이자고 주장
6. Blue Hats의 사고방식 : 회의를 주관하는 책임자 입장에서 각 사고방식이 막혔을 때 효율적으로 추진하기 위해 어떻게 하는 것이 좋을지에 대한 아이디어 제시 요구

대안 추진

(1) 간트 차트 기법(Gantt Chart)

① 개념

- 간트 차트 기법(Gantt Chart)은 시간의 축에 따라 업무 일정 계획을 차트를 만들어서 프로젝트의 업무 추진 계획을 수립하는 기법이다.
- 이 기법은 프로젝트의 실제 진행 일정과 계획된 일정을 비교해서 프로젝트 진행을 통제할 때 활용된다.

  활용 사례) 예산계획의 일정 수립, 홍보전략의 일정 수립, 신제품 개발의 일정 수립

② 적용 단계

[그림 12-18] 간트 차트 기법 적용 단계

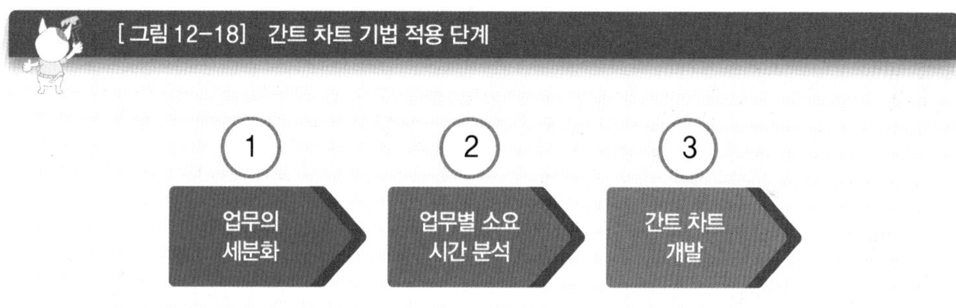

③ 활용 사례

출판사에서 신작의 판촉방안 추진 계획을 간트 차트로 수립할 예정이다.

1. 판촉 방안 추진에 필요한 업무를 구분
2. 각 업무를 추진해야 하는 시점과 종료 시점을 계산
3. 각 업무의 일정 계획을 통합해 간트 차트로 구성

[그림 12-19] 프로젝트 수립을 위한 간트 차트 예

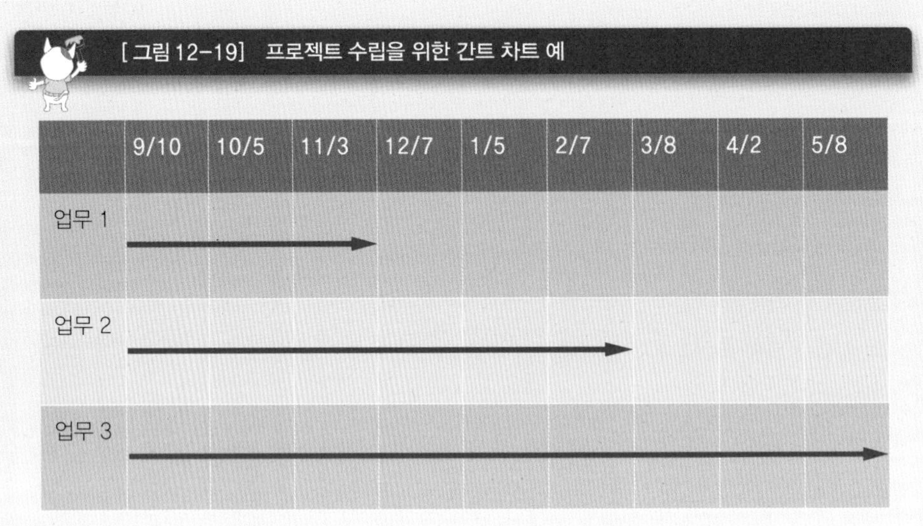

(2) 실행 체크리스트 기법(Implementation Checklist)

① 개념

- 실행 체크리스트 기법(Implementation Checklist)은 대안을 실행하는 과정에 영향을 줄 수 있는 요소들을 중심으로 Checklist를 만든 후, Checklist를 이용해서 대안의 타당성을 분석하고, 추진 관점에서 발생할 수 있는 위험을 줄이는 기법이다.
- 이 기법의 성공여부는 타당성 있는 Checklist를 어떻게 만들어 내느냐에 달려 있기 때문에 그룹으로 함께 찾아내는 것이 바람직하다.

  활용 사례) 신규사옥 건설, 신제품 개발, 인수합병 등

② 적용 단계

[그림 12-20] 실행 체크리스트 기법(Implementation Checklist) 적용 단계

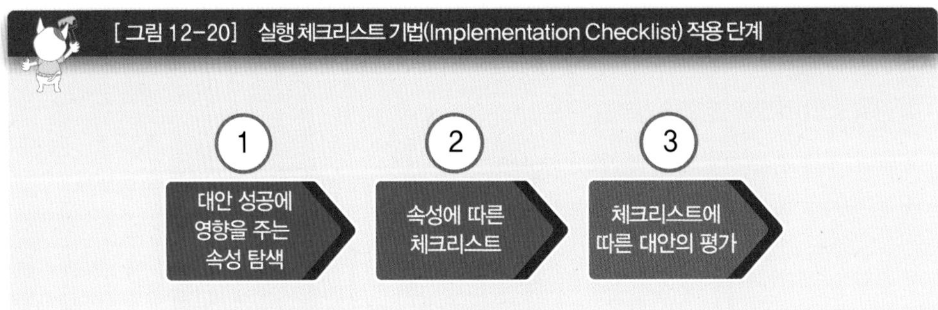

③ 활용 사례

중견 병원에서 병원의 경쟁력을 높이기 위한 방안의 새로운 경영혁신을 추진하기로 했다. 이 경영혁신을 추진하기 위해서 대안의 타당성을 분석하고, 추진 과정에 예상되는 어려움을 검토하고자 한다.

1. 경영혁신을 추진하는데 필수적인 속성은 경영전략, 의료진의 태도, 병원의 조직문화, 의료장비 구축, 신 의료기술 개발 등과 같은 요소로 구성
2. 상기 속성들을 중심으로 세부 실행 항목들을 개발하고, 이들 항목들을 중심으로 대안이 추진될 수 있는지를 확인
3. 구체적인 실행 체크리스트를 가지고, 대안의 타당성을 분석하며, 추진과정에서 발생할 수 있는 문제점을 발견

학습평가 Quiz

1. 문제해결과 의사결정의 3 단계에 해당하지 않는 것을 고르시오.

① 현상태　　② 대안과 전략
③ 목표상태　　④ 피드백

2. 신제품 개발, 해외시장 진출, 인사시스템 개편 등은 어떠한 의사결정의 예인가?

① 개인의 전략적 의사결정　　② 기업의 일상적 의사결정
③ 기업의 전략적 의사결정　　④ 정부의 일상적 의사결정

3. 다음 중 전략적인 조직의 문제해결을 위한 능력에 해당하지 않는 것은?

① 외부 및 내부 환경 변화를 빠르게 인지하고 분석하는 능력
② 창의적 아이디어를 개발하는 능력
③ 아이디어를 체계적으로 추진하는 능력
④ 의심과 소극적인 태도

4. 다음 중 문제해결과 의사결정 프로세스의 마지막 단계는 어떤 것인가?

① 문제진단 단계　　② 대안 실행 단계
③ 대안 개발 단계　　④ 대안 선택 단계

5. 문제해결과 의사결정은 의사결정자의 스타일에 따라서 달라지는데 큰 틀에서 두가지로 구분해 보시오.

학습내용 요약 Review (오늘의 Key Point)

1. 문제해결 : 바라는 목표와 현재 사이에 발생한 차이의 원인을 규명하고, 그 차이를 없앨 수 있는 가장 효과적이고 효율적인 방법을 제시해 실천에 옮기는 것

   의사결정 : 문제해결 과정의 일부로서 특정의 문제를 해결하기 위한 여러 가지의 대체적 행동(alternatives) 가운데서 특정 상황에 비추어 가장 바람직한 행동과정을 선택하는 논리적인 과정

2. 문제해결과 의사결정 프로세스는 문제를 진단하고 – 대안을 개발한 뒤 – 대안을 선택하고 – 대안을 실행하는 단계로 구분되어 있다.

3. 문제해결과 의사결정은 의사결정자의 스타일은 아래의 두 가지로 구분된다.
   - 의사결정자의 스타일(마음, 태도, 인간 관계)에 따라
   - 의사결정자의 환경(조직 문화, 정치적 힘, 평가와 보상, 전략)에 따라

4. 경영환경 변화에 따른 문제해결과 의사결정 능력을 위해서는
   - 외부 및 내부 환경 변화를 빠르게 인지하고 분석하는 능력
   - 창의적 아이디어를 개발하는 능력
   - 아이디어를 체계적으로 추진하는 능력
   - 팀워크와 리더십 능력
   - 창조적 파괴와 혁신, 위기를 기회를 만드는 능력 등이 필요하다.

문제해결 시나리오 작성과 해결안 실행

Contents

1. 실행 및 평가의 중요성
2. 실행 및 평가 단계의 의미와 절차
3. 문제해결을 위한 자기관리

Learning Objectives

1. 실행안 평가의 중요성을 이해하고 말할 수 있다.
2. 실행 단계의 의미를 알고 절차를 설명할 수 있다.
3. 평가 단계의 의미를 알고 절차를 설명할 수 있다.
4. 문제를 해결함에 있어서 평정심을 유지하는 것의 중요성을 이해하고 말할 수 있다.

13
Chapter

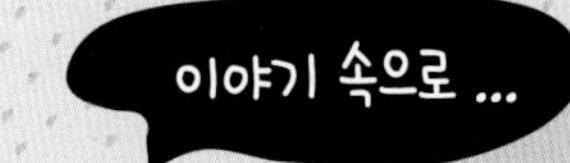

드라마나 영화의 성공요인은 뭐가 있을까?
단연코 연기력이 좋은 배우와 완성도 있는 시나리오일 것이다.
드라마가 히트했다면 성공요인을 분석해 후속작을 만들 것이고, 흥행에 참패했다면 원인을 찾아서 다시는 그와 같은 상황이 벌어지지 않도록 하는 것이 적절한 사후 대책이 될 것이다.

기업의 경우에도 경영전략을 세우고 회사를 운영해가는 실행 과정에서 계획대로 잘 진행되었는지, 더 나은 해결방법은 없었는지 등의 고찰을 통해 이전보다 더욱 성장한 모습으로 성과를 낼 수 있다.

마찬가지로 문제를 해결하는 데 있어서도 탁월한 해결책이 준비되었다면, 이를 실수 없이 실행에 옮길 수 있는 문제해결 시나리오 작성(실행계획)은 무엇보다 중요하다고 볼 수 있다.

13장에서는 이와 같은 내용을 배울 수 있는 문제해결의 마지막 파트로 시나리오 작성과 해결안 실행에 대한 내용을 알아본다. 실행 및 평가의 중요성을 깨닫고 각각의 단계가 가지는 의미와 절차를 짚어 봄으로써 문제해결의 전문가로 거듭나보자.

1. 해결안 개발을 통해 만들어진 실행계획을 실제 상황에 적용하는 활동을 무엇이라 하는가?

① 실행 및 평가 ② 수정 및 보완
③ 요구분석 ④ 모니터링

2. 실행 및 Follow-up 단계에서 실행 과정에서 나온 문제점을 해결해 나가는데 필요한 조치가 아닌 것은?

① 인적, 물적, 예산, 시간에 대한 고려를 통해 수립한다.
② pilot test를 통해 문제점을 발견한다.
③ 실행상의 문제점을 해결하기 위한 모니터링 체제를 구축한다.
④ 해결안 보완 후 대상 범위를 넓혀서 전면적으로 실시한다.

3. 실행상의 문제점을 보완하기 위한 모니터링 체제를 구축할 때 고려할 사항이 아닌 것은?

① 문제가 재발하지 않을 것을 확신할 수 있는가?
② 혹시 또 다른 문제를 발생시키지는 않는가?
③ 해결안별 세부 실행내용을 구체적으로 수립했는가?
④ 바람직한 상태가 달성되었는가?

1. 실행 및 평가의 중요성

발생한 문제의 원인을 찾아내고 다양한 아이디어 발굴을 통해 해결안이 나왔다면, 다음으로는 구체적은 실행계획을 수립하고 피드백을 통해 평가하는 단계를 거치게 된다. Action Plan이라고도 말하는 실행계획은 최종적으로 원하는 목표 달성을 위해 효과적으로 일을 전개해 나가기 위한 세부 항목들을 점진적으로 정리한 것으로, 아이디어를 행동으로 옮기는 단계를 말한다. 이런 과정을 통해 해결방안을 수정・보완할 수 있고, 결국 더 나은 해결방안을 수립할 수 있게 된다. 문제해결에 있어서 마지막 단계인 실행계획 수립과 평가는 실제로 문제를 해결하기 위한 행동에 돌입하는 단계이기 때문에 매우 중요한 부분이다.

다음은 실행과 평가를 통해 이전의 해결방안을 더욱 발전시킨 사례이다. 이를 통해 실행 및 평가의 중요성을 생각해보자.

사 례

K 외식업체의 조리장은 관리자로서 최근 문제해결팀을 이끌며 시간당 조리할 수 있는 음식의 개수를 늘리는데 주안점을 두고 작업한 결과 프로세스 개선을 이룰 수 있었다.
조리장은 프로세스를 개선하는데 그치지 않고 조리의 일련과정을 모니터링 할 수 있는 방법을 개발하겠다고 결심했다. 이를 위해 우선 한 달 동안 조리된 음식의 데이터를 분석하고, 이전에 주방에서 발생하고 해결했던 여러 가지 문제 상황들도 다시 분석하기 시작했다.
비록 이전에 수행했던 해결방안도 성공적이었지만, 계속되는 실행계획 수립, 평가를 통해 이전에 수행되었던 문제의 해결방안도 더욱 정교화 할 수 있게 되었다.

Insight

위의 사례는 문제해결 과정 중 해결안 개발 단계의 의미와 절차에 대한 내용이다. 사례에서 조리장은 현재의 해결안에 만족하지 않고, 지속적인 평가와 피드백을 통해 이전의 해결안도 발전시킴으로써 회사에 더 높은 성과를 가져올 수 있었다.
이러한 사례를 통해 실행과 평가 단계에서 해결안을 개발하는 것에 그치지 않고, 실제 해결안의 실행과 거시적인 관점에서 문제점 개선을 위한 노력이 중요하다는 것을 알 수 있다.

Level up Mission

문제의 원인을 분석하고 해결안을 개발한 후에는 실행계획을 수립해서 실제 실행하는 과정이 필요하다. 이를 통해 실행 결과를 평가하고 문제해결이 원만하게 이루어졌는지 확인할 수 있다. 다음의 체크리스트는 실행과 평가 단계에서 확인해야 하는 사항들이다. 평소 자신이 문제해결 과정을 잘 생각해서 체크리스트에 제시된 내용을 확인하는 편일 때에는 "O"표를, 확인할 때도 있고 그렇지 않을 때도 있다면 "△"표를, 확인하지 않는 편이라면 "X"표를 해보자.

문제해결 실행 체크리스트
1. 해결안을 실행할 일정표를 만들고 계획을 수립한다.
2. 계획을 수립할 때 예기치 않은 문제에 어떻게 대응할 것인지를 고려한다.
3. 계획을 수립할 때 예산, 자원, 시간 등에 대한 제한 사항을 고려한다.
4. 계획에 따른 실행 결과를 평가한다.
5. 평가 결과를 토대로 해결방안 중 수정해야 하는 점을 파악한다.
6. 수정해야 되는 점을 고려해 새로운 해결방안을 도출한다.
7. 새로운 해결방안을 적용할 때 기존에 문제가 있는 점을 제거한다.

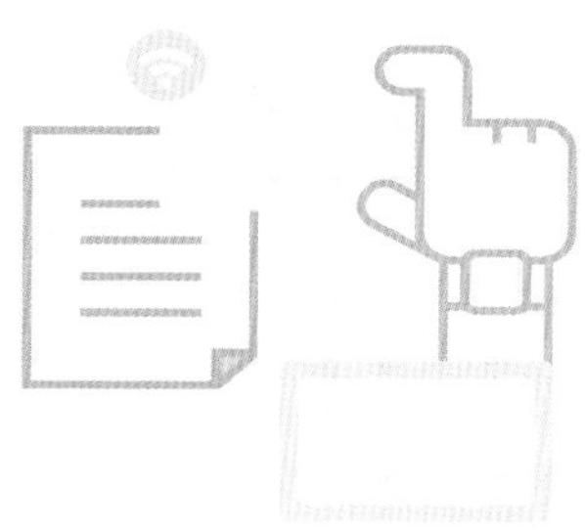

2. 실행 및 평가 단계의 의미와 절차

실행 및 평가는 해결안 개발을 통해 만들어진 실행계획을 실제 상황에 적용하는 활동으로, 당초 장애가 되는 문제의 원인들을 해결안을 사용해 제거해 나가는 단계이다. 실행은 실행계획과 수립, 실행, Follow-up의 절차로 진행되며, 이러한 실행 단계의 절차는 [그림 13-1]과 같다.

[그림 13-1] 실행 및 평가 프로세스

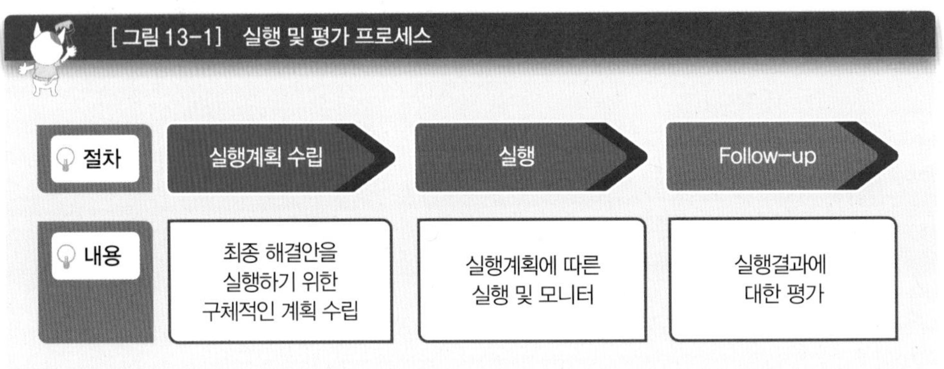

(1) 실행계획 수립

실행계획 수립은 무엇을(What), 어떤 목적으로(Why), 언제(When), 어디서(Where), 누구와(Who), 어떤 방법으로(How)의 물음에 대한 답을 가지고 계획하는 단계로, 자원(인적, 물적, 시간, 예산)을 고려해 수립해야 한다. 실행계획 수립 시에는 세부 실행내용의 난이도를 고려해 가급적 구체적으로 세우는 것이 좋고, 각 해결안별 구체적인 실행계획서를 작성함으로써 실행의 목적과 과정별 진행내용을 한눈에 파악하도록 하는 것이 좋다.

① 실행계획표 실습

원인을 찾아낸 문제에 대한 해결안 실행을 위해 필요한 업무 과제나 책임 활동 등에 대해 기술하고 각각의 담당자와 완료기간을 설정하도록 한다. 실행계획은 다음과 같이 메인활동 내용, 담당자, 시작과 종료일, 총 예상 소요기간, 비용 등을 구체적으로 작성해야 사후 문제 발생시 책임자를 찾아 규명하거나 일정 관리를 잘 해낼 수 있다.

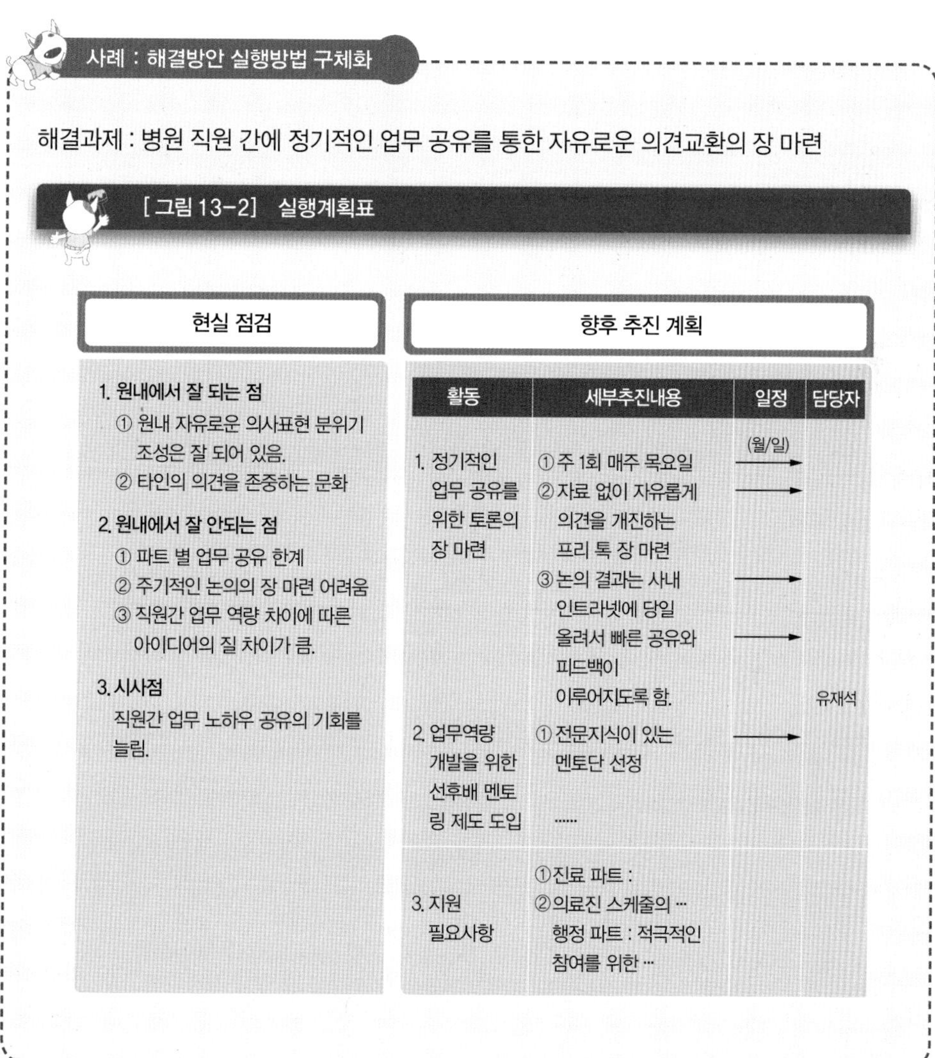

사례 : 해결방안 실행방법 구체화

해결과제 : 병원 직원 간에 정기적인 업무 공유를 통한 자유로운 의견교환의 장 마련

[그림 13-2] 실행계획표

현실 점검

1. 원내에서 잘 되는 점
   ① 원내 자유로운 의사표현 분위기 조성은 잘 되어 있음.
   ② 타인의 의견을 존중하는 문화
2. 원내에서 잘 안되는 점
   ① 파트 별 업무 공유 한계
   ② 주기적인 논의의 장 마련 어려움
   ③ 직원간 업무 역량 차이에 따른 아이디어의 질 차이가 큼.
3. 시사점
   직원간 업무 노하우 공유의 기회를 늘림.

향후 추진 계획

활동	세부추진내용	일정	담당자
		(월/일)	
1. 정기적인 업무 공유를 위한 토론의 장 마련	① 주 1회 매주 목요일	——→	유재석
	② 자료 없이 자유롭게 의견을 개진하는 프리 톡 장 마련	——→	
	③ 논의 결과는 사내 인트라넷에 당일 올려서 빠른 공유와 피드백이 이루어지도록 함.	——→ ——→	
2. 업무역량 개발을 위한 선후배 멘토링 제도 도입	① 전문지식이 있는 멘토단 선정 ……	——→	
3. 지원 필요사항	①진료 파트 : ②의료진 스케줄의 … 행정 파트 : 적극적인 참여를 위한 …		

논의를 통해 선택한 해결안이 있다면 실행을 위해 필요한 맡은바 역할이나 활동을 기술하고 담당자들과 협의해 마감기한을 설정해 보자.

[그림 13-3] 실행 구체화 실습 시트

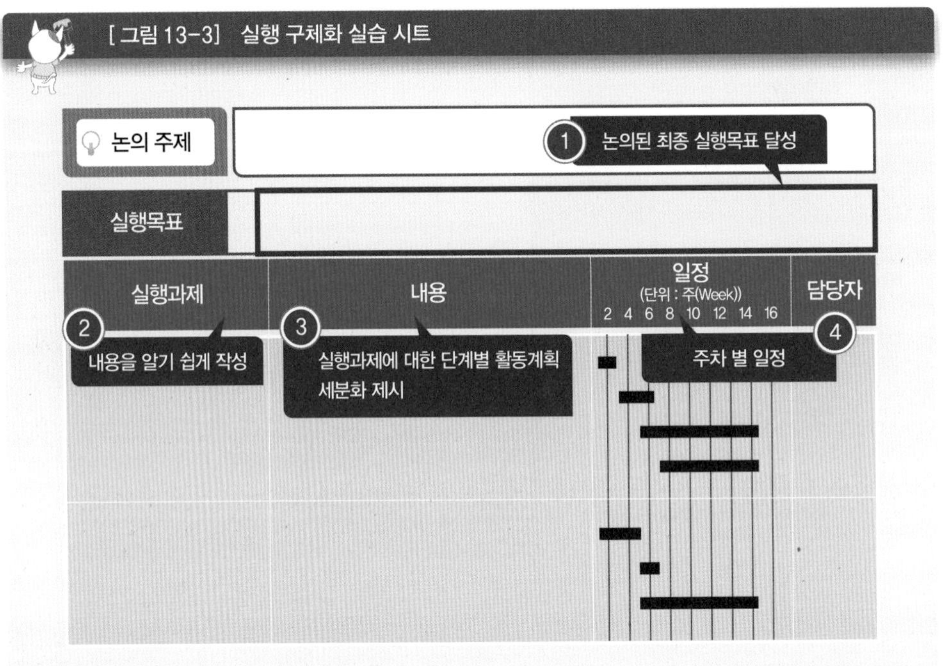

(2) 위기관리

문제해결을 위해 실행계획을 잘 세웠어도 계획이 뜻대로 진행되지 않을 가능성은 늘 존재한다. 따라서 본격적인 문제해결 실행에 들어가기 이전에 혹시 모를 상황에 대비하기 위한 상황별 대처계획을 미리 세워놓으면 당황하지 않고 문제해결에 임할 수 있다.

위기관리는 실행계획서의 순서대로 문제상황을 구체적으로 나눈 뒤에 각각의 상황에 대한 대응계획을 수립하면 된다. 이를 Plan B라고 이야기한다.

이때 우리가 고민해 볼 수 있는 아이디어는 아래와 같다.

- 계획이 실행될 때 발생가능한 위협이나 기회에는 어떤 것이 있는가?
- 계획 실행 중에 발생한 위협과 기회에 어떻게 대응할 것인가?

이처럼 문제해결에 있어서 다양한 아이디어 가운데 최적의 실행안을 찾아냈다 해도 예상치 못한 또 다른 위협에 봉착한다면 문제해결이 어려워질 뿐 아니라 해결에 대한 의지도 떨어지게 된다. 따라서 문제해결이 마무리 되기 전까지는 진행과정에서 늘 변수와 상황변화를 염두에 두고 진행해야 한다.

사례 : 위기관리

다음의 사례는 유치원 재롱잔치 시의 실행계획에 따른 위기관리표이다.
시작할 때 학부모 회장단의 축사가 예정되었는데 상황이 생겨서 나오지 못하게 되었을 경우를 가정하고 이에 대한 대책을 세운다든가, 진행 중에 원아가 아플 경우, 외부 공연 시에 비가 오는 경우 등의 위기 상황에 대한 대응책을 미리 계획하여 실제 문제 상황이 발생했을 때 당황하지 않고 상황에 잘 대처할 수 있도록 대비하는 것이 바로 위기관리이다.

실행계획	잠재적 문제	가상의 원인	예방책	긴급대책	대안
오전 8시 최종사항 확인	회장단이 나타나지 않아 축사 진행이 안됨.	• 회장단이 아픔 • 오는 길에 사고 • 깜빡 잊은 경우	당일날 아침, 공연 1시간전에 미리 확인전화	원장님이 대신 축사를 진행	공연시작 10분 전까지 도착하지 않을 경우 주임 선생님이 원장님께 전달
오전 9시 회장단 인사	외부공연 중 갑자기 비가와서 공연 불가 상황		일기예보 확인	공연장 주변으로 비가림막 텐트 설치	비가 15분 이상 지속될 경우 실내공연 먼저 진행
오전 9시 10분 공연시작	공연 중 부상 아동 발생	• 공연장의 세트 무너짐 • 원아들끼리 공연중 부딪힘 • 무대에서 낙상	• 공연 세트의 안정성 체크 • 공연 지도 시 원아들에게 주의사항 당부	• 양호선생님 대기 • 가까운 근처 병원 탐색	양호선생님이 원아의 상태를 보고 판단

(3) 실행 및 Follow-up

실행 및 Follow-up 단계에서는 가능한 사항부터 실행하며, 그 과정에서 나온 문제점을 해결해 나가면서 해결안의 완성도를 높이고 일정 수준에 도달하면 전면적으로 전개해 나가는 것이 필요하다. 즉, Pilot test를 통해 문제점을 발견하고, 해결안 보완 후 대상의 범위를 넓혀서 전면적으로 실시해야 한다. 특히 실행상의 문제점과 장애요인을 신속히 해결하기 위해서 Monitoring 체제를 구축하는 것이 바람직하며, 모니터링 시에는 다음과 같은 사항을 고려해야 한다. 이러한 모니터링은 문제를 계획하고 실행하는 단계에서 원하는 결과를 얻고, 차후 더 발전된 방향으로 업무를 추진하기 위해서 매우 중요한 과정이다.

- 바람직한 상태가 달성되었는가?
- 문제가 재발하지 않을 것을 확신할 수 있는가?
- 사전에 목표한 기한 및 비용은 계획대로 지켜졌는가?
- 진행 시에 담당자의 어려움은 없었는가?
- 혹시 문제해결 과정 중에 또 다른 문제를 발생시키지 않았는가?
- 해결책 실행 후의 결과물은 만족스러운가?
- 해결책이 주는 영향은 무엇인가?

실행계획					
과제 / 활동	담당자	기간	실행여부	결과물	최종 평가
비품준비	K	6/30	O	공연 소품	우수
·					
·					
·					

3. 문제해결을 위한 자기관리

문제해결 방법을 찾아내는 것 이상으로 중요한 것이 바로 문제를 해결하는 사람의 마음가짐이다. 직면한 문제의 사안이 심각하고 클수록 문제해결자에게는 냉정함이 필요하다. 따라서 문제해결에 있어서 가장 중요한 스킬의 하나는 자신의 문제해결 능력을 충분히 발휘할 수 있는 심리적 중압감을 관리하는 능력이 될 것이다.

평정심을 잃을만한 상황을 예로 들자면 기업 차원의 경우 공장에서 일어난 화재가 될 수도 있고, 개인이라면 교통사고와 같은 일상적 사건사고라든가 도둑을 만나 위험에 처한 경우 등을 들 수 있다. 이렇게 큰 사고가 아니라해도 이성친구와의 다툼, 상사로부터의 질책 등 우리의 심리를 압박하는 사건은 수없이 많이 있다.

이러한 압박감을 관리하는 능력은 마인드 컨트롤에 해당한다. 올림픽에 출전한 국가대표 선수들을 보면 체력 운동 외에 꼭 병행하는 것이 있는데, 그게 바로 자신의 감정을 통제하고 원하는 방향으로 나아갈 수 있도록 도와주는 마인드 컨트롤이다.

(1) 평상심을 잃었을 때 빠지기 쉬운 심리적 함정 3가지

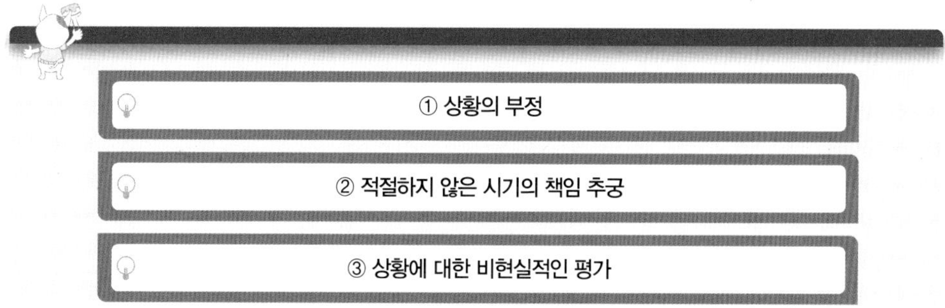

[출처] 맥킨지 문제해결의 이론(다카스기 히사타카 지음. 현창혁 옮김. 2009. 일빛) 인용

① 상황의 부정

'이런 문제는 절대로 일어날 리가 없다'거나 '이런 일이 있어서는 안 된다'는 절대적인 기준을 요구하는 심리로, 문제가 발생했다는 사실 자체를 인정하지 않으려는 심리이다.

실제로 외국의 자동차 회사도 급발진이라든가 연비를 속여서 판매 후 '우리 회사에서 절대로 있을 수 없는 일'이라고 변명으로 일관하다가 결국은 CEO 공개사과와 대량 리콜에 들어간 적이 있다.

상황을 부정하면 문제해결만 늦어지고 기업의 이미지 실추로 이어진다. 그리고 해결책이 지연되면 당연히 추가적인 문제가 발생하거나 상황의 악화로 연결된다. 그렇기 때문에 문제가 발생하면 여러 가지 가능성을 열어놓고 보다 적극적으로 문제해결을 위한 노력을 행하는 것이 좋다.

② 적절하지 않은 시기의 책임 추궁

문제가 발생하면 흔히 책임을 따져서 '누구의 잘못인가?'를 밝혀낸다. 물론 책임 규명을 통한 명확한 사태해결과 수위에 따른 징계 문제를 놓고 볼 때 책임을 따지는 것은 중요한 일이다.

하지만 문제가 발생한 후에 문제해결에 대한 의지를 보이지 않고 책임자를 찾아 비난하는 일에만 몰두한다면 어떻게 될까? 문제해결이 더욱 멀어지고 때로는 주객이 전도되는 상황을 초래할 것이다. 그렇기 때문에 문제 상황이 발생하면 무엇보다 빠른 인정과 사태파악이 중요하다. 책임소재를 따지고 재발을 방지하는 것은 그 이후의 일이다.

③ 상황에 대한 비현실적인 평가

문제 상황을 "견딜 수 없는 최악의 일이 발생했다."고 생각하게 되면 마음은 평상심을 잃게 될뿐만 아니라 상황이 비극적으로 전개될 가능성이 크다. 혹은 공포감으로 인해 모든 것을 포기하게 될 수도 있다. 어려운 일이 닥쳤을 때일수록 냉정함을 유지해 상황을 빠르게 인정하고 조속한 문제해결을 통해 평정심을 되찾도록 하자.

(2) 문제해결자로 거듭나는 바람직한 사고방식

그렇다면 어떻게 하면 문제가 생겼을 때 평정심을 유지할 수 있을까?

결론은 상황을 인정하고 보다 나은 방향을 위한 미래 지향적인 사고방식을 갖는 것이다.

과거에 집착하거나 자신, 혹은 누군가를 자책하는 것이 아니라 바람직한 사고방식을 추구하는 것이 좋다. 원상회복형 문제의 경우라면 특정 문제가 일어나지 않도록 생각하고 행동하는 것이고, 잠재형 문제라면 특정 문제가 일어나지 않았으면 좋겠다고 희망적으로 생각하는 것을 들 수 있다.

위에서 살펴본 바와 같이 문제해결이 어려워지는 근본적인 이유는 '어떤 문제가 절대로 일어나면 안된다고 생각하는 절대적 요구' 때문에 문제발생 상황을 최악의 상황으로 인식하기 때문이다. 하지만 감정에 휩싸이게 되면 아무리 탁월한 문제해결 프로세스가 있다 해도 이를 건설적으로 수행해 나가기는 매우 어려워진다.

우리는 문제 상황에 부딪혔을 때 앞에서 제시한 바람직한 사고를 함으로써 상황의 개선을 가져올 수 있는 적절한 감정을 선택하는 것이 중요하다. 예를 들면 염려, 슬픔, 안타까움 등의 감정을 갖는 것이다. 이러한 부정적 감정이 적절한 감정으로 활용될 수 있는 이유는, 이러한 감정들이 문제해결을 위한 긍정적인 행동으로 연결되기 때문이다.

좋은 부정적 감정이라면 염려는 준비로, 슬픔은 함께 나누며 힘이 되어주는 상황으로 이어진다거나, 안타까움은 참여나 협상으로 이어진다. 문제해결을 위한 방법을 익히는 것뿐만 아니라 능력과 기술을 충분히 발휘할 수 있는 버팀목으로서 평상심을 유지하는 습관을 갖는 것은 매우 중요한 요소가 된다.

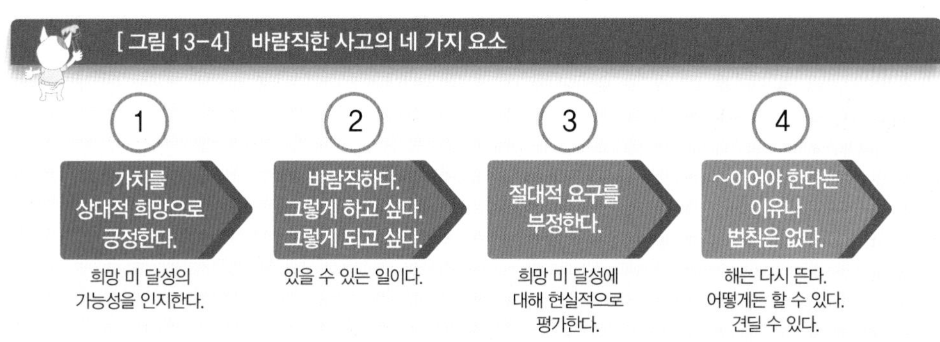
[그림 13-4] 바람직한 사고의 네 가지 요소
1
가치를 상대적 희망으로 긍정한다.
희망 미 달성의 가능성을 인지한다.
2
바람직하다. 그렇게 하고 싶다. 그렇게 되고 싶다.
있을 수 있는 일이다.
3
절대적 요구를 부정한다.
희망 미 달성에 대해 현실적으로 평가한다.
4
~이어야 한다는 이유나 법칙은 없다.
해는 다시 뜬다. 어떻게든 할 수 있다. 견딜 수 있다.

[출처] 맥킨지 문제해결의 이론(다카스기 히사타카 지음. 현창혁 옮김. 2009. 일빛) 인용

Level up Mission

최근에 발생한 문제 상황을 적어보고 위에서 제시한 [바람직한 사고의 네 가지 요소]의 프로세스에 따라 자신의 문제 상황을 다시 재구조화 해보자.

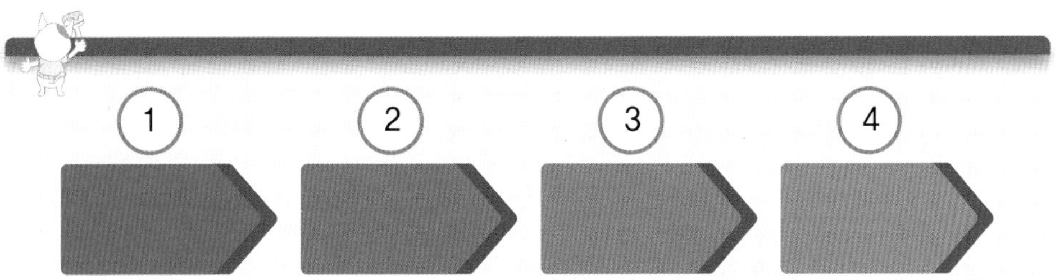
1
2
3
4

학습평가 Quiz

1. 최종적으로 원하는 목표달성을 위해 효과적으로 일을 전개해 나가기 위한 세부 항목들을 점진적으로 정리한 것으로, 아이디어를 행동으로 옮기는 것은 문제해결의 과정 중 어떤 단계에서 진행되는 것인가?

   ① 실행계획　　② 대안의 선택
   ③ 의사결정　　④ 니즈 파악

2. 무엇을(What), 어떤 목적으로(Why), 언제(When), 어디서(Where), 누구와(Who), 어떤 방법으로(How)의 물음에 대한 답을 가지고 계획하는 단계는 문제해결의 과정 중 어디에 해당하는가?

   ① 문제인식　　② 실행계획 수립
   ③ 해결안 도출　　④ 피드백

3. 다음 중 실행계획을 수립할 때 고려할 사항이 아닌 것은?

   ① 해결안별 세부 실행내용을 구체적으로 수립
   ② 인적, 물적, 예산, 시간에 대한 고려를 통해 수립
   ③ 해결안별 세부 실행내용을 구체적으로 수립
   ④ 실행상의 문제점을 해결하기 위한 모니터링 체제를 구축

4. 다음의 빈칸에 들어갈 알맞은 말을 쓰시오.

(　　　) 단계에서는 가능한 사항부터 실행하며, 그 과정에서 나온 문제점을 해결해 나가면서 해결안의 완성도를 높이고 일정 수준에 도달하면 전면적으로 전개해 나가는 것이 필요하다. 즉, Pilot test를 통해 문제점을 발견하고, 해결안 보완 후 대상의 범위를 넓혀서 전면적으로 실시해야 한다.

5. 문제해결 시나리오 작성 단계에서 위기관리에 대한 준비를 해야 하는 이유를 서술하시오.

학습내용 요약 Review (오늘의 Key Point)

1. 해결안 개발 단계는 문제로부터 도출된 근본 원인을 효과적으로 해결할 수 있는 최적의 해결 방안을 수립하는 단계를 말한다.

2. 실행 및 평가 단계는 해결안 개발을 통해 만들어진 실행계획을 실제 상황에 적용하는 활동으로, 당초 장애가 되는 문제의 원인들을 해결안을 사용해 제거해 나가는 단계를 말한다.

3. 문제해결 방법을 찾아내는 것 이상으로 중요한 것이 바로 문제를 해결하는 사람의 마음가짐이다. 마주한 문제의 사안이 심각하고 클수록 문제해결 시에는 냉정함이 필요하다. 따라서 문제해결에 있어서 가장 중요한 스킬의 하나는 자신의 문제해결 능력을 충분히 발휘할 수 있는 심리적 중압감을 관리하는 능력이 될 것이다.

참고문헌

- 논리야 놀자 (위기철 지음. 1992. 사계절출판사)
- 논리적사고, 비판적사고, 창의적사고 (이효범 지음. 2011 도서출판 보성)
- 로지컬 씽킹 (테루야 하나코, 오카다 케이코 지음. 2002. 도서출판 일빛)
- 문제해결력 트레이닝 (나라이 안 지음. 김영철 옮김. 2003)
- 맥킨지 문제해결의 이론 (다카스기 히사타카 지음. 현창혁 옮김. 2009. 일빛)
- 맥킨지식 문제해결 로직트리 (이호철 지음. 2009. 어드북스)
- 문제해결 능력 : NCS 기초직업능력 프로그램 교수자용 매뉴얼 (한국 산업인력공단)
- 문제해결자(유경철, 박종하 2016)
  https://prezi.com/qrvxdhgiojuz/presentation/ 인용 및 참고
- (하루 20분으로)비판적 사고력 키우기 (Starkey, Lauren B , 신원재 옮김, 2015, 유원북스)
- 전략적 문제해결 (황복주 지음. 2008. 두남)
- 창의적 사고와 문제해결 (2015. 허소현 외) 수정 참고
- 위키백과 "집단의사결정 기법" 인용 및 참고
- http://ibiz.hanyang.ac.kr 김상수 교수 강좌
- 쉽게 이해하는 휴리스틱 | 작성자 마케터 배씨-휴리스틱 사례
  http://blog.naver.com/sako71/220357869609
- [네이버 지식백과] 휴리스틱 [heuristics] (심리학용어사전, 2014. 4., 한국심리학회)
- [네이버 지식백과] 휴리스틱 [Heuristics] (상식으로 보는 세상의 법칙 : 경제편, (주) 북이십일 21세기북스)
- 의사결정과 문제해결 기법 - Tistory.
  cfile2.uf.tistory.com/attach/18765E254A28E9544C8BD4 참고
- [경제광장-온기운 숭실대 경제학과 교수] 脫원전 대안은 있는가 2017.3.9
  http://news.heraldcorp.com/view.php?ud=20170309000361

NCS 문제해결 능력

초판 1쇄 발행 2018년 1월 15일
초판 3쇄 발행 2023년 1월 20일

저 자 권인아 · 이상욱
펴낸이 임 순 재
펴낸곳 **(주)한올출판사**
등 록 제11-403호
주 소 서울시 마포구 모래내로 83(성산동 한올빌딩 3층)
전 화 (02) 376-4298(대표)
팩 스 (02) 302-8073
홈페이지 www.hanol.co.kr
e-메 일 hanol@hanol.co.kr
ISBN 979-11-5685-614-6